JN247563

JOB PICKS

未来が描ける仕事図鑑

JobPicks編集部・編著

JOB PICKS

未来が描ける仕事図鑑

はじめに

はたして「良い仕事」とは何でしょうか？

自分の得意なことが発揮でき、その仕事の目的が自分が大事にしている価値観と合い、さらに市場からのニーズがある。
我々は、この3つを兼ね備えた役目が、「良い仕事」だと考えます。
ですから、人によって「良い仕事」はそれぞれ。なぜなら、得意も価値観も、人の数だけ違うからです。

ではどうやったら、自分にとっての「良い仕事」と出合えるのでしょうか？
それは、才能を最大限に生かす仕事を摑んだロールモデルの経験や知恵に学ぶことではないでしょうか。

しかし、自分のキャリアにヒントを与えてくれるロールモデルに出会えるかは、縁次第、運次第なところがあります。
だったら、多様な仕事で輝くロールモデルの経験談を、適職を摑みたいすべての人に、等しくシェアできないか。
ましてや、日進月歩のテクノロジーの進化や、人の寿命が伸びたことなどから、一人の人が一生同じ会社で同じ仕事をすることが想定しにくい時代。

先達が現在の「良い仕事」に出合うまでにどのようなキャリアを経験してきたのか、という「キャリアパスのデータ」を公開することは、若い人のキャリア形成のヒントにもなるのではないか――。

そんな思いから、我々はキャリアメディア「JobPicks」を立ち上げました。

前線で活躍するビジネスパーソンは、どんなキャリアを経て、今の「良い仕事」にたどり着き、生き生きと働いているのか？　仕事の意義をどのように見出しやりがいを感じているのか。逆に夜も眠れないほどの「苦労」は何なのか？　そして、その職業の将来性についてどう考えているのか？

JobPicksには、これからの日本をリードする7業界22職種の「中の人」にしか書けないリアルな経験談や未来予測が蓄積されています。

これを一冊にまとめたのが本書『JobPicks 未来が描ける仕事図鑑』です。

もっとも、本書に掲載された情報は、Web版「JobPicks」に掲載されている情報は全体の2割程度。8割以上は新たに編集部が取材し、編集した情報です。

年齢ごとの年収データ、転職しやすさ、必要なスキルセットやマインドセット、さらに、新人が最初にやる仕事や、典型的な1日などを網羅しただけではなく、各仕事を取り巻く現在の状況や、今後起こりうる変化までをリポートしています。

さらに、皆さんの得意分野を生かし、価値観が合う仕事を見つけるための具体的な方法についても触れています。

本書を、皆様の仕事選びや、さらなる仕事の充実にお役立ていただけましたら嬉しい限りです。

JobPicks編集長　佐藤留美

1 各ジョブ系統の最新動向、トピックスがひと目でわかる

業界現状分析

増えるコンサル人口

アクセンチュア・ジャパンの社員数の推移

増えるコンサル志望「とりあえずコンサル」

コンサルの起源と歴史

拡大するコンサル帝国

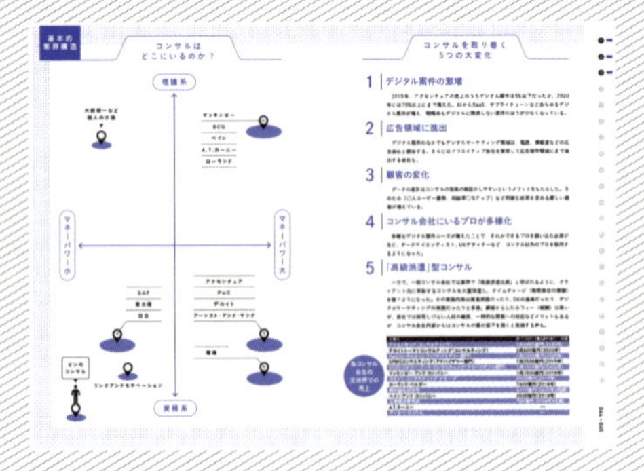

基本的業界構造

コンサルはどこにいるのか？

コンサルを取り巻く5つの大変化

1 デジタル案件の激増

2 広告領域に進出

3 顧客の変化

4 コンサル会社にいるプロが多様化

5 「高級派遣」型コンサル

本書ではJobPicks編集部がセレクトした7つのジョブ系統で章を構成。

各章冒頭の**「業界現状分析」「基本的業界構造」**では各ジョブ系統に起きている変化、主要企業を特徴別に分類したマトリックス図などを見開き4ページで紹介。

一読で各ジョブ系統の概要が掴めるようになっています。

2 22の職種のリアルをロールモデルに徹底取材。年代別給与など初公開データも満載

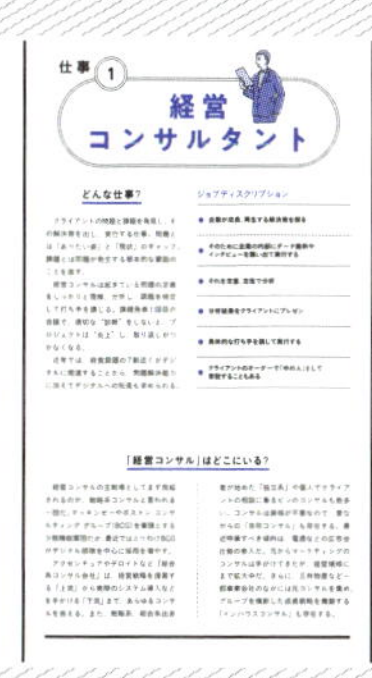

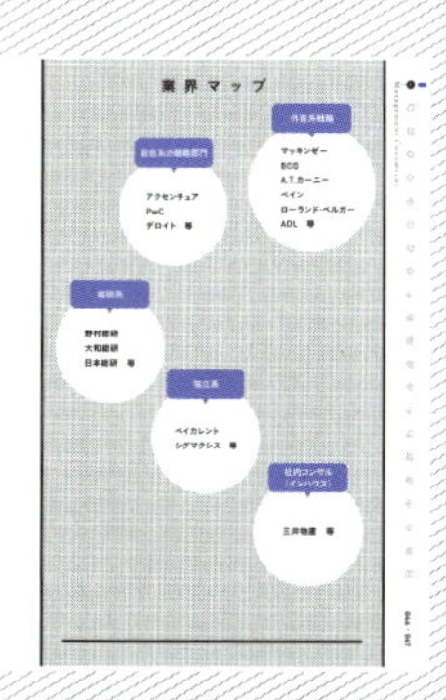

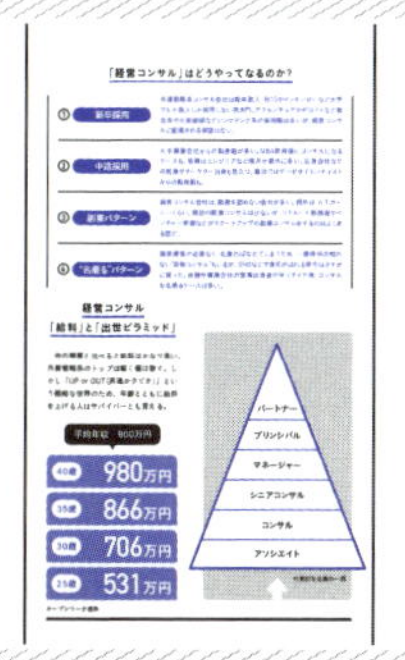

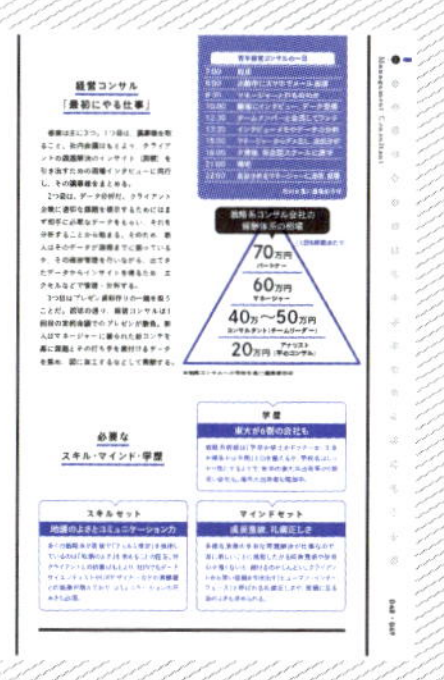

各職種ページでは**ジョブディスクリプション（職務記述書）**、代表的企業の**業界内分布図**などを紹介。

現役で働くロールモデルに取材して明らかとなった、求められる**スキルセット**や**マインドセット**、**若手の一日**など、各ジョブのリアルな姿を解説します。

さらにオープンワーク提供による**「25歳・30歳・35歳・40歳時の平均給与」**を初公開で掲載しています。

3 JobPicksに寄せられたロールモデルの「生の声」&オリジナル指数による「将来性」を掲載

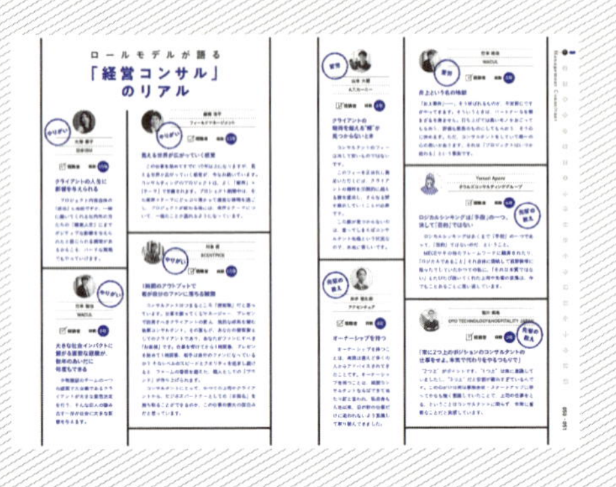

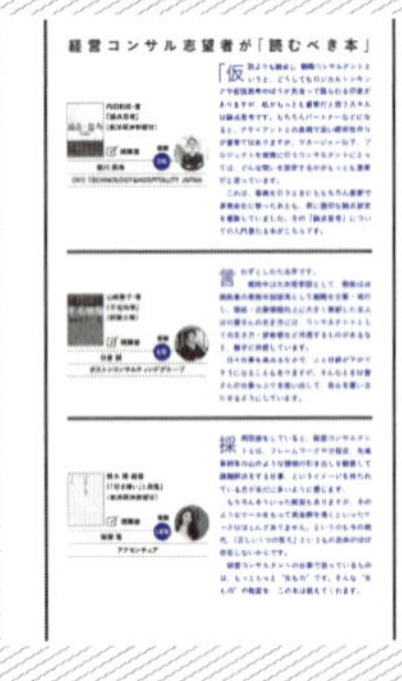

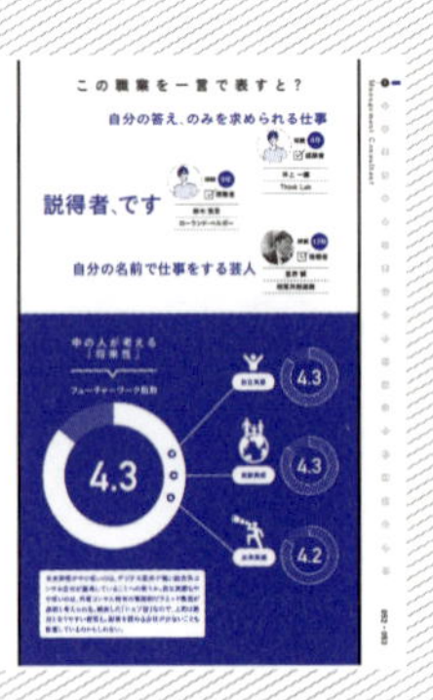

Webサイト「JobPicks」に実名で寄せられた**やりがい**や**苦労**、若手時代に**先輩からもらったアドバイス**、**読むべき入門書**を厳選。
“中の人”が本音で採点する**職業評価を5点満点で数値化**しています。（※）

- **未来実感**…この職業に対する将来の需要は高まると思うか（全職種平均：4.4）
- **貢献実感**…この職業は世の中の役に立っていると実感できるか（全職種平均：4.5）
- **自立実感**…この職業は、働く時間や場所、仕事のやり方を、自分で決められるか（全職種平均：4.2）
- **フューチャーワーク指数**…上記3つを平均した総合評価（全職種平均：4.4）

※掲載されている社名・経験年数・職業評価の指数は2021年4月時点のものです。

4 身につくスキル、転職時の有効求人倍率など「その後のキャリア」もイメージできる

最初に入った会社で一生勤め上げることが少なくなった現在。**各職種で得られるスキル**や、パーソル提供による**転職時の有効求人倍率データ**を独自取材により掲載。

さらに、同じスキルが生かせる別の職種を紹介することで、**職種の壁を越えて幅広く、未来までキャリアパスを描ける**ようになっています。

JOB PICKS

未来が描ける仕事図鑑

Contents

1章

自分に「合う」仕事を考える

なぜ、今職業研究が必要なのか

やりたいことがわからない。自分に合う仕事が見つかるか不安だ。このまま今の会社にいていいのか迷う……。

就職や転職、異動や副業探しなど、将来のキャリアを考える局面では、誰しもが不安を覚えるものです。

一方で、自分のスキルがより高まる仕事に挑戦してみたい。副業・兼業できるなど自分らしく働ける仕事を見つけたい。とにかく稼いで、経済的自由を確保したい——。

そんな、より高い成長を目指す人も多いでしょう。

本書は現状の自分や、お子さんなど家族のキャリアに不安を持つ人、あるいは今の自分の可能性をさらに広げたいと思っている人——つまり、職業人生をよりよくしたいと考えるすべての人に向けて作った仕事図鑑です。

では、なぜ、今「仕事図鑑」なのでしょうか？

本章では、その目的を解説しながら、先が読めない時代のキャリア形成について考えていきたいと思います。

学生、新入社員の「仕事観」が変わった

改めて、働く人や学生の就労観（仕事観）が、ここへきて、急速に変わってきています。

NewsPicksが2020年9月、東京大学新聞と共同で「東大生キャリア意識調査」を実施し、「企業を選ぶ時に最も重視するポイントはなんですか」と聞いたところ、「自分のやりたい仕事であること」と答えた人が6割以上とダントツ１位の結果となりました（図1）。

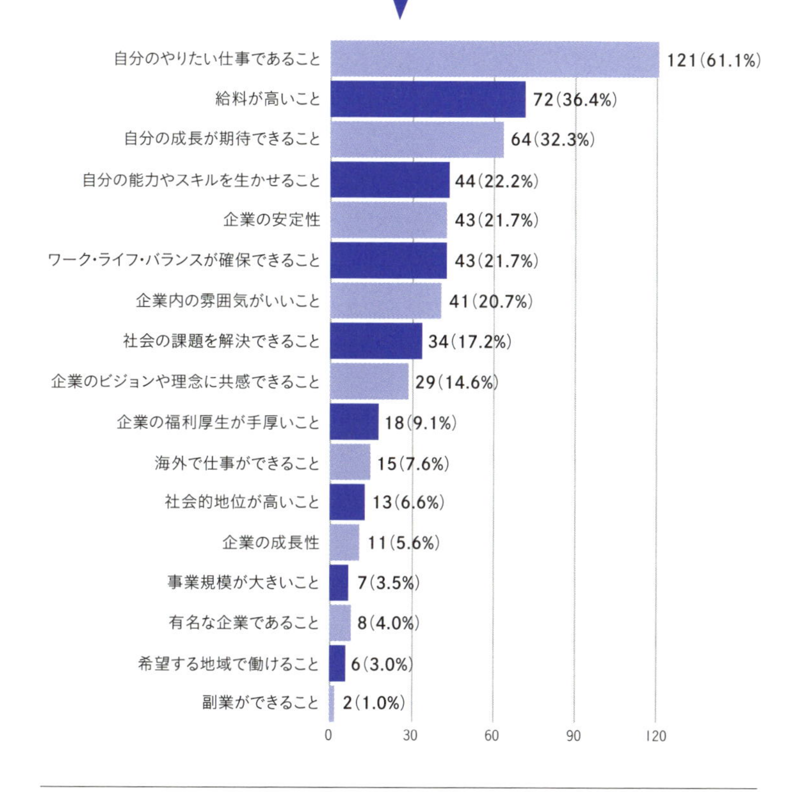

アンケート概要：NewsPicksと東京大学新聞による共同調査。調査期間は2020年9月15日～22日、有効回答数は303。不特定多数の東大生に回答を呼びかけ、インターネット上のフォームで実施した

また日本生産性本部が、2019年に入社する新入社員1792人を対象に「働くことの意識」を調査したところ、「会社を選ぶ上で、もっとも重視した要因」の1位は**「自分の能力、個性が生かせるから」**(29.6％)、2位は**「仕事が面白いから」**(18.4％)、3位は**「技術が覚えられるから」**(13.1％)となっています。

一方、「会社の将来性」を就職、転職の最重要条件としている人の数は10％を下回っています。
つまり、若い人の思考からは「寄らば大樹の陰」的な会社に依存をする傾向が減少し、反対に、自らの技能や能力を生かす**「職業」への適性**に関心が向いていることがわかります。

もっと言うと、昨今の学生や新入社員は、日本の企業が長きにわたり死守してきた「終身雇用（終身にわたり、雇い続けるのを保証すること）」にさほど期待していません。
前出「東大生キャリア意識調査」において、**「ずっと同じ会社に勤務したいか」**と聞いたところ、**6割以上の学生が「したくない」と回答**しました。
終身の雇用を望んでいないということは、将来的には新卒入社した会社から離れ、転職したり独立したりすることも視野に入れているのが窺えます。
実際、日本経済新聞が2021年1月、就活生を対象にインターネットで（有効回答数は289人）、**「転職を前提として就活するか」**を聞いた調査でも、**約4割が「はい」と回答**しています。

ちなみに筆者はNewsPicksで足掛け6年以上、毎年、就活特集を作ってきましたが、2〜3年前から、取材する学生の口から**「ファーストキャリア」**という言葉をよく聞くようになりました。
「ファーストキャリアは、潰しのきくコンサルに行きたい」「ファーストキャリアとして営業は、悪くない」といった文脈で使われるのですが、若者は将来の転職や独立などを見据え、最初の仕事に汎用的なスキルや経験を求めていることが窺えます。

そのため、昨今の新入社員は内定時に、入社後に自分が望む仕事（職種）ができる部署に配属されることを望む傾向が顕著です。
電通が2020年2月に大学生サークル専用アプリ「サークルアッ

プ」を介して調査したところ（186人が対象）、**入社前に「配属保証してほしい」と答えた人は実に94％**にも達しました。

一方で、入社時に、会社の意向で自分が希望する部署に行けない現象は**「配属ガチャ」**と言われ、とりわけ優秀な学生ほど職業人生のスタートを会社に握られてしまうことを嫌っています。

日々の報道を見ると、これまで人気企業ランキングの常連だったメガバンクや大手メーカー、旅行会社、航空会社などの業績不振が大きく取り上げられ、来年は採用ゼロといった発表も相次いでいます。

そんななか、「若者は『一流企業に入れば、一生安泰』とは感じられなくなっており、むしろ、会社に依存することはリスクであり、頼りになるのは自分のスキルや経験だと考えていることが推察できます」（電通若者研究部［ワカモン］・西井美保子氏）。

まとめると、ここ数年、学生や新入社員世代の間の就業意識は、**入社したら一生その会社で勤め上げることが前提の「就社」型から、自身の得意なことや、やりたいことを実現する職能を定める「就職」型に変わりつつある**と言えます。

企業の「雇用」も変わった

こうした学生の意識の変化を受け、今や企業も配属を確約する採用を増やし、**7割の企業が職種別採用を行っています**（図2）。

そして、AIやデータサイエンスなど特別な技能を持った学生には、それに見合った高額な初任給を払う企業も増えています。

つまり、大卒（主に文系）を「総合職」という一つの塊として採用し、会社が自社都合で新入社員の配属を決める――という昔ながらの**「総合職採用」は既に限界を迎えている**のです。

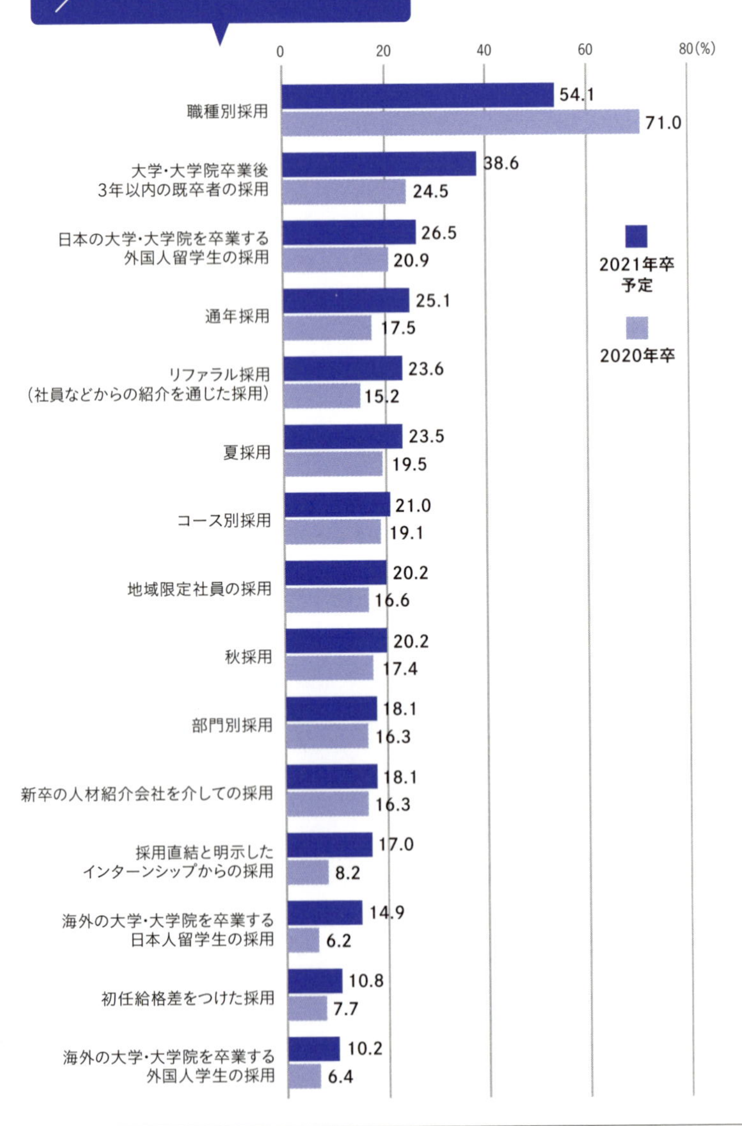

出典：就職みらい研究所「就職白書2020」

メンバーシップ型からジョブ型採用へ

これまで日本の会社は、**「メンバーシップ型雇用」**と呼ばれてきました。

会社に入るということは、ゴルフ場などの会員制クラブのメンバーシップ（会員権）をもらうのに等しい、というコンセプトから名づけられた言葉です。

自社の風土にふさわしい人を新卒一括採用で「入社」させた上で、適当な「職」をあてがい、**OJT（オン・ザ・ジョブ・トレーニング：仕事を介した訓練）**で、実際に作業をさせながらスキルを習得させるスタイルです。

一方、欧米諸国など日本以外の国では、ある「職」がまずあり、それにふさわしいスキルを有する人を欠員補充という形で採用する「就“職”」がスタンダードで、このスタイルを**「ジョブ型雇用」**と言います（図3）。

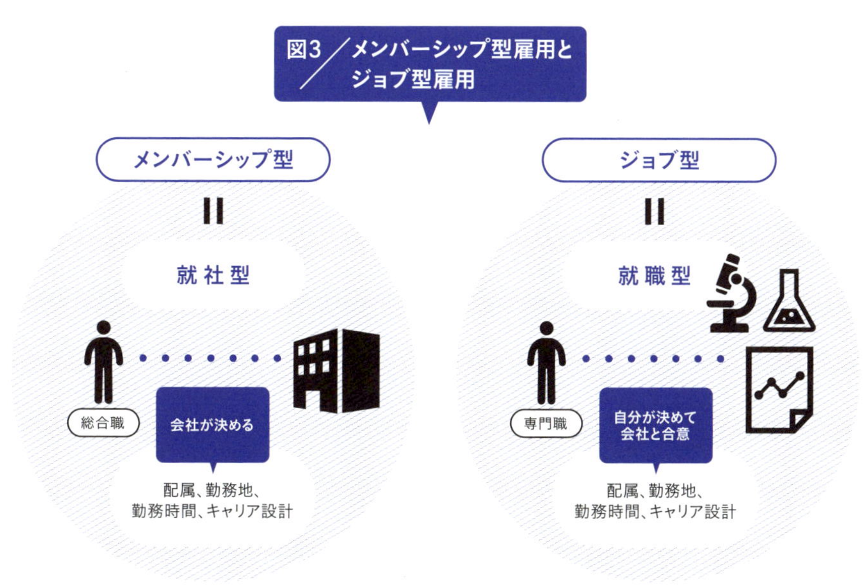

表1／ジョブ型導入企業の一例

日立製作所	2014年度に管理職対象にジョブ型導入
	2021年度から一般職にもジョブ型拡大
KDDI	2019年からジョブ型を順次開始
	内定時に配属先を決める「WILLコース採用」比率は採用者全体の4割
カゴメ	2013年から役員、部長、課長と管理職にジョブ型適用
	2019年から社員の評価と目標シートを別の社員にも公開
オムロン	2012年度から管理職対象にジョブ型導入
	2019年度から管理職から一般職になり、重荷をおろしてから管理職に再チャレンジする制度を導入

取材を基に編集部作成

そして今、日本でもこのジョブ型雇用が一気に加速しているのです（表1）。

年功序列が基本のメンバーシップ型は、新卒採用も評価も、人の配置もマネジメントも、一律で管理がしやすいのが特徴です。

一方、ジョブ型は社内のジョブの数だけ、またそこに適用する人の評価やマネジメントもパーソナル（個別）対応になるため、設定や管理は困難を極めます。

にもかかわらず、**日本の7割超の企業が、ジョブ型雇用を導入もしくは導入検討中**だと言います（コーン・フェリー調べ）。

ではなぜ、ここへきて日本を代表する大企業が、仕事の難度や重み、役割に応じて人を処遇するジョブ型に舵を切り出したのでしょうか？

今、なぜ「ジョブ型」なのか？

主な理由は3つあります。

1つ目は、**企業のグローバル化への対応**です。日立製作所やソニー、富士通などジョブ型を導入する日本の大手製造業は、グローバルにビジネスを展開し、場合によっては海外売上比率のほうが国内より高いこともあります。

従業員数も、日本法人勤務者より海外拠点に勤める人のほうが多い場合もあるほどです。

そこへいくと、前述の通り「日本以外の国」ではほとんどが、仕事に人を割り当てる「ジョブ型」です。

日本法人だけが、年功序列や終身雇用を保証した「メンバーシップ型」では、例えば日本企業の海外拠点では解雇があるのに、本社の日本ではないなど、同じ会社なのに制度が違うと不公平感を招くことになりかねません。

2つ目の理由は、**日本の企業がプロの育成を強化したいから**です。日本流のメンバーシップ型組織は、人材の配置や人事異動は当人の希望ではなく、会社が決めるのが基本。それも、職種を超えたジョブローテーションが目立ちます。

それ自体は、ゼネラリストを育てる上でも悪いことだとは言えませんが、海外に比べると、何かの専門分野に秀でたスペシャリストが育ちにくい側面があります。

すると、どのような事態が起きるのでしょうか？

先に書いたように、多くの日本の会社はグローバル化しています。よって、例えば人事の人なら、海外拠点の外国人の人事と仕事のやりとりをする機会は多々あります。

詳しくは、7章の「人事」の仕事紹介ページをお読みいただければわかりますが、ひと口に人事といってもその仕事内容はさまざまです。採用から制度づくり、ときにはリストラまで、業務範囲は多岐に渡ります。
「ジョブ型」が基本の海外の場合、人事パーソンは人事として入社し、一貫して人事畑を歩むのが常で、そのため10年選手の責任者クラスとなると、採用からリストラまで一貫して手掛ける**人事という職能のプロ**になっています。
ところが日本の場合、営業一筋だったような人がいきなり人事リーダーに任命されることも少なくありません。
すると、海外拠点の人事リーダーとの実務能力の差は歴然。「日本の人事リーダーとはプロとして対等な会話ができない」と海外拠点の外国人社員からクレームがくる、なんてことはよくある話なのです。

だからこそ、とりわけグローバルな企業は、日本においても、人事なら人事、財務なら財務と、グローバルに通用するプロ人材を育成しようと必死です。
ならばと、会社への入り口となる採用段階から本人の希望する職種と、会社側のニーズを早期にすり合わせ、各人の専門を決定する「ジョブ型」にしようとしているのです。

また、自分が決めた専門分野を仕事にすることは、当人のモチベーションアップにもつながりやすいと言えます。
『日本企業の社員は、なぜこんなにもモチベーションが低いのか?』の著者のロッシェル・カップ氏は同書で、「日本企業の人事ローテーションは期間が短く、会社都合であるため、責任を曖昧にし、やり遂げる意欲を減じる」と述べています。

ジョブ型雇用に変える企業が増えた3つ目の要因は、**年功序列からの脱却**です。
一般的に日本の会社は、働き盛りの20代、30代の給料は抑えら

表2／ジョブ型、メンバーシップ型の主な違い

メンバーシップ型		ジョブ型
まず人ありき	**雇用の起点**	まず仕事ありき
新卒採用をはじめとするポテンシャル採用中心	**採用**	職務要件を満たした人材
総合職採用がメイン	**新卒採用の種類**	職種別採用がメイン
部分的に補充	**中途採用**	積極的
曖昧	**職務・役割**	明確
主に会社が決めるキャリア形成、ゼネラリスト志向	**キャリア形成**	自身の職務に専念、スペシャリスト志向
会社による定期異動、ジョブローテーション	**配置転換・異動**	本人の希望による手挙げ中心
年功序列色が強い	**賃金水準**	ジョブの責任範囲や希少性を鑑みた市場価格
プロセス評価中心	**人事評価**	結果評価中心
勤続年数を考慮	**昇進昇格**	ジョブの責任範囲を負える要件を満たすかどうかで決定
ある	**終身雇用の文化**	ない
ほぼない	**降格**	珍しくない
労務管理とメンバー育成中心	**管理職のマネジメント**	ジョブの要件の設計とパフォーマンス評価、人件費コントロール

リクルート資料を参考に編集部作成

れていて、その分、40代で管理職になって以降、高給で報いる**「給料後払い形式」**を取る場合が多く見受けられます。
これには元来、家族的な日本企業は「生活給」といって、社員の子どもの学費や住宅ローン負担などで人生で一番お金がかかる50歳前後の給料を、もっとも高く設定しようとした背景があります。

では、50歳くらいを給料の頂点に持ってくるにはどうするか？それは、係長、課長、部長といったように、役職（グレード）を上げるしかありません。
そのため日本企業は、たとえ実質的に部下をマネジメントしていない人にも、グレードを上げさせるために、管理職ポストを乱発するしかありませんでした。
誰もが課長くらいにはなれる——高度経済成長時代はそれでよかったのかもしれませんが、問題なのは「部下なしの見せかけ管理職ポスト」を作ったことで、いわゆる**「フリーライダー（タダ乗り社員）」**を大量に生んでしまったことです。
その結果、働かないミドルの人件費は、大企業の経営を圧迫する要因にもなっています。

一方のジョブ型雇用の会社では、各人の年齢に関係なく、各仕事の要件を満たした人に、その市場価格に近い給料を支払います。
よって、マネージャー（課長、部長などの管理職）になれるのは、人をやる気にさせたり育成ができるといった要件を満たす人だけ。
高い給料をもらっている人はそれだけ、多くの部下を管理している、あるいは希少性の高い技能を持っているなど、明確な理由があります。
だからこそ、社員にとって公平性と納得性が高いジョブ型が普及してきたと言えます。

また、昨今では多くの企業が、国際競争力を高め業績を上げ、株主価値を高めるために、利益率が低い事業やグループ企業を切り出す、事業ポートフォリオ改革を行っています。

デジタルトランスフォーメーション（DX：デジタル化）の発展により、支店や倉庫の“無人化”や少数化を行う企業も続出しています。効率化が進めば進むほど、人を絞っていくことになり、これまで“給料をもらい過ぎ”だった人も、職務に合わせた報酬にする必要が生じます。

そのとき、社員を納得させるための旗印として、「ジョブ型」が導入される場合も多いのです。

「ジョブ型」の導入で新卒採用はどう変わる?

欧米流のジョブ型は、採用に「新卒」や「中途」という概念がほぼありません。

各職種（ジョブ）に欠員や新規補充の必要が出たら、まず社内でそれを遂行できる人を探すか、その情報を開示し、我こそはという希望者の「手挙げ」を求め、その人がその仕事ができそうかを判断します。それでも不足していたら、社外で適任者を探すというステップを踏みます。

雇うのはもちろん「そのジョブが入社後すぐにできる」という条件を満たす人、あるいはそれに近い人限定です。

そのため特に欧州では、スキルが未成熟な若年層ほど失業率が高く、社会問題化しています。

一方、日本にはスキルがない学生を、現場によるOJTで鍛えて一人前に育成するという新卒採用の仕組みが発達しているため、若年失業率が欧米ほど高くありません。

また、ジョブ型雇用を導入する企業も、大半が優秀なポテンシャ

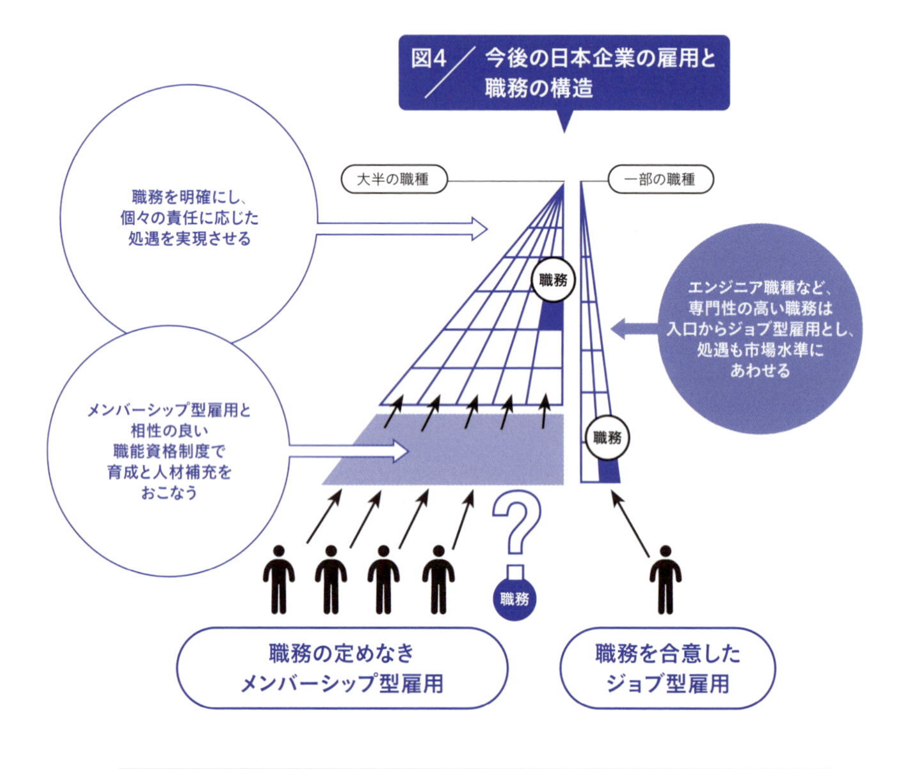

コーン・フェリー資料を基に編集部作成

ル人材を一気に雇える利便性のよさから、新卒一括採用を完全にやめる気はありません。

そこで、今後、日本式ジョブ型で定着するであろうと見込まれるのが、**メンバーシップ型とジョブ型のハイブリッド（混合）型**です(図4)。

上図のように、まずは新卒採用を、特定の職務に限定しない**「総合職採用」コース**と、AIやリーガルなど入社後の職務を限定した**「ジョブ型採用」コース**の2種に分けます。

そして「総合職採用」で入社した人も、多様な仕事を経験した30歳程度を目安に今後どのジョブを軸にキャリアを形成してゆくかを決定させ、その後はその職務内で昇進していくことを目指すのです。

もっとも、このハイブリッド型新卒採用も、いつまで続くかはわかりません。

新卒でも即戦力を求める——という欧米型のジョブ型就活が、日本でも広がる可能性はあります。

実際、日本を代表する企業の1つで、他の日本企業への影響力も強いソニーは、2022年卒の学生から「ジョブ型」とも言える採用を始める予定です。

なんと募集職種を88個という細かさに区切り、例えば営業一つとっても仕事内容により2つ3つに分けるほど。

こうしたジョブ型新卒採用の広がりは、**企業側の「たとえ21、22歳の学生でも、自分がその会社で何をやりたいか、どんな仕事で貢献したいかを明確にしてほしい」というメッセージ**だとも受け取れます。

ジョブ型で開く「転職格差」

一方、ジョブ型雇用が浸透すると、ビジネスパーソンの転職はどう変わるのでしょうか?

ちなみに、現時点でどのくらいの人が転職を経験しているのかというと、転職情報サイト「リクナビNEXT」に登録する30代のうち(2017年1〜6月)、半数以上が転職経験者で、3割以上が2回以上の転職を経験しています(図5)。

結論から言うと、**ジョブ型雇用が広がると、転職件数も転職者も増え、転職がより一層活発化するでしょう**。

各仕事の定義やそれができる人の条件が明確になり、業務を切り出しやすくなるからです。

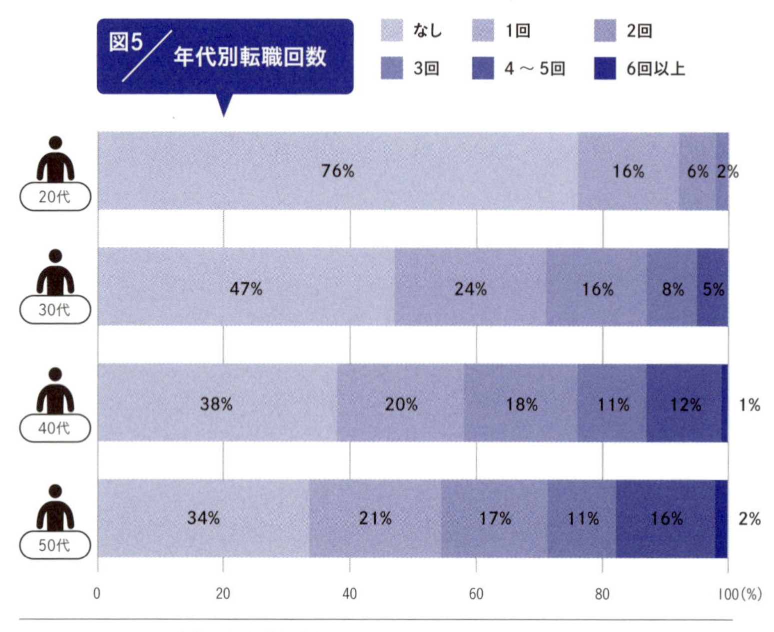

リクルートキャリア資料を基に編集部作成

すると企業は、切り出した各ジョブの適正人数や不足人数を計算しやすくなります。

これにより、社内外から人材不足の仕事に人を募集しやすくもなるし、人材側もまた、できることが明確な人であれば、自分にフィットした仕事に応募しやすくなります。

さらに、各ジョブ（職種）の市場からのニーズが高ければ高いほど、給料や待遇のよい転職が可能になるでしょう。

各仕事の**ジョブディスクリプション**（職務記述書：各ジョブの「やること」やその仕事がやれる人の要件定義などが書かれたもの）を満たす人は、よりよい条件を求めて転職し、人材流動化はますます進むと思われます。

現在は、本書の4章で紹介する**データサイエンティスト**や6章で登場する**AIエンジニア**などが、転職市場で引っ張りだこの職種と言えます。

ちなみに、日本経済新聞の報道によると、大和証券は2021年4月から社員に「転職市場での価値」に応じた報酬を払う仕組みを導入すると言います。

これにより、例えばデリバティブ（金融派生商品）のトレーダーといった高度な知識と能力を必要とする職種のなかには「年収5000万円社員」が出てくることもありえる、としています。

優秀な人材の確保には、社内規定にのっとった給料ではなく、市場価格に応じた給料を払うことが欠かせない、と会社側が気づいた好例でしょう。

こうした取り組みは、今は一部の職種に対象者を限定していますが、ジョブ型が一般的になると、その他の職種の一般的な社員の給料も、限りなく市場価値に近づいていくと考えられます。

なぜなら、どの職種も優秀な人を採用するためには、その人の価値に見合った給料を提示する必要があり、転職者が会社に多数入ってくると、公平性の観点から、自然と「社内の人」の給料も、適正価格に収斂（しゅうれん）していくからです。

ジョブ型時代のキャリアパス

もっとも、「ジョブ型」雇用が広がったとしても、働く人がずっと同じ専門の仕事を続けるかというと、必ずしもそうではありません。

もちろん、例えば「自分は一生、記者をやっていく」と決めた場合、そのジョブが求める仕事を遂行できる限りは、その職を続けることは可能でしょう。

でも、会社がその人に対して「将来の会社の屋台骨を支える経営人材になってほしい」と考えた場合、長期的な育成計画のもと、戦略的に営業や経営企画などにジョブローテーションしていくかもしれません。
あるいは、本人が会社に縛られるのではなく、新しい挑戦がしたいとして、別の職種や業種を目指す場合もあるでしょう。

さらには同じ職種でも、その中身がまるで変わっていくことだって十分にありえます。
例えば、編集・記者の仕事も、ここ数年でまったく変わってきました。
今や編集記者職は、企画を決めて、取材して書いて終わりとはいかず、どうやって、どのような表現手法で記事を届けるのが最適かを判断し、デザイナーや動画クリエイターなどそれを実現できる人を巻き込み、実際の表現に変えてゆく——さらには、その成果物が世に出た後も、どのようにしてよりいっそう読者にリーチするかを考える、マーケティング、PR的な能力が求められています。
今後はロボティクスや機械学習などの発展により、業務の仕組み化、効率化が進み、あらゆる職種で要求される仕事の中身が変わってくるでしょう。
なかには、残念ですが、かつての出版界で隆盛を誇った活版技師がいなくなってしまったように、なくなる仕事も出てくることが想定されます。

増える「またぎ転職」

一方で、いまだかつてなかった「新しい仕事」も増えています。
例えば本書に掲載している**「カスタマーサクセス」「UXデザイナー」「データサイエンティスト」「AIエンジニア」「デジタルマーケ**

図6／転職者のキャリア移行比率

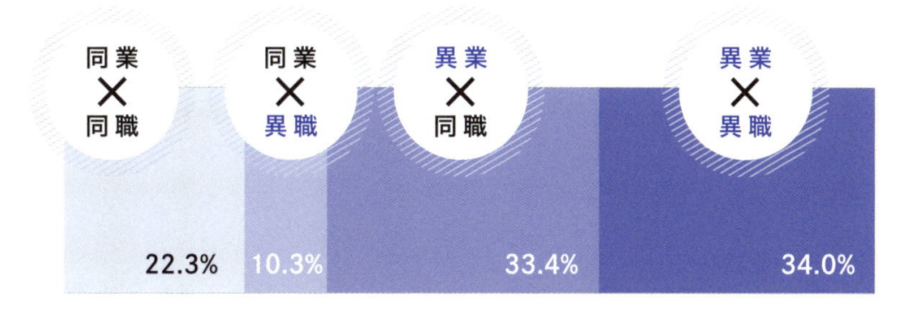

2009年から2018年までのリクルートエージェント転職決定者データを基に編集部作成

ター」といった仕事は、5年前は現在ほどの人数はいなかった仕事です。

しかし、いずれの職種も市場のニーズが高まった結果、その需要を満たすほどの人数が足りず、おのずと売り手市場になっています。

今後もこのように、時代の要請に呼応して人材の補給が必要な新職種は続々と増えていくでしょう。

また、人事や法務といった既存職種でも、時代の変化や各企業の戦略の転換などにより、より人材を補充したい重要な職種と、そうではない職種に分かれていきます。

すると、どのような事態が起きるのでしょうか？

人手不足の職種には、各仕事に求められるスキルに近い技能を持つ「周辺職種」から、人材をかき集めてくるしかありません。

だからこそ、現在は、**職種や業種を「またぐ」転職**が増えています。

「またぎ転職」が増えている最大の理由は、前述のように、その仕事の経験者ではなくとも人手が欲しいという会社が増えているからです。

その市場ニーズに応える形で、「特に、若い世代とシニア世代が業種、職種をまたいで転職する傾向が顕著です」（リクルートキャリア・藤井薫氏）。

図6を見ればわかるように、**転職者の3分の1が職種も業種も"越境"** しています。反対に、同業種、同職種内で転職する人は5人に1人しかいません。

若い世代に「またぎ転職」が多いのは、新卒一括採用で総合職として入社し、会社主導で配属された結果、その職種にミスマッチを感じた人が、新しいチャンスを探すからかもしれません。

あるいは、伸びている職種に移動したほうが、仕事内容が面白いし、新しいスキルも身につくと考える人が多いと推察されます。

実際、前出の電通の調査でも「ミスマッチを感じたら3年以内に離職する」と回答した学生は8割を超えていて、**「石の上にも三年は、もはや通用しなくなっている」**（電通・用丸雅也氏）と言えるでしょう。

会社は「経歴」より「スキル」を見る

「新しい仕事」も増え、既存の仕事の内容も変わりました。なおかつ、日本では慢性的な人手不足が続いており、求人ポストの仕事の経験者を雇うのは困難です。

そのため、企業の採用担当者は、**候補者の「経歴」より「スキル」を重視する**傾向が高まっています。

例えば、自社サービスを使ってくれているクライアントにサービスのより有効な使い方を指南したり、追加サービスを営業したりする

表3／「古い転職」と「新しい転職」

古い転職		新しい転職
ネガティブ	**転職者の心象風景**	ポジティブ
上司とソリが合わない、人間関係	**動機**	新しい成長の機会を取りに行く
人間関係に行き詰まったとき、不遇な異動	**辞める時期**	仕事が乗っているとき
同業他社、社格アップを狙う	**転職経路**	異業種、異職種にも果敢に挑戦
エージェント任せ	**転職手法**	リファーラル(ツテを使った採用)など多種多様
大手至上主義	**会社選び**	伸び盛りの業種・職種を選ぶ
3回以上は警戒される	**転職限界回数**	実力に応じて考慮
もらうというスタンス	**給料**	稼ぐというスタンス
ジョブローテーションありのメンバーシップ型	**会社と従業員の関係**	職種別のジョブ型
穴埋め要員、生え抜き主義	**中途採用者への処遇**	市場価値に準じて厚遇
ありえない	**副業との掛け算**	大手も容認の方向

取材を基に編集部作成

旬の職種**「カスタマーサクセス」**は仕事そのものが新しすぎて、前職もカスタマーサクセスという人はあまりいません。

求められるスキルが共通する、営業経験者、マーケティング経験者、大規模ストアの店長などの出身者が多いと言います。

その他の「またぎ転職」例としては、転職者のキャリア相談に乗る**「キャリアカウンセラー」**も、塾講師、キャビンアテンダント、営業、新聞記者などさまざまな前職の人が多い職種の一つです。

塾講師、キャビンアテンダント、営業、新聞記者も、すべて人と接し、相手のニーズや本音を引き出す、という意味で「共通するスキル」が求められる仕事です。

つまり、職種をまたいで活用できる**「共通するスキル」（＝ポータブルスキル）**があれば、より市場ニーズが高い異職種への転職は十分可能だと言えます。

となると重要なのは、**キャリアの初期で、他の職種や業種にポータブル（持ち運び）可能な技能や経験を蓄えておくこと**です。

そのスキルだけは、世の中が変わろうが今所属している会社がなくなろうが、誰にも奪われることはありません。

本書の２章以降に掲載している職業研究では、仕事ごとにどんなスキルが求められるのかを記載するとともに、**どのようなキャリアパスがあり得るか**を示しています。

さらに、その職種を目指したものの、ファーストキャリアで叶わなかった若手や、今現在その仕事についているものの、今後は仕事の幅を広げたい人、時代の要請でそうせざるを得ない人に向けて、各仕事の**「似た仕事」**についても紹介しています。

今、自分はどのようなスキルを蓄えるべきか迷っている人、あるいは、自分の手持ちスキルをより有望な職業で生かしたいという人は、参考にしてもらえたらと思います。

キャリアは自分で作る時代

ここまでの話をまとめると、「ジョブ型社会」の浸透に伴い、**自分の職業人生を自分で決める時代になった**と言えます。

こう書くと、そんなの当たり前じゃないかと思うかもしれません。

しかし、繰り返しになりますが、これまでの実態として、長年の日本限定のメンバーシップ型雇用が「キャリアは会社が面倒を見てくれるもの」という意識を生んでしまった、という現実があります。

終身雇用が前提だと、社員は1つの会社でキャリアを積んでいくことが前提になるため、労働市場での自分の価値を高めるよりも、社内人脈を作る、社内政治を駆使するなど、能力アップ以外の別のゲームに熱心になりがちです。これでは、社員全体の能力の底上げにはなりません。

ましてや、どの企業も右肩上がりではなく、今後のビジネスモデルをどうすべきかを模索している時代です。

例えば商社なら、これまでは炭素を含む資源投資が稼ぎ頭だったのが、環境配慮やサステナビリティ（持続可能な社会）などの文脈から「脱炭素」が問われるようになり、三菱商事をはじめ、多くの商社が炭素ビジネスからの撤退を決めています。

トヨタ自動車のような自動車会社にしてもそうです。これまでは、敵は同業他社である自動車会社と定めておけばよかったのが、今や自動車は動くインターネットと化し、GAFA（Google、Apple、Facebook、Amazon）などがライバルになってきています。

だからこそ「Woven City」のようなスマートシティ計画などの新しい領域に種をまきながら、ビジネスの創出を試みているのです。

このように、これまでの延長線上で事業を行うことが困難になり、時代はますます、正解がない世界に入ってきました。

そう考えると個人のキャリア形成も、企業戦略と同様に、自分は何を専門にしてキャリアの土台を作り、その後は、どの分野にどれだけのリソースを投入してゆくか、といった**将来に向けての「構想力」が求められる**と言えます。

ただ上司や会社から言われたことを「何でもやります」という指示待ち社員は、今後は事業のスピードについていけず、苦戦を強いられる可能性が高いでしょう。

つまり、いま企業が若手に求めることは、会社が用意したものに乗ればいいという態勢ではなく、**自分のキャリアをどう作っていくかという意識を持ち、日々の仕事に取り組めるかどうか**です。

キャリア・オーナーシップ――自らのキャリアを自分のこととして自分で考える当事者意識が、強く求められているのです。

20代で専門を作り、30歳以降は「広げる」

リクルートが運営するリクルートワークス研究所が35～64歳のビジネスパーソン1200人を対象に「キャリア曲線を描く調査」をしたところ（2019年）、**「自己決定」が働く人の幸福度を高める**ということがわかりました。

同調査は、働く人のキャリアは経験していないことに取り組み、異動や転職などで**自身のスキルの幅を「広げる」時期**と、ある分野やテーマなど**専門性を「深める」時期**に分けることができるとし、自身はどのように「広げる」と「深める」を繰り返してきたのか、「キャリア曲線」を描いてもらった、というものです。

すると、キャリアへの先行きの展望や満足度が高い人は、**20代な**

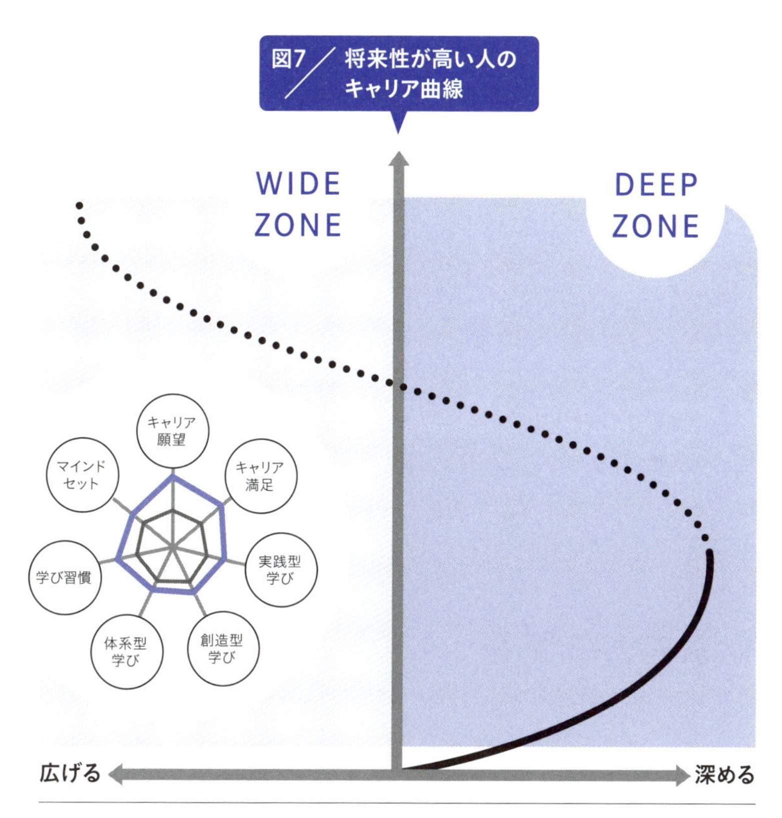

ワークス研究所資料を基に編集部作成

ど職業人生の初期に「自分の専門を自己決定し、深めた経験がある」人が多いことが判明しました（図7）。

データ分析によると、**「初期に専門を深めたタイプ」は30～40代の男性が多く、平均年収もかなり高め**。

キャリアの初期から専門職・技術職の人が過半数を占めますが、ずっと深めっぱなしではなく、その後「広げるゾーン」へと移行するのが基本形です。

人材マネジメントの世界では**「T字型人材」**と呼ばれ、自分の下地となる専門が深い上で、横に広がる得意領域を持つ人材が最強とよく言われますが、その証左ともなる結果です。

では、なぜ「初期に専門を深める」とキャリア展望が開けるのでしょうか？

この調査をリードしたリクルートワークス研究所によると、初期に専門を深めた人のキャリア展望が高い要因は、確たる専門性があるからこそ、仕事の進め方ややり方を自分で決められることだと言います。

その意味で、キャリアの初期のうちに自分の専門性を深められる環境に身を置くこと、さらに言うなら、自分で物事を決められる、裁量の大きい仕事や職場を見つけることも大切なことだと言えるでしょう。

仕事選び3原則

では、改めて新卒入社を含め、キャリアの初期には、どのような点に留意して仕事を選べばよいのでしょうか？

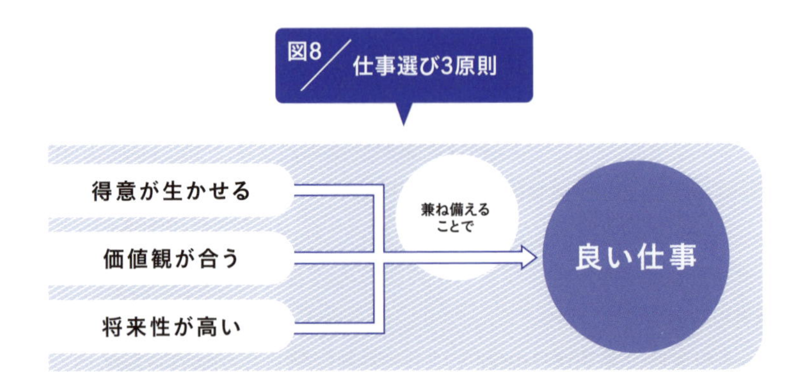

我々は図8の「仕事選び3原則」が有効ではないかと考えます。

なぜこの3つが重要なのでしょうか？

まず強調したいのは、人によって**「良い仕事＝適職」はバラバラであり、違う**ということです。

そもそも職業に優劣はありません。あるのは、その人にとって合うか合わないかだけなのです。

その「合う」にも2つの方向性があり、1つは**自分の得意なことと、その仕事で求められるスキルとの適応**。もう1つは**その仕事をする意義や目的に共感できるか（自分の価値観と合うか）**です。

この2つを満たすだけでも十分適職と言えるとは思いますが、その仕事が将来的に消滅してしまう可能性もあります。

そこで欲を言うなら、その仕事の将来性が高い、あるいはその職業経験が将来につながりやすいと、末広がりのキャリアが開けていく可能性が高いと言えます。

こうした理由から、**1）自分の得意なことが生かせる、2）自分の価値観と合う、3）将来性が高い**の3拍子が揃った仕事こそが、その人にとっての「よい仕事」だと考えられるのです。

自分の「得意」を棚卸しする

では、自分の得意なことは、どうやって発見したらよいのでしょうか？

得意なことと言っても、新卒入社を控えた学生や新卒2～3年目で転職する第二新卒は、プログラミングができるとか、商業用の記事レベルの文章が書けてしまうといった「プロ」同様のスキルが必ずしも求められるわけではありません。

とりわけ、需要が高い職種は経験者だけを採用していたのでは、その旺盛なニーズに供給が追いつかないので、中途採用でも似た技能を持つ人、あるいはやる気のある素人を雇うこともしばしばです。

ただし、何が得意かという軸や方向性は問われます。

例えば、6章に掲載した**「UXデザイナー」**という新しい仕事は**「構造化する力や本質を見抜く力が必要」**（グッドパッチ・佐宗純氏）だと言います。

職業名に「デザイナー」がつく仕事なので、絵がうまくないとなれないのではないか、美大を出ていないと無理なのではないかと思いがちですが、実はそうではなく、もっとも重要な能力は「構造化する力」だとは、執筆・編集している私たちも意外でした（その仕事を現役でやっている「中の人」にしか言えないことです）。

そう考えると、例えば日頃から物事や現象を見ていて「これとあれは似ていないか？」と発想しがちだとか、この作業はこのツールで仕組み化してしまったほうが楽なのではないか？ といった考えをしがちな人などが「構造化が得意な人」と言うこともでき、UXデザイナーの仕事に向くかもしれません。

また、UXデザイナー同様に需要が高まっている職種の1つである**「デジタルマーケター」**も、**「デジタルへの知見より営業力や調整力が必要」**（WACUL・垣内勇威氏）な仕事だと言います（4章参照）。

なぜなら、デジタルマーケターは本質的には自社の商品を売り込む仕事だからです。その手段がデジタルになっただけで、本質は営業と同じ、**顧客の課題を発見してその解決策を考える力**が求められるのです。

顧客の声を丁寧に傾聴する力のほうが必要だということは、例えば大学の部活やサークルで、仲間から相談を持ち込まれることが多いだとか、喧嘩の仲裁役を頼まれたことがあるといった、コミュニケーション力や調整力のある人が向く仕事だと言えます。

　このように、日頃の自身の言動を振り返り、人に頼りにされたり褒められたりした経験を思い出すなどしながら、それらの抽象度を高めると、得意なことが見つけやすいのではないでしょうか。
　本書には、22の仕事それぞれに、その仕事に現在従事するロールモデルが答えた**必要なスキルセットやマインドセット**が書いてあります。そのスキルセットと自分の得意なことを照らし合わせて読んでみると、思わぬ適職に出合えるかもしれません。

その仕事の「現役」が答える各職種の将来性

「仕事選び3原則」の最後、**「その仕事は将来性が高いか」**についても本書はカバーしています。

　その職業に従事する皆さんが回答した職業評価の指標を**「フューチャーワーク指数」**と名づけ、各仕事の「中の人（ロールモデル）」に、その仕事は将来性が高いかどうか（未来実感）を5点満点で採点してもらっています。
　その仕事を今やっている人、ついこの間までやっていた人たちによる実感値なので、リアルな数値と言えるのではないでしょうか。
　では、これらの職種の具体的なリアルと未来について、実際にその仕事をやっているロールモデルの声を基に、ひもといていきましょう。

サイト「JobPicks」トップページに掲載された職業の将来性ランキング

経験者が評価する 職業の将来性ランキング

JobPicks独自のフューチャーワーク指数による職業の将来性ランキングです
(JobPicksで現在公開中の29職業中)

? フューチャーワーク指数とは

順位	職業	経験談	指数
1	CMO（最高マーケティング責任者）	18件の経験談	4.9（5.0点満点）
2	CEO（最高経営責任者）	142件の経験談	4.8
3	COO（最高執行責任者）	55件の経験談	4.7
4	事業企画・事業開発	105件の経験談	4.7
5	UXデザイナー	82件の経験談	4.6
6	Webマーケター・デジタルマーケター	60件の経験談	4.6
7	人事コンサルタント	55件の経験談	4.5
8	カスタマーサクセス	62件の経験談	4.5
9	CHRO（最高人事責任者）	40件の経験談	4.4
10	広報・PR	111件の経験談	4.4

サイト「JobPicks」の特徴は、その仕事で現役の人や経験者が、自分の職業を評価していることだ。フューチャーワーク指数とは、前述の通り、各仕事の「中の人」が考える自分の仕事の将来性、社会への貢献度、自立度を5点満点評価したものの平均値を指す。
それを高い順にランキング化したのが上図だ。トップはCMO（最高マーケティング責任者）となった。モノやサービスが氾濫するなか、どう売れる仕組みを作るかを考え、その責任者として戦略を実行するCMOは労働市場で引っ張りだこのため、納得性がある。
CEO、COOが2位、3位と続くのはもともと自分の仕事をポジティブに捉える人が多いせいか。詳しくは2章以降を見てほしいが、事業企画やUXデザイナー、デジタルマーケターやカスタマーサクセス、人事コンサルタントなど実際に今、労働市場から引き合いが多い職種が、上位にランクインしているのも興味深い。

https://job.newspicks.com/ より

2章

職業研究

コンサル系の仕事

増えるコンサル人口

コンサルティング業界は景気に左右されやすいと言われる。コロナショック後は、一気に受注が減少するのではと懸念されたが、概ね好調で、むしろ業績を伸ばしているケースが多い。

調査会社IDC Japanは、コンサルの市場規模はDX(デジタルトランスフォーメーション)需要が牽引し、2024年には1兆4億円に到達すると予測する。

旺盛なニーズに応え、コンサル会社の売上も“人口”も巨大化している。総合系最大手のアクセンチュアの従業員数は6年前の3倍の1万5000人超に。デロイトトーマツも3600人超、PwCも3000人以上いる(2020年)。

“少数精鋭”がウリの戦略系もボストンコンサルティング グループ(BCG)やマッキンゼーがデジタル系子会社を設立するなどして規模を拡大している。

アクセンチュア・ジャパンの社員数の推移

(注)各会計年度末(8月31日)時点での人数
出典:アクセンチュア

増えるコンサル志望「とりあえずコンサル」

「とりあえずコンサル」という言葉をご存じだろうか。学力は高いが、明確なやりたいことはない、だったら幅広い業界で多様な仕事を手掛けるコンサルに行けば潰しがきくのでは、と考える就活生がコンサルを目指すときの合言葉だ。採用の早さやイメージのよさも人気に拍車をかける。

実際、上位校の就活生の間でコンサル人気は高まっていて、東大新聞が毎年出している就職先ランキングも、2010年卒は銀行、商社、電通などが上位を占有していたのに対し、2020年卒はPwCやアクセンチュア、デロイトなどの総合系コンサル勢が10位内に。採用数が少ない戦略系のA.T.カーニーが15位に、マッキンゼーが19位にランクインするほど、コンサルに行く人は増えた。

東大の学部卒業者の就職先ランキング

2010年

順位	就職先
1	三菱東京UFJ銀行(現三菱UFJ銀行)
2	三菱商事
3	みずほフィナンシャルグループ
4	三井住友銀行
5	日本生命
6	三井物産
7	電通
8	あずさ監査法人
9	NTT東日本
10	新日本有限責任監査法人(現EY新日本有限責任監査法人)

2020年

順位	就職先
1	三井住友銀行
2	三菱UFJ銀行
3	PwCコンサルティング
4	アクセンチュア
4	東京海上日動火災
6	NHK
6	三菱商事
8	三井物産
9	楽天
10	デロイトトーマツコンサルティング

出典:東京大学新聞

コンサルの起源と歴史

コンサルの歴史は古く、100年近く前からある。主な歴史は以下の通りだ。

1911年 世界で初めてコンサル業務で報酬を受け取った、フレデリック・テイラーが『科学的管理法の原理』を発表。以来、テイラーに触発された有象無象の自称コンサルが出現。

1926年 ジェームズ・O・マッキンゼーが企業の大規模化に伴うニーズから、マッキンゼー・アンド・カンパニーを設立。

1938年 マービン・バウワーがマッキンゼーが残した会社を買い取り、「経営コンサルティングの父」と呼ばれる。

1966年 BCGがボストン本社につぐ、第2のオフィスを日本に開設。

1973年 オイルショックによって、コンサル業界は財政難に陥る。

1998年 業界全体の売上高が前年比22%増、市場規模は史上最大の890億ドルに。

2001年 マッキンゼー出身社長が率いた「エンロン」の不正会計処理が判明。

2002年 SOX法が制定され、会計事務所が監査先にコンサルティングを行うことが禁止される。これにより、会計系ファームの再編が行われる。

2009年 会計系ファームが「アドバイザリーサービス」という名でコンサル業務への参入を本格化。

拡大するコンサル帝国

ここ5年のコンサル会社の活況を牽引したのは、なんといってもDXなど、デジタル案件の激増だ。コンサル人気により、大手企業が優秀な人を大量に採用できなくなっているなか、企業のデジタル人手不足を、採用力が高いコンサルが補填していると言える。

アクセンチュア・江川昌史社長によると「デジタルを本気でやろうとすると、30種類ぐらいのスキルとケイパビリティ（能力）がいる」と言う。それゆえ、総合系コンサル会社はデータサイエンティストやUXデザイナー、AIエンジニアなど新種のプロフェッショナルを大量に揃える。

デジタルのコンサルティングは、やればやるほど知見が溜まる「学習カーブ」が働くので、先行優位、大手優位になる。知見が溜まれば溜まるほど効率化が進み、クライアントへの請求額を抑えられるようになり、それがまた顧客満足に繋がりやすい。こうした理由から、総合コンサル会社では、デロイトとアクセンチュアの拡大を見て、日本でもPwCが規模を大きくし、そこにアーンスト・アンド・ヤングが追随する大競争時代に入った。

これまで、業界では経営コンサルタントが上でITコンサルは下という認識がどこかであったが、今やその図式は成り立たない。「米系の総合コンサル会社なら、戦略系を買う可能性はあります」（ローランド・ベルガー・大橋譲社長）。一方、戦略系もマッキンゼーとBCGがデジタル子会社を設立したり、デザイン会社とコラボしたりして対抗している。

コンサルは
どこにいるのか？

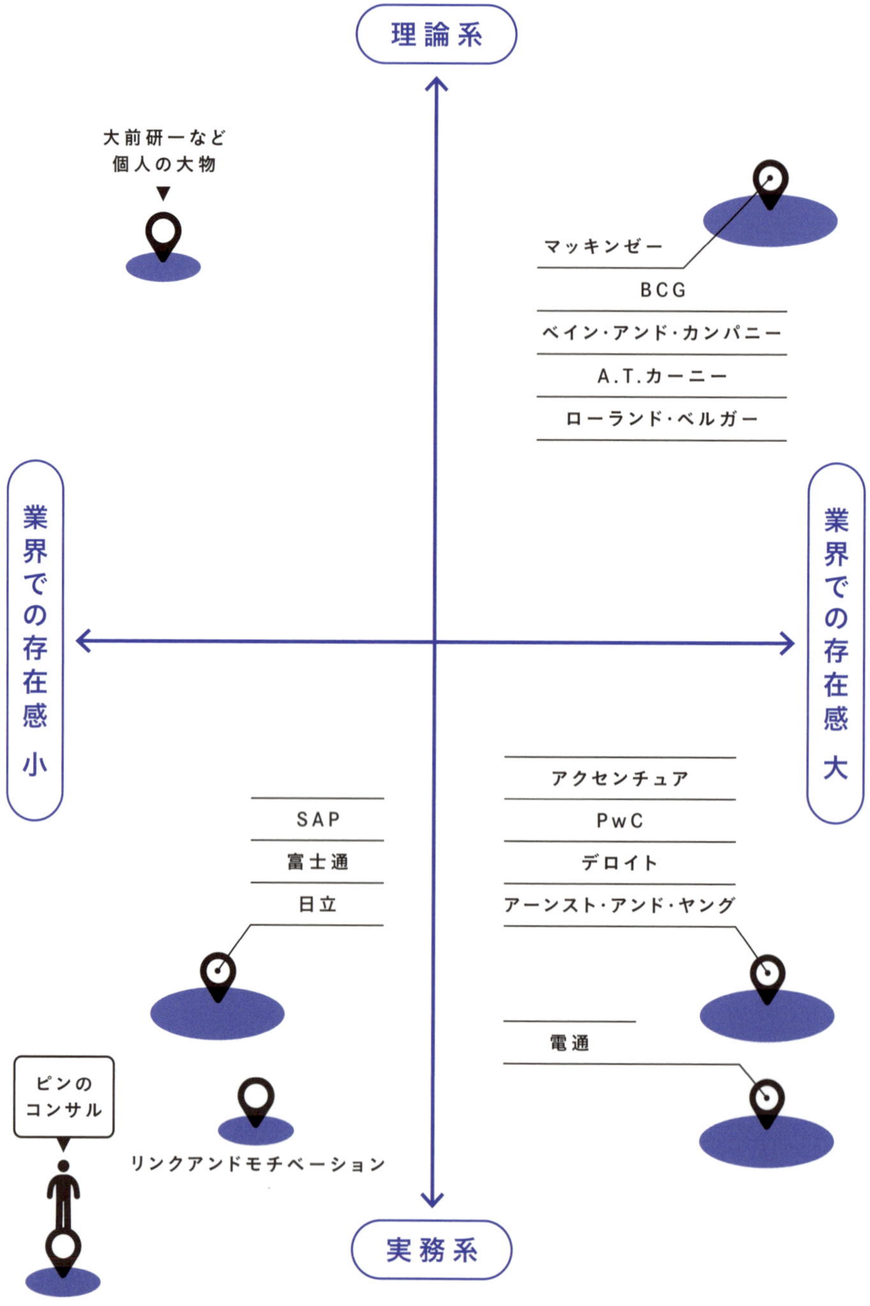

理論系

大前研一など
個人の大物

マッキンゼー
BCG
ベイン・アンド・カンパニー
A.T.カーニー
ローランド・ベルガー

業界での存在感 小

業界での存在感 大

アクセンチュア
PwC
デロイト
アーンスト・アンド・ヤング

SAP
富士通
日立

電通

ピンの
コンサル

リンクアンドモチベーション

実務系

コンサルを取り巻く5つの大変化

1 デジタル案件の激増

2015年、アクセンチュアの売上のうちデジタル案件は5%以下だったが、2020年には70%以上にまで増えた。AIからSaaS、サプライチェーンなどあらゆるデジタル案件が増え、戦略系もデジタルに関係しない案件のほうが少なくなっている。

2 広告領域に進出

デジタル案件のなかでもデジタルマーケティング領域は、電通、博報堂などの広告会社と競合する。さらにはクリエイティブ会社を買収して広告制作領域にまで進出する会社も。

3 顧客の変化

データの普及はコンサルの効果の検証がしやすいというメリットをもたらした。そのため「○人ユーザー獲得、利益率○%アップ」など明確な成果を求める厳しい顧客が増えている。

4 コンサル会社にいるプロが多様化

多様なデジタル案件ニーズが増えたことで、それができるプロを囲い込む必要が生じ、データサイエンティスト、UXデザイナーなど、コンサル以外のプロを採用するようになった。

5 「高級派遣」型コンサル

一方で、一部コンサル会社では業界で「高級派遣社員」と呼ばれるように、クライアント先に常駐するコンサルを大量派遣し、タイムチャージ（時間単位の報酬）を稼ぐようになった。その業務内容は貿易実務だったり、DXの推進だったり、デジタルマーケティングの実践だったりと多様。顧客からしたらフィー（報酬）は高いが、自社では採用しづらい人材の確保、一時的な需要への対応などメリットもあるが、コンサル会社内部からはコンサルの質の低下を招くと危惧する声も。

各コンサル会社の全世界での売上

企業名	売上（日本円、百億未満切り捨て）／時期
アクセンチュア（コンサルティング）	2兆5400億円（2020年）
デロイトトーマツコンサルティング（コンサルティング）	2兆800億円（2020年）
PwCコンサルティング（アドバイザリー部門）	1兆5400億円（2020年）
KPMGコンサルティング（アドバイザリー部門）	1兆2500億円（2019年）
EYストラテジー・アンド・コンサルティング（アドバイザリー部門）	1兆1000億円（2020年）
マッキンゼー・アンド・カンパニー	1兆1000億円（2018年）
ボストン コンサルティング グループ	8900億円（2019年）
ローランド・ベルガー	7400億円（2018年）
野村総合研究所	5200億円（2020年3月期）
ベイン・アンド・カンパニー	4500億円（2018年）
三菱総合研究所	900億円（2020年9月期）
A.T.カーニー	—
アーサー・D・リトル	—

どんな仕事?

クライアントの問題と課題を発見し、その解決策を出し、実行する仕事。問題とは「ありたい姿」と「現状」のギャップ。課題とは問題が発生する根本的な要因のことを指す。

経営コンサルは起きている問題の定義をしっかりと理解、分析し、課題を特定して打ち手を講じる。課題発表1回目の会議で、適切な“診断”をしないと、プロジェクトは“炎上”し、取り返しがつかなくなる。

近年では、経営課題の7割近くがデジタルに関連することから、問題解決能力に加えてデジタルへの知見も求められる。

ジョブディスクリプション

- 企業が成長、再生する解決策を探る
- そのために企業の内部にデータ提供やインタビューを願い出て実行する
- それを定量、定性で分析
- 分析結果をクライアントにプレゼン
- 具体的な打ち手を講じて実行する
- クライアントのオーダーで「中の人」として常駐することもある

「経営コンサル」はどこにいる?

経営コンサルの主戦場としてまず想起されるのが、戦略系コンサルと言われる一団だ。マッキンゼーやボストン コンサルティング グループ(BCG)を筆頭とする少数精鋭軍団だが、最近ではとりわけBCGがデジタル部隊を中心に採用を増やす。

アクセンチュアやデロイトなど「総合系コンサル会社」は、経営戦略を提案する「上流」から実際のシステム導入などを手がける「下流」まで、あらゆるコンサルを揃える。また、戦略系、総合系出身者が始めた「独立系」や個人でクライアントの相談に乗るピンのコンサルも数多い。コンサルは資格が不要なので、昔ながらの「自称コンサル」も存在する。最近特筆すべき傾向は、電通などの広告会社勢の参入だ。元からマーケティングのコンサルは手がけてきたが、経営領域にまで拡大中だ。さらに、三井物産など一部事業会社のなかには元コンサルを集め、グループを横断した成長戦略を構築する「インハウスコンサル」も存在する。

業界マップ

外資系戦略

マッキンゼー
BCG
A.T.カーニー
ベイン
ローランド・ベルガー
ADL　等

総合系の戦略部門

アクセンチュア
PwC
デロイト　等

総研系

野村総研
大和総研
日本総研　等

独立系

ベイカレント
シグマクシス　等

社内コンサル（インハウス）

三井物産　等

「経営コンサル」はどうやってなるのか?

① **新卒採用**

外資戦略系コンサル会社は毎年数人、BCGやマッキンゼーなど大手でも十数人しか採用しない狭き門。アクセンチュアやデロイトなど総合系や大和総研などシンクタンク系の採用数は多いが、経営コンサルに配属される保証はない。

② **中途採用**

大手事業会社からの転身組が多い。MBA取得後にコンサルになるケースも。前職はエンジニアなど理系が意外に多い。広告会社などの営業やマーケター出身も目立つ。最近ではデータサイエンティストからの転身組も。

③ **副業パターン**

経営コンサル会社は、副業を認めない会社が多い。例外は、A.T.カーニーくらい。現役の副業コンサルは少ないが、リクルート勤務者やベンチャー幹部などがスタートアップの副業コンサルをするのはよくある話だ。

④ **"名乗る"パターン**

国家資格が必要なく、名乗ればなれてしまうため、一部得体の知れない"自称コンサル"もいるが、SNSなどで身元がばれる昨今はさすがに減った。金融や事業会社の営業出身者が半リタイヤ後、コンサルを名乗るケースは多い。

経営コンサル
「給料」と「出世ピラミッド」

他の職種と比べると給料はかなり高い。外資戦略系のトップは億は稼ぐ。しかし「UP or OUT(昇進かクビか)」という極端な世界のため、年齢とともに給料を上げる人はサバイバーとも言える。

平均年収　800万円

年齢	年収
40歳	980万円
35歳	866万円
30歳	706万円
25歳	531万円

オープンワーク提供

パートナー
プリンシパル
マネージャー
シニアコンサル
コンサル
アソシエイト

代表的な企業の一例

経営コンサル「最初にやる仕事」

修業は主に3つ。1つ目は、議事録を取ること。社内会議はもとより、クライアントの課題解決のインサイト（洞察）を引き出すための現場インタビューに同行し、その議事録をまとめる。

2つ目は、データ分析だ。クライアント企業に適切な課題を提示するためにはまず相手に必要なデータをもらい、それを分析することから始まる。そのため、新人はそのデータが期限までに揃っているか、その進捗管理を行いながら、出てきたデータからインサイトを得るため、エクセルなどで管理・分析する。

3つ目はプレゼン資料作りの一端を担うことだ。前述の通り、経営コンサルは1回目の定例会議でのプレゼンが勝負。新人はマネージャーに振られた絵コンテを基に課題とその打ち手を裏付けるデータを集め、図に加工するなどして貢献する。

若手経営コンサルの一日

7:00	起床
8:00	出勤中にスマホでメール返信
8:30	マネージャーと打ち合わせ
10:00	顧客にインタビュー、データ受領
12:30	チームメンバーと合流してランチ
13:30	インタビューメモやデータの分析
15:00	マネージャーからダメ出し、追加分析
18:00	夕食後、英会話スクールに通学
21:00	帰宅
22:00	追加分析をマネージャーに送信、就寝

取材を基に編集部作成

戦略系コンサル会社がクライアントに請求する報酬の相場（1日8時間あたり）

パートナー	70万円
マネージャー	60万円
コンサルタント（チームリーダー）	40万～50万円
アナリスト（新人のコンサル）	20万円

※戦略コンサルへの取材を基に編集部作成

必要なスキル・マインド・学歴

学歴
東大が6割の会社も

戦略系幹部は「学卒か修士かドクターか、文系か理系かは不問」と口を揃えるが、学校名はしっかり気にするようで、新卒の東大卒占有率が6割近い会社も。海外大出身者も増加中。

スキルセット
地頭のよさとコミュニケーション力

多くの戦略系が面接で「フェルミ推定」を採用しているのは「地頭のよさ」を求めることの証左。対クライアントとの折衝はもとより、社内でもデータサイエンティストやUXデザイナーなどの異職種との協業が増えており、コミュニケーションの巧みさも必須。

マインドセット
成長意欲、礼儀正しさ

多様な産業の多彩な問題解決が仕事なので、常に新しいことに挑戦したがる成長意欲や好奇心が強くないと、続けるのがしんどい。クライアントから深い信頼を引き出す「ヒューマン・インターフェース」と呼ばれる礼儀正しさや、信頼に足る品のよさも求められる。

ロールモデルが語る

「経営コンサル」のリアル

大塚 泰子

日本IBM

クライアントの人生に影響を与えられる

プロジェクト内容自体の「成功」も当然ですが、一緒に働いてくれる社内外の方たちの「職業人生」にまでポジティブな影響を与えられたと感じられる瞬間があるからこそ、ハードな環境でもやっていけます。

竹本 祐也

WACUL

大きな社会インパクトに繋がる濃密な経験が、数年のあいだに何度もできる

少数精鋭のチームの一つの提案で大企業であるクライアントが大きな意思決定を行う。そんな巨人の踏み出す一歩が社会に大きな影響を与えます。

藤熊 浩平

フィールドマネージメント

見える世界が広がっていく感覚

この仕事を始めてすでに10年以上になりますが、見える世界が広がっていく感覚が、今なお続いています。コンサルティングのプロジェクトは、よく「業界」×「テーマ」で定義されます。プロジェクト期間中は、その業界×テーマにどっぷり浸かって濃密な時間を過ごし、プロジェクトが終わる頃には、業界とテーマについて、一端のことが語れるようになっています。

川島 匠

SCENTPICK

現職者

1時間のアウトプットで客が自分のファンに落ちる瞬間

コンサルタントはつまるところ「接客業」だと思っています。仕事を振ってくるマネージャー、プレゼンで説得すべきクライアントの要人、強烈な成長を望む後輩コンサルタント。その誰もが、あなたの接客業としてのクライアントであり、あなたがファンにすべき「お客様」です。仕事を受けてから1時間後、プレゼンを始めて1時間後、相手は自分のファンになっているか？ そのレベルのスピードとクオリティを追求し続けると、ファームの看板を超えた、個人としての「ブランド」が作り上げられます。

コンサルタントにとって、かつての上司やクライアントから、ビジネスパートナーとしての「本指名」を勝ち取ることができるのが、この仕事の最大の面白みだと思っています。

山本 大輔

A.T.カーニー

☑現職者　経験 4年

クライアントの期待を超える“解”が見つからないとき

コンサルタントのフィーは決して安いものではないです。

このフィーを正当化し満足いただくには、クライアントの期待を圧倒的に超える解を提示し、さらなる問を提示していくことが必要です。

この解が見つからないのは、言ってしまえばコンサルタント失格という状況なので、本当に苦しいです。

井手 啓太郎

アクセンチュア

オーナーシップを持つ

オーナーシップを持つことは、表現は違えど多くの人からアドバイスされてきたことです。オーナーシップを持つことは、経営コンサルタントならばできて当たり前と言われ、私自身も入社以来、目の前の仕事だけに追われないよう意識して取り組んできました。

竹本 祐也

WACUL

苦労

☑経験者　経験 5年

炎上という名の地獄

「炎上案件」――。そう呼ばれるものが、不定期にですがやってきます。そういうときは、パートナーらを恨まざるを得ません。打ち上げでは高いモノをおごってもらおう、評価も最高のものにしてもらおう、そう心に決めます。ただ、コンサルタントをしていて唯一の心の救いがあります。それは「プロジェクトはいつか終わる」という事実です。

Yamori Ayumi

オウルズコンサルティンググループ

☑現職者　経験 6年

先輩の教え

ロジカルシンキングは「手段」の一つ。決して「目的」ではない

ロジカルシンキングはあくまで「手段」の一つであって、「目的」ではないのだ、ということ。

MECEやその他のフレームワークに翻弄されたり、「ロジカルであること」それ自体に固執して視野狭窄に陥ったりしていたかつての私に、「それは本質ではない」とたびたび説いてくれた上司や先輩の言葉は、今でもことあるごとに思い返しています。

菊川 航希

OYO TECHNOLOGY&HOSPITALITY JAPAN

☑経験者　経験 3年

先輩の教え

「常に2つ上のポジションのコンサルタントの仕事をせよ。本気で代わりをやるつもりで」

“2つ上”がポイントです。“1つ上”は常に意識していましたし、“3つ上”だと役割が離れすぎているんです。この心がけは実は事業会社・スタートアップに移ってからも強く意識していたことで、上司の仕事をとる、ということはコンサルタントに限らず、非常に重要なことだと実感しています。

経営コンサル志望者が「読むべき本」

内田和成・著
『論点思考』
（東洋経済新報社）

経験者 経験3年
菊川 航希
OYO TECHNOLOGY&HOSPITALITY JAPAN

「仮説よりも論点」。戦略コンサルタントというと、どうしてもロジカルシンキングや仮説思考のほうが先走って語られる印象がありますが、私がもっとも重要だと思うスキルは論点思考です。もちろんパートナーなどになると、クライアントとの長期で深い関係性作りが重要ではありますが、マネージャー以下、プロジェクトを実際に行うコンサルタントにとっては、どんな問いを設定するかがもっとも重要だと思っています。

これは、事業を行うときにももちろん重要で、事業会社に移ったあとも、常に適切な論点設定を意識していました。その「論点思考」についての入門書たる本がこちらです。

山崎豊子・著
『不毛地帯』
（新潮文庫）

現職者 経験6年
白倉 誠
ボストンコンサルティンググループ

言わずとしれた名作です。

戦時中は大本営参謀として、戦後は近畿商事の業務本部部長として戦略を立案・実行し、国益・企業価値向上に大きく貢献した主人公の壹さんの生き方には、コンサルタントとしての生き方・使命感など共通するものがあるなと、勝手に共感しています。

日々仕事を進めるなかで、ふと目線が下がりそうになることもありますが、そんなときは壹さんの仕事っぷりを思い出して、自らを奮い立たせるようにしています。

楠木 建・編著
『「好き嫌い」と経営』
（東洋経済新報社）

現職者 経験14年
海津 恵
アクセンチュア

採用面接をしていると、経営コンサルタントとは、フレームワークや方程式、先進事例等の山のような情報の引き出しを駆使して課題解決をする仕事、というイメージを持たれている方が未だに多いように感じます。

もちろんそういった側面もありますが、そのようなツールをもって黄金解を導くといったケースはほとんどありません。というのも今の時代、「正しい1つの答え」というもの自体がほぼ存在しないからです。

経営コンサルタントの仕事で扱っているものは、もっともっと“生もの”です。そんな“生もの”の側面を、この本は教えてくれます。

この職業を一言で表すと？

自分の答え、のみを求められる仕事

経験 4年
経験者

井上 一鷹
Think Lab

説得者、です

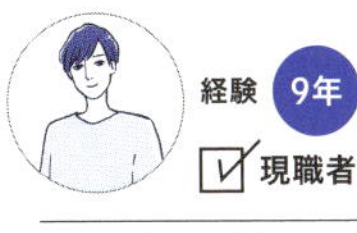

経験 9年
現職者

鈴木 慎吾
ローランド・ベルガー

自分の名前で仕事をする芸人

経験 12年
現職者

塩野 誠
経営共創基盤

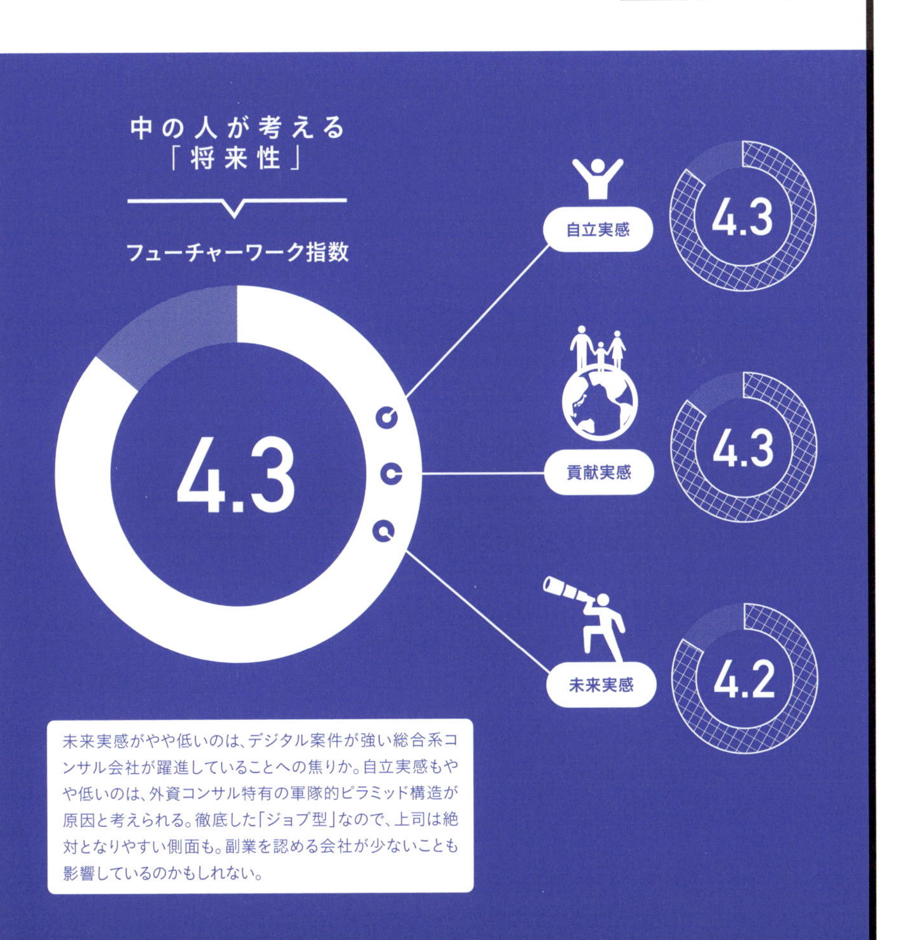

未来実感がやや低いのは、デジタル案件が強い総合系コンサル会社が躍進していることへの焦りか。自立実感もやや低いのは、外資コンサル特有の軍隊的ピラミッド構造が原因と考えられる。徹底した「ジョブ型」なので、上司は絶対となりやすい側面も。副業を認める会社が少ないことも影響しているのかもしれない。

経営コンサルの経験で何が身につくのか？

問題や課題が何か、それを解決する打ち手は何かについて、考える力が身につく。改めて課題とは、問題が発生する根本的な要因のこと。例えば「熱が38度ある」という問題があったとする。それは体力がないからか、何らかの病気なのかを特定するのが「課題発見」だ。それができないと対応が総花的になり、効果が得にくい。経営コンサルはよく「企業の医師」に喩えられるが、トレーニングと実践により、患者の病気を治したり、防いだりする力が鍛えられる。

経営コンサルの「転職しやすさ」

「圧倒的に潰しがきく」とは多くの先達の声。外資コンサルは新人でも顧客に1日20万円請求するから、その価値が出ないと平気でクビになる。その恐怖もあり必死で成果を出そうとするプロ根性と、汎用性の高い問題解決能力が身につく。

経営コンサル後のキャリア

パターン 1

内部昇進 or コンサル会社横断コース

実力勝負の戦略系は出世のスピードが速い。A.T.カーニー社長の関灘茂氏は38歳の若さで現職に。コンサルの仕事がフィットすれば内部昇進を目指すのは自然なこと。自社で評価されなければ他社に行く選択肢もある。

ミスミグループ元会長の三枝匡氏、パナソニックの樋口泰行氏など「経営のプロ」を歴任する人も。ただし、日本はまだまだ生え抜きの内部昇進者が多勢派。コンサル出身社長は大鉈を振るう必要があるときに招聘されることが多い。

DeNAの南場智子氏、M3の谷村格氏、ラクスルの松本恭攝氏など名だたるベンチャーの創業者に戦略系出身者がいる。ただし南場氏が「コンサルは甘い」と断言するほど経営者とはリスクの取り方が違う。別の仕事と捉えたほうがよさそう。

経営コンサルにならなくても…

似た仕事MAP

マーケティングプランナー
データサイエンティスト
国家公務員

課題解決型

顧客の課題を発見し解決する仕事と定義すると、経営コンサルは官僚やマーケターと似ている。一方、顧客の懐に入り、相手の話を聞いて情報を引き出し、問題解決プランを編集するという切り口では編集者や営業と類似する。

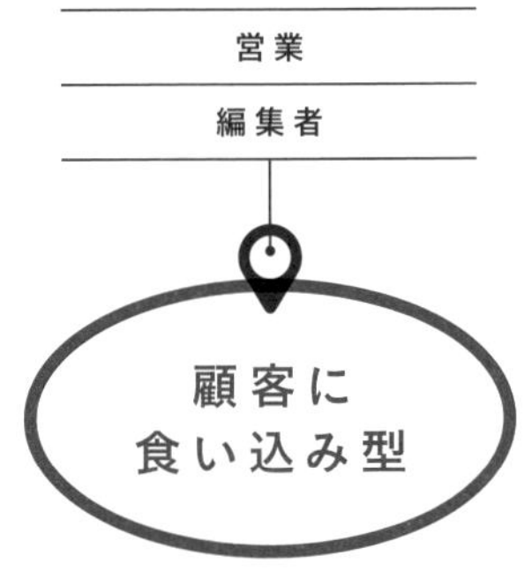

結論　さらば“高級人材派遣”DXとデザインに注力

経営コンサルは、マッキンゼーに代表されるように、ブランド感が強い。そのステイタスは、仕事の中身や手法、客に請求する単価などを秘密のベールに包むことにより醸成されてきた。

インターネットもない時代、大企業はライバル企業が今何をやっているのか、海外にいい事例はないかといったことが把握できなかった。一方、外資コンサル会社は世界中に拠点があり、情報が共有されていたため、そのネタを一部提供するだけでも価値があった。つまり、情報の非対称性により伸びた側面が大きい。

だが、ネタはいくらでもタダで手に入る現代において、経営コンサルは情報戦では勝てなくなった。ましてや今やあらゆる経営課題に「デジタル」の側面がつきまとう以上、かつてのような「経営コンサル＝上流、ITコンサル＝下流」という図式は成り立たなくなっている。

資金力の差を鑑みれば、ITに強いアクセンチュアなど総合系コンサルの傘下に入ってもおかしくない戦略系コンサル会社もある。総合系同様に自身もデジタル系を強化するか、圧倒的な問題解決力で勝負するか、経営コンサルは今、岐路に立っていると言える。

どんな仕事?

デジタルの力を駆使して、クライアントの課題を解決する。経営コンサルが描いた絵のもとに、会計や物流までを一元管理するパッケージを数年がかりで導入した時代は今や昔。デジタルに関係のない経営課題はほぼない現在、ITコンサルが変革請負の主役に躍り出た。

2、3か月単位で戦略が変わる時代、ITコンサルもスピード対応を求められ、その人数は激増。仕事は経営課題の発見からアプリ開発まで多岐にわたり、デザイナーなど異職種とのコラボも増加中。DXはもとより、デジタル庁の支援から地方創生まで仕事は引きもきらない。

ジョブディスクリプション

- デジタルやITを活用し、企業の成長戦略を立案
- そのために企業の内部にデータ提供やインタビューを願い出て実行する
- データを定量、定性で分析
- システム導入にどのくらいの人数や工数が必要かを計算
- 打ち手を講じてシステムを導入
- プロジェクトが予定通りに進んでいるかの進捗管理
- クライアントのオーダーで「中の人」として常駐することも

「ITコンサル」はどこにいる?

アクセンチュア、デロイト、PwCなど「総合系コンサル」と呼ばれる一群に数多く存在。特に最大手のアクセンチュアの従業員数は6年前と比べて、3倍の1万5000人超に。デロイトも3600人以上、PwCも3000人以上いる。

マッキンゼーやBCGなど戦略系もデジタル子会社を設立し、ITコンサルを強化する。

近年は、マイクロソフトやSAPなどのシステムベンダー(製造元)やセールスフォースといったクラウドベンダーも、顧客にタイムチャージ(時間単位で請求する報酬)するコンサル部隊を抱えるようになってきている。

さらに最近では、電通傘下の電通デジタルや博報堂の関連会社であるアイレップなど広告会社を母体とする会社もデジタルマーケティングやDXなどを担う。

総合系コンサル会社出身者などが設立した独立系も数多くあり、フリーランスを加えるとその数は途方もない。

業界マップ

総合系

アクセンチュア
デロイト
PwC
EYストラテジー・アンド・コンサルティング
KMPG　等

戦略系

マッキンゼー・デジタル
デジタルBCG
A.T.カーニー
ベイン・アンド・カンパニー　等

総研系

野村総研
大和総研
日本総研
みずほ情報総研　等

IT専業系

NTTデータ
NTTコミュニケーションズ
電通国際情報サービス（ISID）
シンプレクス
TIS　等

SIer系

日立製作所
マイクロソフト
IBM
富士通
NEC　等

「ITコンサル」はどうやってなるのか?

① 新卒採用	総合系コンサル会社は毎年採用数を増やし、アクセンチュアは数百人を採用。SIerと呼ばれるシステムベンダーも、例えばIBMなら300人以上を採用する。ただいずれも部門別、職種別採用を実施するので、ITコンサルになりたいならそのコースに応募する必要がある。
② 中途採用	DX需要が続き、慢性的に人手不足のため、例えばアクセンチュアの場合、毎年1000人は中途採用する。もっともよく見られるのが総合系コンサル会社間での移動だ。最近では、エンジニアはもとより、製造業の生産管理、ユニクロの店長、アナウンサー出身など異職種からの転身組も増えている。
③ 副業	現役ITコンサルやエンジニアがスタートアップやベンチャーのDXの支援、デジタルマーケティングのコンサルなどを行うケースはよくある話。話題になったヤフーの副業者受け入れの取り組みでも、ITコンサルの応募が多かったという。

ITコンサル 「給料」と「出世ピラミッド」

戦略系ほどではないものの総合系コンサルの給料は総じて高い。ピラミッド構造もわかりやすく軍隊的。マネージャーになれるかどうかは実力と本人の志向次第なので、その前段階で辞める人が多い。

平均年収　666万円

40歳	775万円
35歳	669万円
30歳	552万円
25歳	442万円

オープンワーク提供

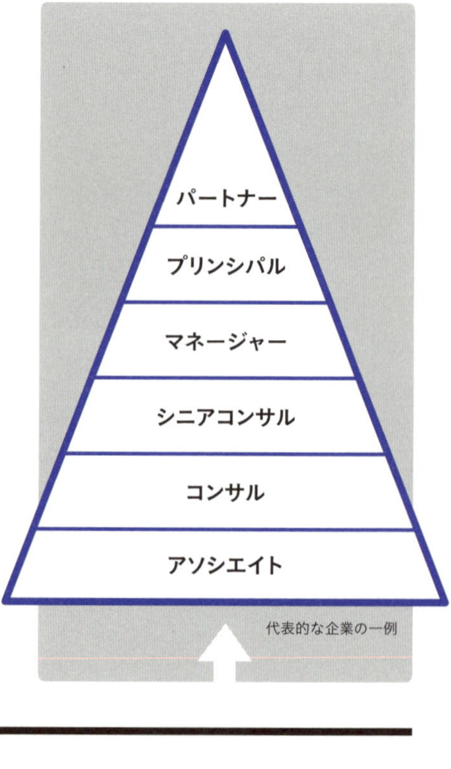

パートナー
プリンシパル
マネージャー
シニアコンサル
コンサル
アソシエイト

代表的な企業の一例

「ITコンサル」最初にやる仕事

総合系コンサル会社でもSlerでも、新卒は研修の後、昔ながらのERPと呼ばれる基幹統合パッケージの導入要員として送り込まれ、顧客の要件定義をする場合が多い。ERPとは企業経営の基本であるヒト・モノ・カネなどの資源を適切に分配するためのシステムのこと。各社で資源の重みは違うから、導入時にERPの機能を各社の業務にマッチさせ、パラメータを素早く決めることが優秀だとされる。

新人はこうした大型導入案件を経て、プログラミングや、クライアントへのインタビューなどを経験。システムを導入する目的は、コスト削減なのか、イノベーションの創発なのか。目的により開発の進め方や業務とシステムの連携のポイントは違い、それがわからないと適切な提案はできないため、新人コンサルは、課題の発見の基本を学ぶ。

日々の仕事は「働き方改革」が進んだとはいえ、まだまだ激務。残業時間が減った分だけ1分も無駄にできない緊張感がある。通勤時は当然メールやスラックなどの打ち返し。ランチ中に、資料を細かく修正することもしばしばだ。

チームワークなので、開発スコープの要件の合意や、担当領域の資料の説明、クライアントからの反応を資料にまとめてマネージャーに共有するなど、随時、意識のすり合わせをする必要がある。

若手ITコンサルの一日

6:00	起床
8:00	出社、社内事務作業や分析作業
9:00	開発チームとの朝会
9:30	マネージャーと顧客とのセッション資料の最終確認
11:30	別プロジェクトの同期とランチ
14:30	帰社。開発チームへのセッション結果の共有
15:00	議事録の作成、送付
15:30	追加分析、要件の実装方法を開発チームと相談
18:00	社食で夕食後、プロジェクト外のチーム会議
21:00	帰宅。分析や資料作成などの作業後、就寝

取材を基に編集部作成

必要なスキル・マインド・学歴

学歴
美大・女子大出身者が増加

理系か文系かは不問。増えているのが、美大と女子大出身者。昨今はBtoBでもエンドユーザーに寄り添う提案が期待されるため多様性重視だ。中途は実力勝負。高卒のコンサルもいる。

スキルセット
研修が充実、即戦力は問われず

「『考える、書く、話す』力は基礎スキルとして必要」(デロイト・宮下剛氏)。プログラミングやデータ分析等の経験があると有利だが、研修が充実しているため、新卒には即戦力は問われない。一方、中途は1日目から客先に出せるほどの実務能力が求められる。

マインドセット
引き出しの多さと面白がる姿勢

顧客が目指すゴールに向けて「解決策の引き出し」をどれだけ持っているかがものを言うので、「いかに勉強しているか」(デジタルBCG・打越武氏)が重要。「何でも面白がる姿勢が重要」(デロイト・宮下氏)だ。異職種との協業も増えており、敬意を払う姿勢も大事。

ITコンサルの経験で何が身につくのか？

顧客に期日までに成果物を納入したり、目標を達成しなければならないプレッシャーがあるため、遅れなどのリスクをコントロールし、品質を高めるプロジェクトマネジメント力が身につく。

デジタル時代となり、顧客の要求はよりスピーディーになり、意思決定者に翌朝、説得力のあるデータを届けるといった事態も起こる。そのため、今の自分にはできないことも、人に聞いたり、調べたりして何とかアウトプットするといった臨機応変の対応力も手に入る。

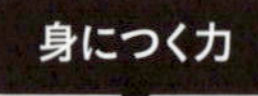

課題発見力

プロジェクトマネジメント力

臨機応変な対応力

ITコンサルの「転職しやすさ」

総合系コンサルはプロジェクトが断るほどあり、人手が常に足りない。そのため同業他社への転職にはまったく困らない。デジタルでできるメニューを多数知っているので、事業会社の経営企画、事業企画などからも引っ張りだこ。

ITコンサル後のキャリア

パターン1 内部昇進 or コンサル会社横断コース

総合系コンサル会社には従業員1万人を超える規模の大企業もあり、人材流出を防ぐ働き方改革も進んだため、内部昇進を目指すケースが増えている。同業他社でも即戦力として通用するため、上司と揉めれば、すぐ転職を考える人が多い。

パターン2 スタートアップのCxOコース

コンサルを続けていると最後までプロジェクトにコミットしたい人が一定数出てくる。デジタルへの知見と総合的な仕事力が高いコンサルは事業会社で重宝されるため、経営企画や事業企画、実績によっては経営幹部として招聘される。

パターン3 独立·起業·副業コース

デジタル人材の不足が叫ばれるなか、経験豊富なITコンサルは独立起業の選択肢を取りやすい。コンサル会社を起業する場合が多いが、消費者向けの仕組みを開発して大成功を狙うパターンもある。副業としてこっそりIT支援をする人も。

ITコンサルにならなくても…
似た仕事MAP

UXデザイナー
AIエンジニア
ソフトウェアエンジニア
デジタルマーケター

デジタルへの知見が深いという意味ではソフトウェアエンジニアやデジタルマーケターに近い。また、最近は経営コンサルの仕事の7割以上がデジタル絡みであることから「その境目は溶けつつある」(デジタルBCG・打越氏)という。

営業
データサイエンティスト
経営コンサルタント

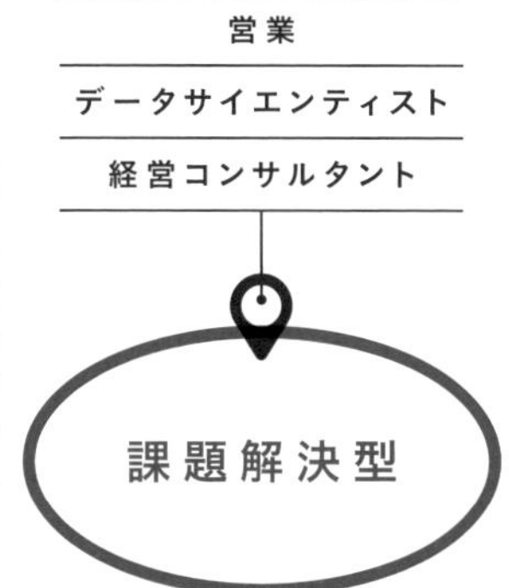

結論 DXに伴う守備範囲増で チームワークによる協業が重要に

かつて総合系コンサル会社といえば、体育会的な社風で、上が「やれ」と言えば「はい、朝までに」という風潮が存在した。だが、企業のDX需要は高まる一方で、守備範囲もかつては広告会社が担っていたようなマーケティング支援から広告クリエイティブにまで及び、さらにはエンドユーザー向けアプリの開発から「フューチャービジョン（ビジネス展望を絵に描いて示す）」の提示など多岐に渡るため、コンサル会社はUXデザイナーやデータサイエンティストなどコンサル以外の多様なプロを取り揃え、多様性に富むようになった。

「そのためマッチョなマネジメントは通用せず、ときには弱みを見せながらも、仲間の能力を掛け算できる人が求められる」（デロイト・宮下氏）。顧客も、いつまでに利益率を○%向上だとか、○人ユーザー獲得などとより明確な成果を求めるようになっている。そのため、ITコンサルは、人を巻き込む、学ぶなどして目標を何とか達成する力が求められている。また、総合系のなかには自社でAIを活用したシステムを開発し、販売・導入する会社も出てきた。やる気さえあれば、できる仕事の可能性は広がっている。

どんな仕事？

ヒト・モノ・カネという経営資源のうちヒトの価値が高まるなか、組織体制を整え、従業員の力を最大限に発揮する手段を講じる人事コンサルの存在感は高まっている。近年は大手企業が国際競争力を高めるため、メンバーシップ型雇用からジョブ型への転換を急ぐ。それに伴い、コーポレートガバナンス（企業経営を監督する仕組み）の観点から社長人事の選定プロセスを透明化したり、次期社長候補のサクセッションプランなどを始めたりするようになった。人事コンサルはそれらの支援で引っ張りだこになっている。

ジョブディスクリプション

- クライアント企業の組織や人材に関する問題を特定、その課題を発見
- その課題を解決する打ち手を考えて実行する
- その会社のコンピテンシー（活躍する人材の共通特性）を提示
- ジョブ型導入企業の各ジョブの定義や適正な給料価格を設定
- 次期社長候補者の実力を国際的社長データを基に査定
- 20年先の社長や役員の人材プールを作成
- 社長候補や社外取締役候補を外から探して提案する

「人事コンサル」はどこにいる？

昔から組織人事領域を得意とするのは、コーン・フェリーやマーサーなど外資系の人事コンサル会社だ。古くから蓄積された世界中の有名企業の給料データや、社長や幹部などの適性データを持っているのが強み。「ジョブ型」を導入する日本企業の多くがそのデータやそれを基にしたコンサルを頼む。

最近では、組織人事領域のコンサルのマーケット自体が大きくなっているため、戦略系コンサル会社や、総合系コンサル会社もこの領域を強化する。

例えば戦略系は経営者とのリレーションをテコに「後継者プランの策定もできます」などと営業する。総合系のデロイトでは、「組織ベンチマーク」（この組織にはこのくらいの人数が適正だという国際比較データ）をウリにする。

日本では人事部に圧倒的なパイプがあるリクルートや、その出身者が創業したリンクアンドモチベーションなども、多くの人事コンサルを抱える。

人事コンサル「給料」

外資系人事コンサルの出世の構造は戦略系、総合系と変わらないが、経験が生きる職種ゆえ、平均年齢が高めでキャリアが比較的長持ち。給料は戦略系より少し下、総合系のやや上程度だ。

ただし、少数精鋭部隊のため待遇はよく、ジュニアでも席はブースで半個室。移動もタクシーが多い。プロジェクトが引きもきらないため、仕事はきつく、若手でも複数プロジェクトのかけ持ちが基本だ。社内勉強会も盛んで、講師は各部署で持ち回りで実施。ケーススタディを議論する。

また、リクルート出身者が作った小規模な人事コンサル会社もたくさんあるが、そこでの給料体系はさまざま。研修会社はそう高くない。リクルート出身、外資系人事コンサル出身のピンのコンサルもたくさんいて、その給料も案件数やチャージする報酬により異なる。

若手人事コンサルの一日

8:00	起床 日経新聞の見出しで雑談ネタを仕込む
9:30	出社。メール、人事系メルマガのチェック
10:00	報酬シミュレーションのロジックを先輩に相談
11:00	クライアントインタビューの議事録取り
13:00	クライアントとランチ
14:30	帰社、インタビューをまとめる
16:00	従業員サーベイの設問設計についてMTG
17:00	エクセル作業、社内勉強会に参加
20:00	提案前案件の事例リサーチ
22:00	帰宅、夕食、就寝

取材を基に編集部作成

平均年収　682万円

40歳	789万円
35歳	690万円
30歳	575万円
25歳	440万円

オープンワーク提供

必要なスキル・マインド・学歴

スキルセット
取材力、客観的な判断力

例えば「ジョブ型」の組織人事に作り替える場合、クライアント企業にいる数多の職種の人に何をやっているのかを聞き出す取材力が必要。一方で、国際的な標準としていくらの給料が適正か、やるべき仕事内容は何かを情に絆されずに判断する能力も必要になる。

学歴
有名大の人文系が多数

外資系、戦略系、総合系、リクルート系のいずれでも、経営に近い領域に携わるため、学歴が高い人が多い。人に興味があるせいか、心理学科卒など人文系もよく見られる。

マインドセット
世界標準で進言する人間力

シニアコンサルになると、データなどの定量、そして人の評判などの定性の双方から、ときに次期社長は国際的に通用する人か、業界で何位くらいのレベルかなどをズバリ進言するような局面に遭遇する。従って、組織と個人に寄り添う人間力は必要。

人事コンサル「最初にやる仕事」

人事に関わる仕事は転勤や解雇など人の人生を左右するため、「この人が言うなら」と相手に納得させるような経験や人格が求められる。そのため、外資系人事コンサルは新卒を採らなかった。ただここ数年は旺盛な需要から新卒を採用し始め、新人はまず人事制度や労働法を学ぶ。研修後は人事制度構築やチェンジマネジメント（企業変革）等のプロジェクトでミーティングに同席して議事録を取る、リサーチを手伝う、分析データを集計するなどを担当する。

最初の仕事

- 人事制度や労働法を学ぶ
- プロジェクトの議事録作成
- リサーチ、分析の補助

人事コンサルの「転職しやすさ」

適切な採用、ジョブ型雇用への移行、果ては社長や幹部候補の選出、コーポレートガバナンスへの対応など、ヒトや組織にまつわる経営課題の解決に精通するため、コンサル会社間での移動、事業会社の人事への転身は容易。

有効求人倍率

14.2倍

パーソル調べ

人事コンサル後のキャリア

パターン1 ベンチャー、スタートアップのCHROコース

ブランド力や信頼性に欠けるベンチャーにおいて、優秀な人を採用し、流出を防ぐため、採用支援から退職勧奨、人事制度の設定まで担う。ベンチャーゆえ、優秀だと事業部のトップに擁立されたり経営全般の長となることも。

パターン2 大手事業会社の人事マネージャーコース

クライアント先に人事部長などとして引き抜かれるのもよくあるパターン。例えばジョブ型の導入先企業なら、その最後まで「中の人」としてやり切るなどがある。業界としては、外資製薬など中途差別のない世界が相性がよい。

パターン3 独立ピンの人事コンサルコース

採用なら採用だけ、人事制度制定ならそれだけ、リストラならそれだけを、期間限定で頼みたい中小企業は世にいくらでもある。そのため、体系的な人事コンサルティングの経験がある人は引く手数多で、独立してピンでもやっていける。

人事コンサルにならなくても…
似た仕事MAP

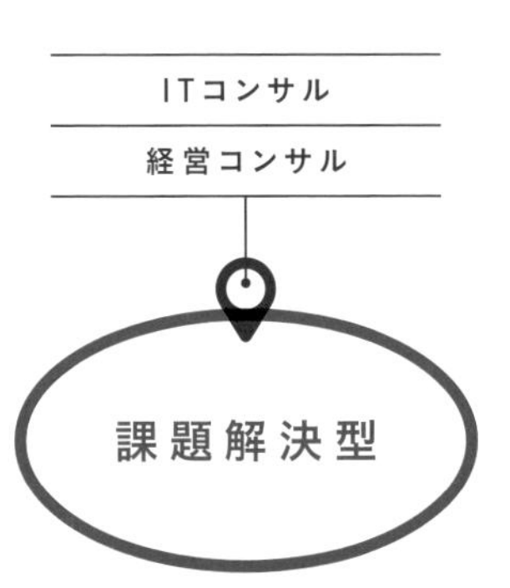

人事コンサルの仕事は、経営コンサルの仕事の「人と組織」を切り出したものと考えてほぼ相違ない。一方で「人」に関心がないと務まらないという意味では、企業人事、マーケティングや営業などの仕事にも通じる。

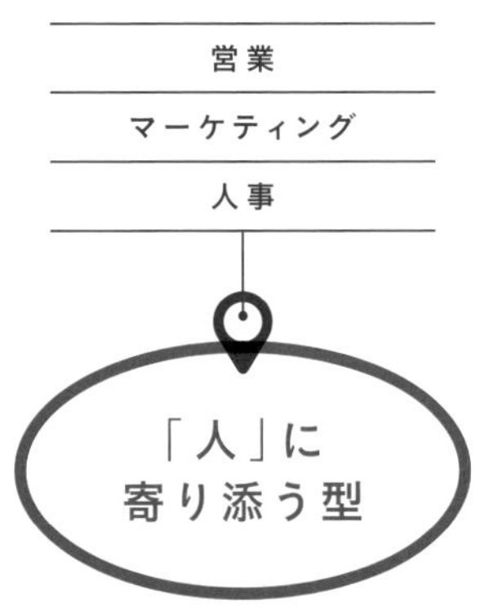

結論

経験が生きる人事領域 雇用と働き方の変革で需要増

かつて人事コンサルのカウンターパート（クライアントの仕事相手）は人事部長だったが、経営課題としてヒトが最重要になりつつある今、「社長が直接的な議論相手となっています」（コーン・フェリー・柴田彰氏）。

ジョブ型雇用や、コーポレートガバナンス、働き方改革の必要性など、喫緊の経営課題が増えるなか、そのテーマは経営者の後継計画、役員体制の改革、人事制度の転換とさまざまだ。

「立場が上の方ほど、期待を満たせない場合は、ストレートなフィードバックが返ってくるので緊張感がある」（同）と言うが、組織人事課題はかつてのコンサル経験や自身の人生経験が生きる仕事だ。その点が、自身がユーザーに近ければ近いほど有利なITコンサルとは違う。前出・柴田氏も「経験を重ねて、大きく『外す』ことは少なくなった」という。

つまり現時点では、人事領域は経験と蓄積が生きる仕事と言える。人や組織をいかに成長させるかといったテーマに興味のある人には向く仕事と言えるだろう。

column 1

コンサルの裏リアル

示唆のないデータ

「できます」問題

3章

職業研究

事業を作る仕事

なぜ今、新規事業が求められるのか？

事業開発は「ビズデブ（ビジネス・ディベロップメント）」の愛称で呼ばれており、人気の職種だ。市場ニーズも高まっていて、大企業の多くは事業開発、イノベーション推進室などの部署を持つ。なぜ新規事業が求められるのかをビズデブ用語で言うと、それは既存事業がサチってきた（サチュレーション：飽和する）からだ。

顧客の要求は刻々と変化し、製品サービスのライフサイクルは短縮する一方だ。人口減少も国内向けの成長の頭打ちに拍車をかける。こうした状況を受け、キヤノンの御手洗冨士夫CEOは、監視カメラや医療機器などの新規事業売上比率を2025年までに「40～45%まで高めたい」と公言するほど。実際、下図のように新規事業が売上高に占める割合は増えている。

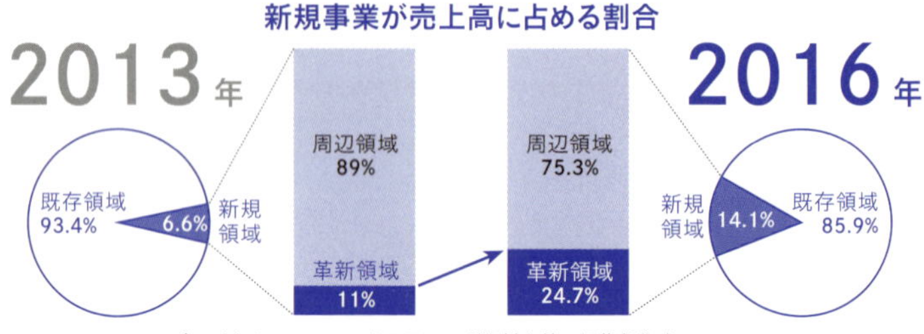

デロイトトーマツコンサルティング資料を基に編集部作成

変わる「ビズデブ（事業開発）」の仕事

ビズデブの仕事の中身やあり方も変わってきた。もっとも大きな変化は、新規事業のハードルが低くなったことだ。

事業の主体がハードウェアだった頃は、新製品を作るとなると、新たに工場のラインを整備するなど莫大な先行投資が必要だった。顧客の反応も見えにくく、大規模な広告宣伝に頼りがちだった。そのため、100点の状態を目指してからローンチした。

ところが今日、ネット関連サービスを世に出すときは、たとえ30点、40点の出来でもまずは世に出してしまい、市場の反応を見てからPDCAを回し、プロダクトを磨き込めばよいという考え方に変わった。ソフトウェアを使った新サービスは人件費くらいしか資金がかからない上、何人がダウンロードしたかなどが計測しやすいので、そのデータを基にサービスを変えればよい。そのためか、以前は新規事業の成功率は「千三つ」と言われたが、最近では新規事業の半数近くが目標を達成している。

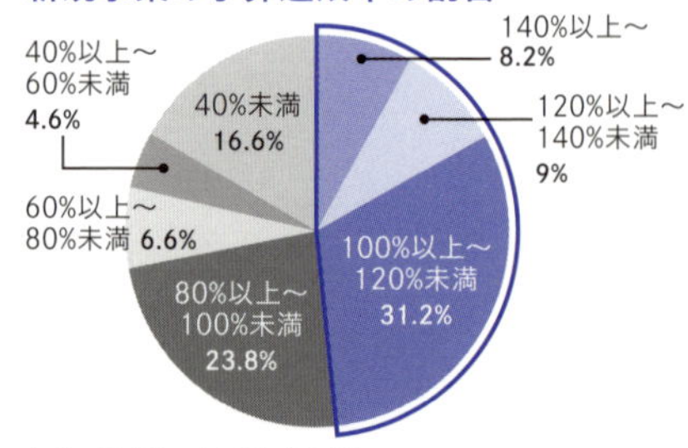

出典：田中聡・中原淳（2017）
『事業を創る人と組織に関する実態調査』

「ビズデブ人材」も変化した

かつては社内コンテストに応募したり新規事業部門に異動を願い出たり、もっと言うと既存事業では成果が出せなかった人材が新規事業に投入されることもあった。だが、経営陣が新規事業の必要性を実感し、最近ではエース級の人材が登用される。実際、下図が示すように会社都合で新規事業を担当した人のほうが高業績を上げているのだ。減点評価が基本の年功序列の崩壊により、新事業を成功させることが将来の役員候補の条件にもなっている。インディードのM&Aに成功し、リクルートの新社長になった出木場久征氏がその好例だ。

新規事業における高業績者の割合

出典：田中聡・中原淳（2017）
『事業を創る人と組織に関する実態調査』

オープンイノベーションに可能性はあるのか？

ここ数年、日本でもオープンイノベーションという言葉が定着した。イノベーションは多様性のなかから生まれるという共通認識のもと、大企業がスタートアップとの協業を目的に新規事業のビジネスプランを募集する「アクセラレータプログラム」も広がり、その仲介をする会社も登場した。

消費財大手のP&Gは、革新的な新製品を生み出すために外部のパートナーの力を活用しようと「Connect&Develop」というオープンイノベーションの仕組みを整えている。ヤフーが2020年に始めた、これからのインターネットについて考える社外のパートナーを100人以上採用した制度も同様の取り組みだ。だが、下図の調査によると、オープンイノベーションに対して施策を講じている企業の割合は30.1%しかない。まだまだ日本の会社は自前主義が大半。大企業とスタートアップとのコラボなどで革新的な成功例が出てくることが待たれる。

外部企業とのコラボレーションの実態

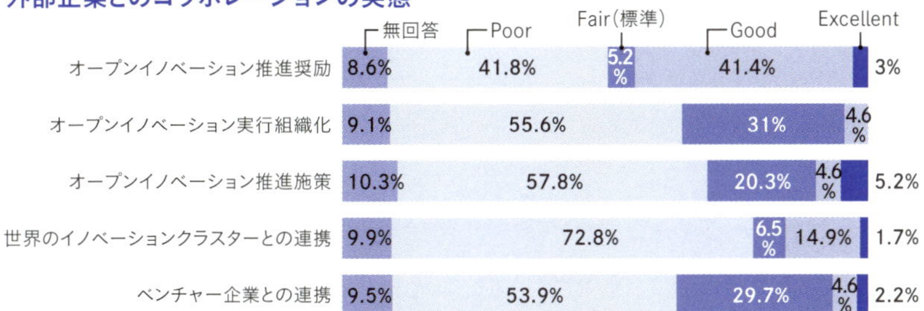

出典：田中聡・中原淳（2017）
『事業を創る人と組織に関する実態調査』

変わる、商社の稼ぎ頭

商社は物やサービスの売り買いを行うトレーディングのビジネスが陰りを見せ始めた1990年代後半、しきりと「不要論」が囁かれた。だが、2000年代には資源投資に舵を切り、現在は事業投資会社へとしなやかに姿を変えてきた。キーワードは「脱資源」だ。

業界トップの三菱商事は金属資源や豪州の原料炭などが稼ぎ頭だが、地球環境への負荷の観点から、海外石炭火力発電事業の撤退の方針を固め、再生可能エネルギーなど環境分野や食品など生活産業に注力する構え。

2位の伊藤忠商事は、岡藤正広会長CEOの強いリーダーシップのもと、「非資源ナンバーワン商社」を標榜。稼ぎ頭は生活産業、繊維、食料、情報・金融などに分散する。もっとも2015年に約6000億円で取得した中国の国有企業大手CITICの成果については厳しい評価もあり、真価が問われるのはこれからだ。

3位の三井物産は三菱商事と並んで資源に強い総合商社の代表格だ。現在の投資先のメインは石炭火力よりは環境負荷の少ないLNG（液化天然ガス）で、2019年にはロシア（北極海）、モザンビークなどで立て続けに権益に出資を決めている。資源のほかは「環境、健康、アジア」にフォーカスする。

ちなみに、商社は経営効率が比較的よい。8%を超えれば合格と言われるROE（自己資本利益率）も三菱商事、三井物産が10%前後、伊藤忠に至っては15%以上もある。ところが「何をやっているかわからない」との理由から投資家の評価は低かった。しかし2020年8月、世界的な投資家ウォーレン・バフェット氏が日本の5大商社株を時価総額の5%程度取得。これにより、世界の投資家から商社に注目が集まっている。

経営人材の若返り、「デジタル、AI人材」の争奪戦

商社は、事業を作りその監督を行う「経営人材」を作ることを掲げてきた。例えば三菱商事の垣内威彦社長は2016年から「40歳で経営人材に」と号令をかけてきた。実際、三菱商事には関連会社が約1800社あり、社長、CFOなどの経営人材が500～600人派遣されている。

そして年々、年功序列色を廃し、ポジションに合う人を配置する「ジョブ型」を推進。例えば三井物産では、これまで部長クラスになるのは40代後半ぐらいだったのが、今では30代後半の部長級もいるという。

また、DXを推進し、AIを用いた新しい事業を立ち上げるなど「デジタル人材」を増やすため、三菱商事では2019年にエムシーデジタルという関連会社を設立。職種や能力によっては三菱商事本体より高い給料を提示する。

三井物産の安永竜夫社長も「デジタルをいの一番で基礎素養にしろ」と公言するほど、商社パーソンにとってデジタル知識は欠かせない要素になりつつある。商品知識、業界に関する知識、契約周りの法務知識、そしてファイナンスという商社パーソンの基本の仕事に加え、今後はデジタルへの対応が鍵になりそうだ。

5大商社の概要

三菱商事

首位の座を堅持する「組織の三菱」

三菱商事

設立	1950年
グループ企業数	515社 （連結子会社328 持分法適用会社187）
グループ従業員数	8万6098人 （単体および子会社）
2019年度純利益	5354億円

三井物産

資源にこだわる「人の三井」

設立	1947年
グループ企業数	506社 （連結子会社283 持分法適用会社223）
グループ従業員数	4万5624人 （うち単体5676人）
2019年度純利益	3915億円

伊藤忠商事

「非資源」経営の先駆

設立	1949年
グループ企業数	289社 （連結子会社203 持分法適用会社86）
グループ従業員数	12万8146人
2019年度純利益	5013億円

住友商事

メディアや小売りで独自色

設立	1919年
グループ企業数	950社 （連結子会社662 持分法適用会社288）
グループ従業員数	7万2823人 （うち単体5455人）
2019年度純利益	1714億円

丸紅

食料、食糧、電力に強み

Marubeni

設立	1949年
グループ企業数	453社 （連結子会社309 持分法適用会社144）
グループ従業員数	4万5635人
2019年度純利益	▲1975億円

事業開発

どんな仕事？

「既存事業の次に『勝てる』事業を考え、社内で予算を獲得し、体制を整え、どのようなサービスを提供すればよいか考え、進捗を管理する仕事」（READYFOR・中山貴之氏）。サービス立ち上げの上流から下流まで担うため、責任範囲が広く、進捗管理から営業まで担う仕事も多様。特にスタートアップにおいては成長を支える「第二の柱」「第三の柱」を作る役割を担うため、背負う責任は大きくなる。

実際には、社長など会社の上層部が新規事業の種を考え、事業開発担当が実業として具体化させる形で進むことも多く、不本意ながら事業を進めるケースも。

ジョブディスクリプション

- 新しい事業を立案し、成功に導く
- 責任範囲が広く、担う仕事も幅広い
- 事業の成功に必要なことはすべて担う
- 多くのステークホルダーと関わる
- 数少ない経験で能力を磨き上げる必要あり
- 地頭のよさや人を巻き込む力が不可欠
- 失敗を糧にして新たな挑戦をするマインドが必須
- 大企業とベンチャーで役割は異なる

「事業開発」はどうやってなるのか？

① コンサルから転身

事業開発に比較的多いパターン。「工程表の作成やオペレーションの構築といった作業は、コンサル時代に培った経験が生きやすい」（READYFOR・中山氏）。

② 営業から転身

営業の分野から転身する人が多く、社内を説得するときや、立ち上げた事業を他社に営業するときに強みが生きる。数字に対し、責任を取るマインドや人脈も役立つ。

③ エンジニアから転身

①②ほど多くはないが一定程度存在。プロダクトありきの事業や、事業の本格的な立ち上げ前にモックアップと呼ばれるデモ（試作品）を作るなど、開発の過程で力を発揮する。

事業開発「給料」と「出世ピラミッド」

かつて「新規事業推進室」や「事業企画」といった部署は必ずしも出世頭がアサインされたわけではなかったが、最近ではエース級の人材が投入されることが増え、むしろ米GEのように、新規事業を成功させることが幹部に昇進する条件のようにもなりつつある。

仕事内容はデスクワークにとどまらず、事業のタネを発掘するために必要な人脈を広げるための会食や講演会、勉強会の参加も頻繁で多忙。事業が安定していないため、内輪揉めや離脱も多く、人間関係の悩みは尽きない。

3年で黒字化など責任領域が広い分、給与も同じように高くなると思われがちだが、実際はそんなこともなく、勤務する会社の規定に準ずる。

そもそも事業企画の人が、ずっと同じ会社の新規事業を開発・企画する部署にいる場合は少ない。担当している新規事業が成功すれば、その事業の部署ができて推進役におさまるし、反対にその事業が失敗、撤退などすれば別の部署に異動させられる。また、既存事業からの兼務者も多い。

もっとも、ゼロからイチの事業を作る能力と、既存事業を成長させる能力は異なる。よって、事業開発で頭角を現す人は会社にとどまらず、自ら起業することも多い。そのなかでも、ゼロイチを好む人は、イーロン・マスクのような「シリアル・アントレプレナー（連続起業家）」になることもある。

新規事業開発の経験を生かして、事業開発に関わることの多いコンサルに移籍する人も。アクセラレータプログラムやオープンイノベーションプログラムを展開する会社に転職する人もいる。

平均年収　707万円

年齢	年収
40歳	753万円
35歳	675万円
30歳	584万円
25歳	455万円

オープンワーク提供

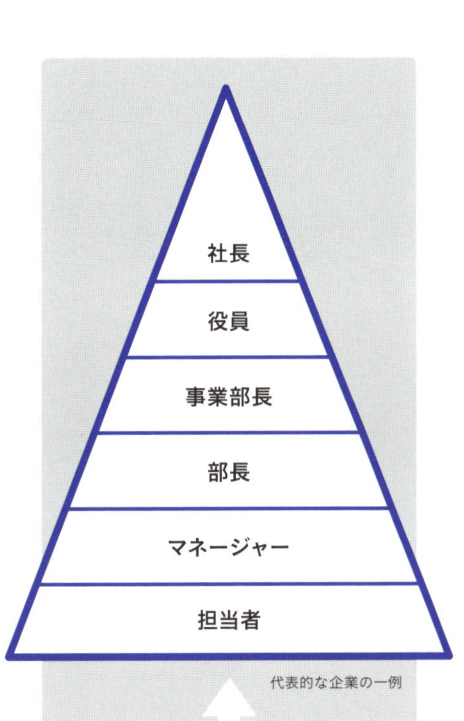

代表的な企業の一例

事業開発「最初にやる仕事」

会社のフェーズや所属するチーム等の上長によって最初にやる仕事は大きく異なるが、「事業の試算や類似モデルの情報収集、予算の策定などやらなければいけない業務の複数の過程に少しずつ関わってもらうことで、感覚を磨いてもらうことが多い」(READYFOR・中山氏)。それぞれの仕事に薄く広く携わることで、独り立ちするための経験を積む。

しかし、契約書の文言チェックなど一つひとつの作業を経験できる機会は少なく、独り立ちしてから能力を発揮する機会も少ない。企業は常に新規事業を立ち上げているわけではないからだ。そのなかで、学んだことを1回でものにする飲み込みの早さが求められる。

また、事業開発と並行して既存サービスの開発や営業、コンテンツ制作、カスタマーサクセスといった具体的な役割を担うこともある。

若手事業開発の一日

8:00	起床、NewsPicks、Twitter、SmartNewsで情報収集
9:15	出社、メールチェック
10:00	OKR(目標)進捗共有MTG(ミーティング)
11:00	社内MTG
13:00	単独営業訪問
15:00	同行営業訪問
17:00	帰社、エンジニアとMTG
19:00	翌日午後の訪問のための資料作成
22:00	帰宅、自社サービスで動画コンテンツを楽しむ
25:00	就寝

取材を基に編集部作成

必要なスキル・マインド・学歴

学歴
地頭のよさは必須

明示的に学歴が必要とされることは多くない。しかし実際に事業開発を進める上では地頭のよさや経験から学ぶ能力が欠かせないため、必然的に要求される知的水準が高くなる。顧客に対して提供する価値を見極める上でも、情報を処理する能力は欠かせない。

スキルセット
少ない機会でフルに吸収する

「一人部下をもらえるなら、万能で地頭の良い人がいい」(READYFOR・中山氏)。上述のように事業開発は業務の守備範囲が広く、初めてのことでも何とかする力が要求されるからだ。また、一つの工程に関わる機会が数年に一度であることも珍しくなく、その数少ない機会でキャッチアップする力が必要だ。加えて、社内外の人と深く関わる機会も多いため、人を巻き込む力も必須となる。

マインドセット
うまく立ち回る愛嬌

意外なことに「事業開発で一番苦労するのは人間関係」(守屋実事務所・守屋氏)。事業がプラン通りに進まない場合は仲間割れが、成功した場合も手柄を巡って争いが起きることも。新規事業の中身によっては、社内の別の事業部の利益を損ねたり、貴重な人材リソースや予算を使うことで敵も作りやすい。愛嬌を駆使してうまく立ち回り、失敗してもそれを学びに変える前向きさが必要だ。

ロールモデルが語る

「事業開発」のリアル

纓田 和隆

ニューズピックス

現職者　経験 5年

答えのない問いに向き合う

新規事業開発のシーンにおいては、不確実性の高い問いや仮説に向き合うケースが多く、答えはありません。

そんな職業柄、社内で許可を取るというスタンスそのものは不要なのです。

小林 隆文

ユームテクノロジージャパン

現職者　経験 11年

慢心せず、絶えず学ぶことが必要

慢心したら成長が止まります。成長が止まれば、バリューが出せなくなって価値が逓減していくので、絶え間なく、学び続けることが必要です。

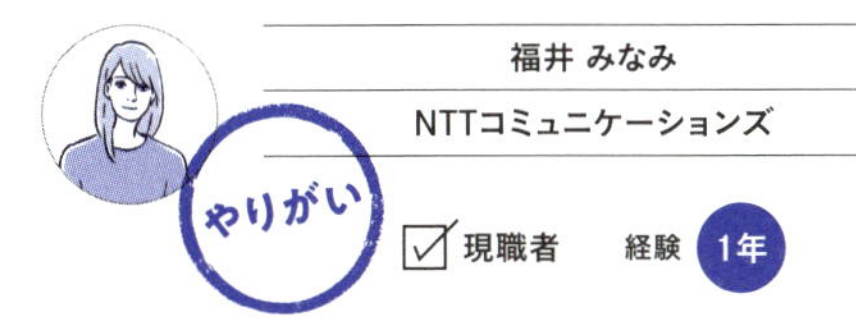

福井 みなみ

NTTコミュニケーションズ

現職者　経験 1年

課題をクリアしサービスを世に出した瞬間

システムやサービスを生み出すまでにはさまざまな困難があります。そのためリリースしたから偉いと思ってしまっている人も多くいます。しかし本当は、誰かの課題を解消して初めて成功だと思います。

私は、悩んで、苦しんで、考え抜いて生み出したサービスに対して、便利！ や大好き！ など言ってもらえたときが本当に嬉しいです。最高の仕事です。

津嶋 辰郎

INDEE Japan

苦労

現職者　経験 12年

しんどい時間もすべて貴重な経験に

スケジュールの遅延や急な対応が必要になることで、睡眠時間が短くなったり、時間的にも精神的にも追い込まれたりすることはありますが、しんどいと思ったことはほとんどありません。

やらされ感ではなく、当事者として取り組んでいる限り、しんどい時間はすべて、よい思い出、そして次に繋がる経験値になっていくのは間違いないです。

予定通りの性能が出ない、作れない、チームメンバーが揉めている、作ってみたが売れない、顧客の期待に応える方法が見つからない、やりたいことが増えすぎて収拾がつかないなど、悩みの種は日々尽きないですが、場数を踏んでいくことで先回りして対処できるようになり、間違いなく炎上確率は減ってくるでしょう。そこまで来たらシリアル・アントレプレナーです。

中山 貴之

READYFOR

☑現職者　経験 2年

わくわくする商品を思いついたとき

個人によってかなり好みが分かれますが、僕は「こりゃ行けるな！」と思う商品ができたときが一番わくわくして楽しいです。

その後の工程のほうが大事だと世の中で言われていますし、実際そちらのほうが価値を出している感覚はありますが、無限の選択肢の中から“これだ！”というものを取り出す感覚が個人的には一番グッときます。

遠藤 正幸

東日本電信電話

☑現職者　

既存のルールを変えてでも事業を推進する

大企業の中でスピード感を持って施策を推進していくには、社内のルールは自ら変えていき、ルールがないのならば自ら作っていく。そして取り組みを自分ごと化し、社内のルールととにかく闘いながらやり抜き通すマインドを教わりました。

内田 友樹

ニューズピックス

☑現職者　経験 11年

事業の成長＝世の中への価値提供

なんと言っても「事業が成長している」ことを感じられるときがもっとも楽しい。なので、成長し続けることはとても大事。理由は当たり前だが、売上が上がることはそれだけ「世の中に価値を提供していることの表れ」だし、さらに売上が上がれば組織も大きくなり、どんどんポジションを作ることができ、多くのチャレンジを組織内に生み出すことができるため。

先輩の教え

古賀 敏幹

リクルートキャリア

☑現職者　経験 6年

「社会起点で課題を設定する」

前職でエンジニアから事業開発の仕事に異動になるときにもらったアドバイスです。それまでは「何かを成し遂げたい」「ワンオブゼムで終わりたくない」など、視点が自分にしか向いておらず、社会起点も当事者意識もない状態でしたが、その言葉のおかげで自分起点ではなく、完全に社会起点に立つことができ、今のテーマに出合い、覚悟を持つことができました。

岡 晴信

竹中工務店

☑現職者　経験 5年

社内理解、調整には難航

事業創出では、社内の方を巻き込んで新しい取り組みをすることが多いです。既存事業はPDCAを素早く回し事業を推進することに長けており、新しいことは避けるのが一般的です。この状況で新しい取り組みを進めていくには、多くの調整労力が必要になり、なかなか理解が得られないときがあります。

事業開発志望者が「読むべき本」

アビー・グリフィン、
レイモンド・L・プライス、
ブルース・A・ボジャック・共著
『シリアル・イノベーター』
(プレジデント社)

現職者　経験 13年

高塚 皓正

オムロン

事業企画に携わり5年ほど経った頃に、監訳された市川さんとお話しさせていただく機会があり、手に取りました。企業内起業家であるイントレプレナーという概念が存在することを本書を通して初めて知りました。当時、私は社内での自身の立ち位置について悩んでいました。成果らしい成果を出すこともできず、いわゆる社内の壁に限界を感じていた時期でした。

本書においては、企業内において新規事業を進めていく上での考え方や実例等がリアルに描かれており、とても参考になったことを覚えています。同時に、経営を巻き込み、事業を生み出す仕組みや考え方を大きく変革する必要性を認識するようになりました。

山口耕平、徳井ちひろ・著
山口耕平・監修、
『オウンドメディアのやさしい教科書。』
(エムディエヌコーポレーション)

現職者　経験 2年

中山 貴之

READYFOR

「やさしい教科書」系の本には“業務を作る手順”、“そこで気をつけるべきポイント”、“測定するべきKPIの目安の水準感”という「初めての人が困るポイント」が詰まっています。

新規事業を考え実装するうえでは「自分は今まで経験がないが誰かは経験している業務」を繋ぎ合わせることが多いと思います。社内で個別の経験が豊富なメンバーをアサインできればそれが一番ですが、そこまでのチームをつくれることは稀ではないでしょうか。

結果として、これらの「やさしい教科書」をたくさん読むことで、それらの業務知識をなんとなく吸収してベースを考えたうえでつくっていくことが重要かと思います。

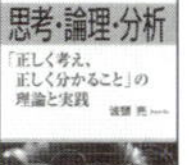

波頭亮・著
『思考・論理・分析:「正しく考え、正しく分かること」の理論と実践』
(産業能率大学出版部)

現職者　経験 11年

小林 隆文

ユームテクノロジージャパン

考えるとは何か、ロジックとは何か、をわかりやすく解説してくれています。

そもそも論理的である、ロジカルであるということは何なのか。「風が吹けば桶屋が儲かる」というのはロジカルだと言えるのか。根拠と結論の間にある論理の強さとは何なのか。そういったことが論理的に書かれています。

自分なりにロジカルだと思うことが、なぜ人からはロジカルだと思われないのか、そんなことに悩む人がいればおすすめです。

思考に関する「執着心」も個人的には学びが大きかったと思います。「思考する」ということについて大変明快に書かれていて、仕事に対して解像度が非常に上がった一冊です。

事業開発志望者が「読むべき本」

城山三郎・著
『雄気堂々』
（新潮文庫）

現職者

経験

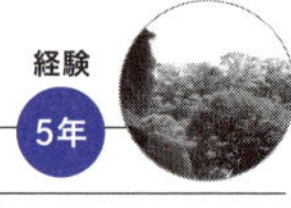

岡 晴信

竹中工務店

渋沢栄一氏が幕末の動乱期に農家から武士に転身し、さらには事業家として現在の日本の礎を築いたことはよく知られています。現代以上の激動の時代のなかで初めから事業家を目指したのではなく、いろいろと模索しながら生きている姿にとても共感します。これからの時代も変革が多く起きるとされています。ですから、やりたいこと（職業）を一つに絞って邁進するのではなく、状況や時代の流れに応じて職種などを変化させることが重要になると思います。

企業も時代に合わせて進化していきます。進化しないと生き残れません。そこで働くヒトも同じように変化に対応することが、これからの時代には求められていると考えます。

リー・ギャラガー・著、関美和・訳
『Airbnb Story』
（日経BP）

現職者

経験 12年

羽田 成宏

シグマアイ

Airbnbの創業者3名の創業ストーリーを読んで、彼らと同じように「本当に自分も起業や事業創造をしたいかどうか」「ウイルス感染症時代を起業や事業創造のチャンスと捉えるかどうか」「自分の自信と決意を信じて、不可能だと言われる大胆なアイディアを実現したいかどうか」を判断できると思う。

起業の実績はもちろん、事業経験もないメンバーが平凡かつ突飛な事業案からスタートしてAirbnbを立ち上げたという事実を知って、それでも「挑戦したい」と思えるのなら、彼らから学ぶかどうかはおいておいて是非挑戦すべきであり、少しでも迷ったりするようであれば、まだそのタイミングではないはずだ。

安宅和人・著
『イシューからはじめよ』
（英治出版）

現職者

経験 12年

佐久間 大

インターネットイニシアティブ

事業企画を考えるうえで必要な要素を体系立ててまとめてあることが、おすすめの理由です。

事業企画や事業開発を目指す入門書という観点では、20代の社会人経験が浅いときに読んで、いろいろな経験が土台となっている30代になって、改めて読み直すことに大きな意味が生まれる特別な一冊だと思います。

経験がないと、本に書かれている内容は頭に入るだけで定着しないから実務で使えない。そんな経験がある人と、その予備軍の方にはおすすめです。（20代の経験＋本著）×（30代の役割＋本著）＝事例のない新規事業のサバイブができると考えます。

この職業を一言で表すと？

経験 12年
☑ 現職者

津嶋 辰郎

INDEE Japan

未来を創る仕事

経験 9年
☑ 経験者

井上 一鷹

Think Lab

会社の金で遊ぶ。遊んだからには世界を変える

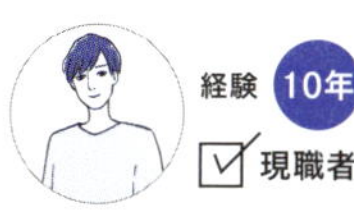

経験 10年
☑ 現職者

遠藤 正幸

東日本電信電話

圧倒的当事者意識を持つ人だけが行える職種

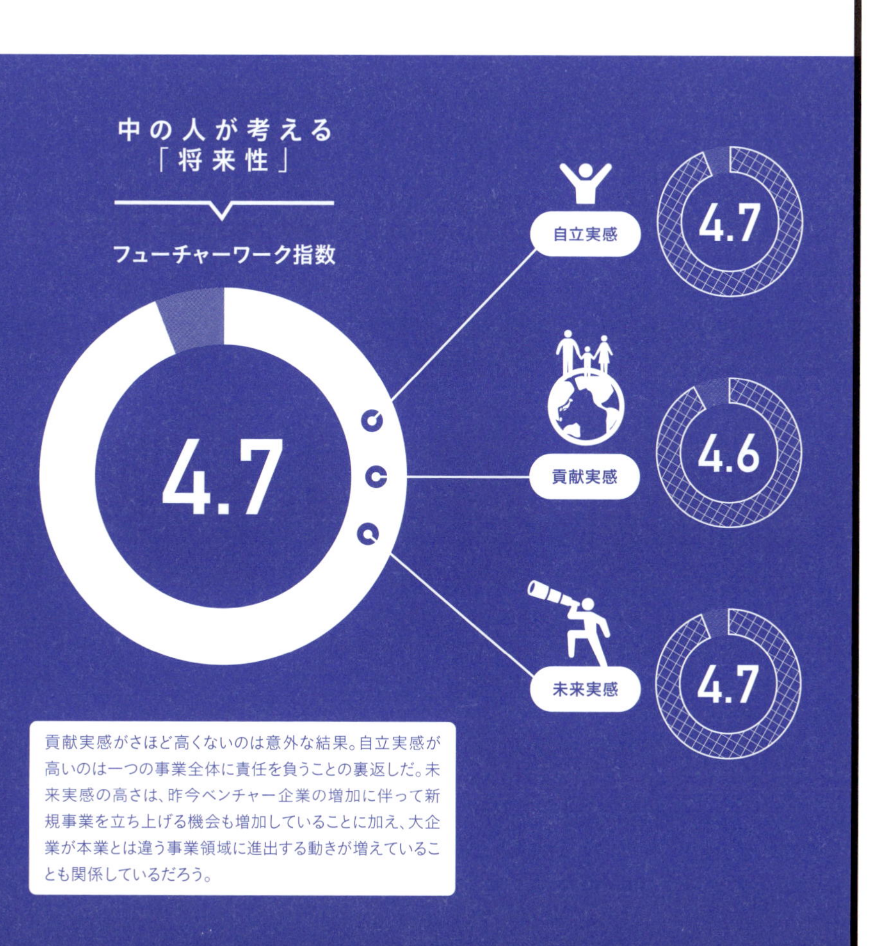

貢献実感がさほど高くないのは意外な結果。自立実感が高いのは一つの事業全体に責任を負うことの裏返しだ。未来実感の高さは、昨今ベンチャー企業の増加に伴って新規事業を立ち上げる機会も増加していることに加え、大企業が本業とは違う事業領域に進出する動きが増えていることも関係しているだろう。

事業開発の経験で何が身につくのか？

事業の構想やそのためのリサーチから、マネジメント、財務や法務関係の処理まで、関わる業務領域が多岐にわたるため、身につくスキルは多い。しかし「法務なら法務など、個別のスキルはその道のプロには勝てない」（READYFOR・中山氏）。労働市場での希少価値を上げるには、作った商品やサービスの売上を継続的に成長させる能力があるとよい。

事業全体を俯瞰する能力が必然的に身につくため、会社の経営に必要なスキルも身につけられる。

身につく力

- 幅広い業務領域の経験、スキル
- 事業全体を見渡す力
- 商品やサービスを継続的に売り上げる力

事業開発の「転職しやすさ」

転職はしやすい。「第二の柱」「第三の柱」を求めるベンチャー企業だけでなく、新たな事業領域に取り組みたい大企業にもポストが存在するためだ。培った個々のスキルを基に違う職種に進む選択肢もある。

有効求人倍率
2.2倍
パーソル調べ

事業開発後のキャリア

パターン1 専門的な職種につく

法人営業や人事コンサルタント、経営コンサルタントなど、事業開発が担う一つの業務に注力するジョブへの転職。事業開発の過程で得られた個々のスキルを生かすことができるため、選択肢は比較的多い。

パターン2 企画職につく

事業開発を続けることも含め、経営企画や営業企画、事業マネージャーといった別の企画職に転身することも選択肢の一つ。企画段階から実現までを一気通貫して経験したという実績そのものが生きるパターン。

パターン3 経営層への参画

スタートアップの経営陣への参画、具体的にはCOO（最高執行責任者）やCEO（最高経営責任者）といったポストも選択肢の一つ。事業全体を俯瞰するという経験が、会社全体を俯瞰するときに生きる。

事業開発にならなくても…
似た仕事MAP

社長（CEO）
プロダクトマネージャー
経営企画
商社パーソン

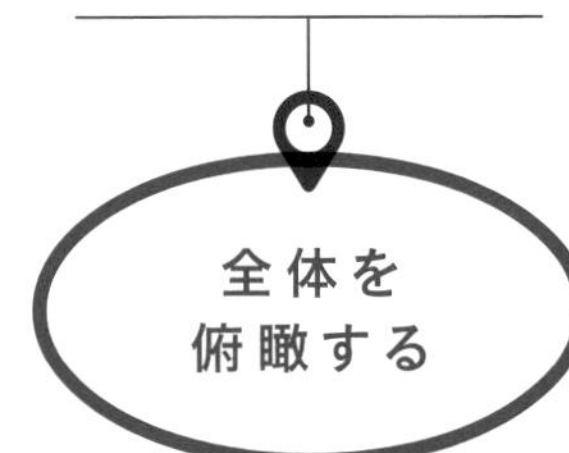

事業開発の業務は、事業全体を俯瞰するという抽象の視点と、事業の成功に向けて目の前のタスクを一つずつこなすという具体の視点の行き来が必要だと言われる。その両方の側面をそれぞれ共有する仕事は多い。

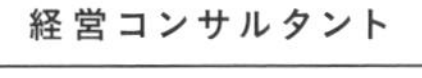

経営コンサルタント
法人営業
ソフトウェアエンジニア

結論　転換期に輝く ビジネスのなんでも屋

事業開発が関わる仕事は幅広い。儲けの出ている既存事業とは異なり、リソースに限りがあることが多く、普通なら複数人が関わるような業務領域を一人でやってのけることが要求される。これこそ「ビジネスのなんでも屋」という表現がもっともふさわしい仕事だ。

近年では、本業で莫大な利益を得ている企業でも新規事業に取り組もうという動きが活発になっている。他国の同業他社が日本国内にも続々と進出しているなか、本業だけでは長期的に稼ぎ続けることができないからだ。その分、事業開発の仕事に対する需要も増加している。ただ、同じ「事業開発」でも大企業とスタートアップでその内実は異なる。ある大企業では、50人以上いる役員全員の了解を取らなければ事業を前に進められず、新規事業を断念するケースもあるという。それぞれに利害があるため、調整は難しい。一方スタートアップでは、まだ盤石とは言えない本業の利益を新規事業に充ててもらっているというプレッシャーがある。そんなしがらみを乗り越えてでも、やりたい事業があるという強いWill（意志）がある人が、もっとも向いている仕事と言えるだろう。

仕事 5

商社パーソン

どんな仕事?

かつてはトレーディング、今は事業投資が収益の柱となっている商社。守備範囲は資源、医療、小売、流通など幅広く、事業内容も多岐にわたり、活躍の舞台は日本にとどまらない。共通するのは「社会課題を解決する仕事」であることだが、最近は「例えば『病院経営の効率化』など、潜在的な社会課題を発見して課題形成する仕事も増えている」(三井物産・和田佑介氏)という。買収した企業の事業を長期的に収益化するなど、実際に事業に関わることも多く、「正解を知っている」だけでなく「正解にする」ところまでが求められる仕事だ。

ジョブディスクリプション

- トレーディングから事業投資まで、幅広い事業領域
- エネルギー産業のトレーディングでは国を支える実感
- 投資した企業の事業にも長期的に携わっていく
- まったく新しい技術を海外から取り入れ会社を新たに作ることも
- 近年はコンビニエンスストア事業も堅調
- 構想力と実行力が求められる
- 英語やデジタルスキルは基礎素養
- 近年はDX人材やコンサル人材も取り込み人材が多様化

「商社パーソン」はどこにいる?

「商社」と聞いてまず多くの人が思い浮かべるのが総合商社。三菱商事、三井物産、住友商事の財閥系3社のほか、丸紅、伊藤忠商事、双日、トヨタグループの豊田通商などがある。多くは資源投資で収益を得る一方、資源価格の変動で損失を出す年もあり、近年は「脱資源化」を図る。幅広い事業を横串で繋げられるのが強みで、例えば食品卸売業から流通・小売まで一気通貫で関われるよさを生かし、伊藤忠商事がファミリーマート、三菱商事はローソンと、コンビニ事業を手掛けることも。

専門商社は食品専門の三菱食品や、鉄鋼を専門に扱う伊藤忠丸紅鉄鋼、三菱・双日が出資するメタルワン、三井系のNST三鋼販、JFEグループのJFE商事などがある。事業投資ではなく特定の商品のトレーディングが主な事業だ。

独立系商社には電子・デバイスや食品が主事業の兼松や、鉄鋼事業中心に食品なども手掛ける阪和興業がある。

業界マップ

総合商社

三菱商事
三井物産
伊藤忠商事
住友商事
丸紅
双日
豊田通商　等

専門商社

伊藤忠丸紅鉄鋼
メタルワン
三菱食品
NST三鋼販
JFE商事　等

独立系商社

兼松
阪和興業　等

「商社パーソン」はどうやってなるのか?

① 新卒採用	一番多いのは新卒採用で、一般選考がメインだが、近年は三井物産が1割を合宿選考で採用するなど、ルートも多角化。伝統的に東大・早慶卒が多いが、近年は採用実績の少ない大学や海外大卒の採用にも積極的だ。DX推進のため、エンジニアは別口で採用するところも。
② 中途採用	近年は中途採用者の数も増えている。特にDXに伴い足りないデジタル人材の採用が活発で、例えばデンソーから住友商事へ転職というパターンも。三井物産では筆記試験⇒ES提出⇒面接(複数回)という選考プロセスで、年間50人強が中途入社しているという。
③ 出戻り	かつては「会社を辞めたら二度と敷居をまたぐな」という風潮があったが、近年はコンサルティング企業やベンチャー企業に身を置いたのち、また戻る人も。三井物産では辞めた人々が作った「元物産会」という懇親会に現役社員が顔を出して交流を保っているという。

商社パーソン 「給料」と「出世ピラミッド」

平均年収は他業種に比べ群を抜いて高く、年が上がるごとに順調に昇給する。キャリアは基本最初に配属された領域で昇進していくが、手を挙げれば事業部を異動することも可能だ。

平均年収　1153万円

年齢	年収
40歳	1363万円
35歳	1256万円
30歳	1034万円
25歳	687万円

オープンワーク提供

社長
グループCEO
本部長
部長
チームリーダー
管理職
担当者

代表的な企業の一例

商社パーソン「最初にやる仕事」

多くの事業、多くの職種を抱える総合商社では、最初にやる仕事も「典型的なパターンはないのが答え」（三井物産・田渕順司氏）。営業職から金融系の数字を扱う仕事、資源系の大きな事業から消費者系の時間軸の短い事業まで、得られる経験はまったく違うという。

例えばトレーディングの領域で、金属資源を扱う部署に配属されれば、最初はマーケットを知るところから仕事が始まる。扱う資源の値動きを観察しながら、米中貿易戦争のなか、米大統領の発言でどのように値段が動くのかなど、関係するニュースを徹底的に収集するのだという。「そうするなかで、商品に対する肌感覚が身についていきます」（田渕氏）。

これが事業投資になると、例えば不動産領域なら、どうすればマンションが売れるのか、間取りの検討や契約書作りのノウハウなどを実践で学びながら考えていく。モデルルームに自分で立つこともあるといい「普通のディベロッパーと同じことができるようになりつつも、自分たちがやるべきことを企画していくイメージです」（三井物産・和田氏）。

まとめると、商社での最初の仕事とは、配属された領域の基礎を、自ら手を動かして徹底的に学ぶことだと言える。情報分析から企画立案、事業運営まで、いい意味で仕事が分化されていない点が、商社パーソンの特徴であり醍醐味だ。

若手商社パーソンの一日

6:00	起床、ランニング
8:00	ポッドニュースを聞きながら出勤
8:45	上司と日次～四半期の作業内容の指差し確認
10:00	事業パートナー候補と打ち合わせ
12:00	チーム会議
12:30	ウェビナー録画を見ながらデスクでランチ
13:00	課長と外出、投資銀行と打ち合わせ
15:00	プレゼン資料作成
16:00	社内打ち合わせ
18:00	退社、夕食
20:00	大学院のオンライン講座視聴、就寝

取材を基に編集部作成

必要なスキル・マインド・学歴

学歴
海外大、院卒も評価

伝統的に東大・早慶卒が多いが、近年はMARCHや海外大まで採用の裾野を広げてきている。三井物産が修士・博士向けにインターンシップを開くなど、専門知識を評価する動きも。

スキルセット
構想力と実行力

必要なのは①構想力②実行力にまとめられる。構想力とは、担当する事業から果ては業界の未来図までを、自ら考え提案していく力だ。さらにその構想を形にするまでやり抜く実行力が求められる。英語やデジタルスキルも必要だが、何よりこの2つが肝要だ。

マインドセット
変化を楽しみ挑戦できる

自分の頭で考え、創造していくのが好きな人が向いている。逆に、変化が不安でしょうがないという人は向かない。「商社は人しかいません。変わりゆく世の中を面白いなと思って、新しいことに挑戦して何かを生み出していく人が必要です」（三井物産・和田氏）。

ロールモデルが語る「商社パーソン」のリアル

細江 康将
丸紅

現職者　経験 10年

相手の予想を上回るアウトプットを提供できたとき

モノを持たない商社業界では、アウトプットの質で勝負しないといけないと考えています。相手が抱くだろう疑問を先読みしてアウトプットを出したときに相手の反応を見るのが、満足感に浸れる瞬間です。

太田 純平
三井物産

現職者　経験 8年

出自、国籍、関係なし、信じる者は己のみ

国際的なビジネスの現場では、個の価値、パフォーマンスによりスポットライトが当たる場面が多く、すべてが自らに跳ね返ってくる、突き詰めるとすべては自分次第だと感じる場面が多い。自らが成し遂げたいという信念を持ち、努力を怠らず、成果がついてきた場面においては、文化的な壁を乗り越えた実感とともに、達成感・満足感を得ることができる。

山口 快樹
三井物産

やりがい

現職者　経験 8年

投資実行から、事業主体者として意思決定を行い組織を動かす

三井物産から投資先のPHCホールディングスに出向、経営企画部長として会社の成長に貢献する仕事をしています。出向当初、自らの立ち位置や会社への貢献を模索していたところから、幸いにも周囲や会社に認めてもらい経営企画部長としての機会を得ることができました。M&AとそのPMI、組織再編、ガバナンス体制構築、グループ全体の戦略策定等、さまざまな重要なプロジェクトを主導する立場として、自身の意思決定と行動を通じて会社の変革、成長に大きく貢献できることはもっとも楽しいと思える点です。

PHCホールディングスへの投資実行時には、投資チームの一員として関わり、投資後は出向し、会社の重要な意思決定に関わり実務を主導する立場になれたことは、商社のやりがいです。

増田 響子
伊藤忠商事

現職者　経験 10年

新しい“モノ”が世の中に生み出されるとき

商社パーソンが考えて動いてみることで、世の中に新しい“モノ”が生み出され、世の中に何かしらの変化が起こる、それはとても面白いことだと思います。

苦労

岩本 未来

丸紅

☑現職者　経験 10年

どうしても落としどころが見つからないとき

お互いに譲れない点があり、いくら協議しても平行線、ということもままあり、非常に苦しい思いをします。ミスコミュニケーションの末に、真面目に運営している事業会社が「ちゃんとやっていないんじゃないか？」といった目で見られると本当に落ち込みますし、自分の力不足を痛感します。地道に解を探るしかありません。

岩下 佳央

三井物産

☑現職者　経験 5年

自分FINAL

常に自分が決裁者になったつもりで行動する。仕事は判断の連続です。判断するには根拠が必要だし、自分の頭で考え抜く必要もあります。自分の判断がチームとしてのfinal answerになるつもりで行動することで、いろいろな心構えを意識できました。

澤田 拓也

三井物産

苦労

☑現職者　経験 18年

トラブル対応と自分で取ったポジションで損失を出したとき

物流業務には品質のオフスペックや輸送の遅延、船の故障等といったトラブルがつきもので、ときには仲裁に行かざるを得ないような問題が発生することもあります。解決方法が見つかるまで緊迫した状況が続きますが、いかに真摯に対応したかを相手先や周囲の関係者は見ており、トラブルが原因で関係が悪化することもあれば、逆に関係がよくなることもあります。

先輩の教え

中村 裕之

丸紅

☑現職者　経験 11年

お前一人休んだって会社も仕事も回るよ

そう言われたのは新卒2年目の夏。あれから10年弱経ち、いろいろな仕事や役回りを経験しましたが、商社の仕事はチームワークが多く、一人が欠けた程度で仕事を回せないようではチームとして成り立たないということがよくわかりました。それぞれ違った個性や強みを持っているなか、誰かが抜けてもそれを補完できるだけの能力を兼ね備える必要があるのです。

鳥居 亜紀

ワンダーラボ

☑経験者　経験 8年

永遠に続く板挟み

上司同士が直接話さず自分を介して互いの意見を主張する状況に、よく悩んでいました。事業投資先管理をしていた際、事業計画の作り方が間違っていると主張する上司と、現場のことは現場に任せてくれと主張する先輩に挟まれたときのしんどさは今でも覚えているとともに、自分の意見を持つ大切さを学びました。

商社パーソン志望者が「読むべき本」

黒木亮・著
『エネルギー』
（角川文庫）

現職者
経験 18年
澤田 拓也
三井物産

国際資源戦争の最前線を書いた経済小説で、総合商社のエネルギービジネスをさまざまな側面から詳細に描いている。イランに日の丸油田を確保しようと日本やイラン政府と交渉する商社マンの話、サハリン2LNGプロジェクトの立ち上げに関するプロジェクトファイナンスやLNG販売の苦労、ロシアや環境保護団体との激しい交渉を描いた話、中国の国営会社が商社の子会社であるシンガポールのエネルギー・デリバティブ会社とのオプション取引で巨大損失を出した事件の3つが並行して語られる。国家やさまざまな利害関係者を相手にした資源ビジネスの醍醐味を追体験でき、エネルギービジネスを志す人にとっては最良の入門書と言える。

山崎豊子・著
『不毛地帯』
（新潮文庫）

現職者
経験 8年
太田 純平
三井物産

ベタかつ王道であり、時代錯誤な内容に感じる部分も多分にあるが、総合商社のエッセンスが詰まった名著であり、入門書として推薦したい。同じ会社の中でもさまざまな事業領域が存在し、ミクロで見ると皆が異なる働き方をしているように映るが、一歩引いた視点で読み進めるとマインドセット等、総合商社パーソンに共通している要素を見出すことができる。

近年、“時代の急速な変化に臨機応変に対応する力”が必要と言われるが、最近になって新たに必要となった素養ではなく、日本人が過去からビジネスの現場で培ってきた強みの一部であることがわかる。入社後数年を経てから読み直すと、また違った感想を持てる点も面白い。

ジェレミー・リフキン・著、
柴田裕之・訳
『限界費用ゼロ社会』
（NHK出版）

現職者
経験 3年
陣内 寛大
三井物産

これまで総合商社が強みとしてきた、社会インフラやエネルギーインフラの領域が今後中長期的にどのように変化していくか、デジタル化の流れと合わせて俯瞰的に理解、想像することができる。現在自分は低炭素化社会、ポストデジタル時代を見据えた新たな社会インフラ・エネルギーインフラに関する事業構築に取り組んでいるが、いずれは本書に書かれているような世界が実現すると考えられる。

そのなかで今我々は何をすべきなのか、社会課題解決と営利企業としての成長を両立させるためには本質的にどの課題にタックルする必要があるのか、本書を出発点として日々考えを巡らせている。

この職業を一言で表すと？

経験 8年
☑ 現職者
太田 純平
三井物産

シン・ビジネスマン

経験 11年
☑ 現職者
中村 裕之
丸紅

人を動かし、会社を動かし、世界を動かす仕事!!

経験 10年
☑ 現職者
岩本 未来
丸紅

現場と本社の橋渡しをしながら走り回るコミュニケーター

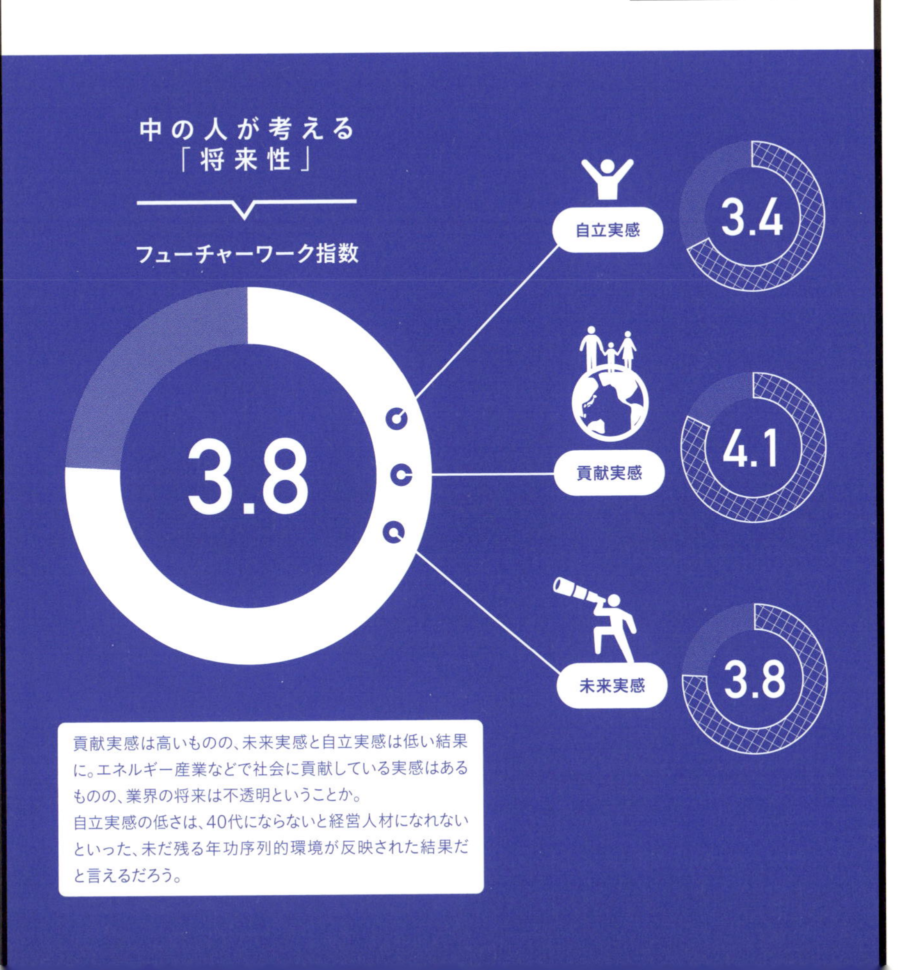

貢献実感は高いものの、未来実感と自立実感は低い結果に。エネルギー産業などで社会に貢献している実感はあるものの、業界の将来は不透明ということか。
自立実感の低さは、40代にならないと経営人材になれないといった、未だ残る年功序列的環境が反映された結果だと言えるだろう。

キャリアパス

商社パーソンの経験で何が身につくのか？

まず、商社でしか身につけられないわけではないが、多くのプレイヤーとともに一つの事業を回していくなかでプロジェクトマネジメント能力が備わる。これは他の業界でも応用が可能だ。自ら買収した企業の事業経営に当たる機会もあるため、経営力を身につけることも可能だろう。実際に商社出身の経営者も多い。

近年の特徴は潜在的な課題を掘り起こして事業にする課題形成能力も得られることだ。さまざまな現場の人の声を聞き、課題を発見する力が鍛えられる。

身につく力

- プロジェクトマネジメント力
- 経営力
- 課題形成能力

商社パーソンの「転職しやすさ」

もともとの待遇が良いため、あまり転職が一般的とは言えない。しかし、なかには起業する人や、経営力を生かして外部企業の経営者になる人もいる。転職先として一般的なのは、コンサル業界やベンチャー企業などだ。

有効求人倍率

0.7倍

パーソル調べ

商社パーソン後のキャリア

パターン1

新卒
↓
内部昇進

もともとは事業別の縦割りが強い総合商社で、一つの領域の専門性を身につけていくのが一般的だったが、近年は領域横断型の事業部創設や、事業部間異動を増やそうとする流れも。経営層に登り詰めるために決まったパターンはない。

グロービス経営大学院大学の堀義人学長やSansanの寺田親弘社長は総合商社出身の起業家。

サントリーホールディングスの新浪剛史社長やカルビーなどの社長を歴任した松本晃氏のようにプロ経営者になる人も。

事業構想力を買われ、外資のコンサルティングファームに転職するケースや、ベンチャー企業に経営陣として加わるのが一般的。

丸紅→BCG→丸紅のように、一度転職し、また元の商社に戻る“出戻りパターン”も増えている。

商社パーソンにならなくても…
似た仕事MAP

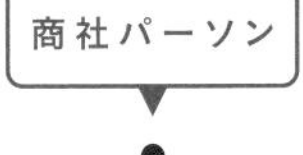

事業企画・事業開発

コンサルタント・
アドバイザー

CEO

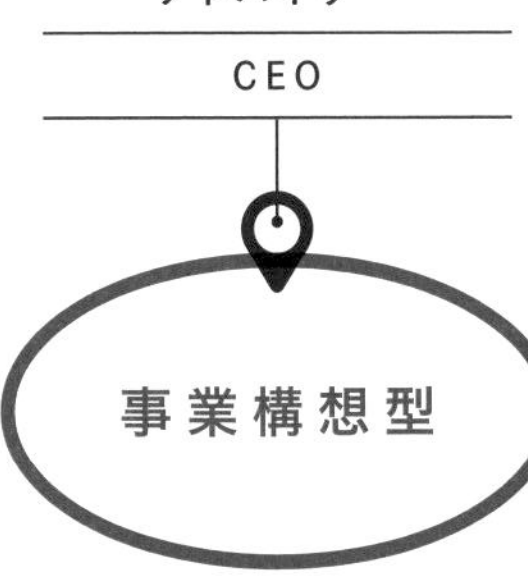

事業構想がやりたいなら、各企業の事業企画職や、ベンチャー企業で経営者を目指すのも手だろう。事業投資ではPEファンドなどが近いが、売却を目的としない商社のほうが、より長期的に経営に関わることになる。

金融専門職

ベンチャー
キャピタリスト

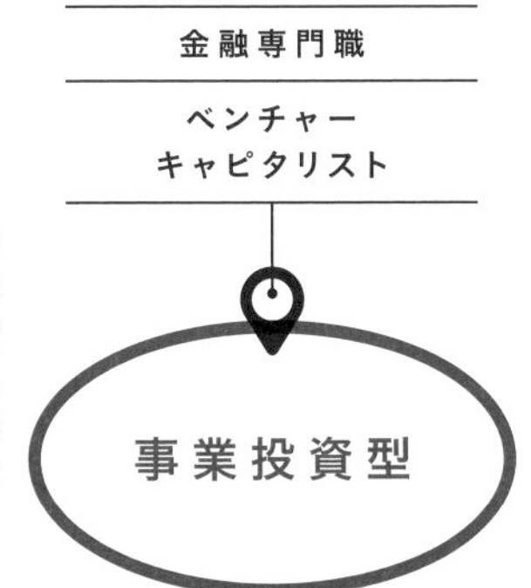

結論

目指すは脱資源依存
業界の将来を構想せよ

他の国では類を見ない特殊な企業形態である総合商社。強みは取り扱う事業が多様な業界にまたがり、その特徴を生かしてコンビニのような事業を一気通貫で行えることだ。一方、一つひとつの業界での存在感はそこまで大きくはなく、「世界・業界を動かす」ビジネスが意外と少ない点には注意が必要だろう。

かつては「ラーメンからミサイルまで」と言われ、幅広い業界のトレーディングを主とした総合商社も、インターネットの普及で中抜きが進んだ現在は、事業の多角化が進む。近年は、三菱商事がDXコンサルティングなどを行う会社を立ち上げ、技術の高い人材を本体より高い水準で採用するなど、デジタル人材も求められるようになってきた。三井物産には、ほとんどがコンサル企業出身者という構成員で、関係会社のコンサルティング業務を行う部隊もある。こうした専門人材の採用も含め、商社パーソンという職種はますます多様化している。脱炭素化社会の今、資源投資依存の収益モデルをどう脱却していくか。各社とも手探りが続くなか、求められるのは、商社そのもののあり方を考える構想力かもしれない。

どんな仕事？

正真正銘の経営トップであるCEO（最高経営責任者）。もちろん、企業の未来の浮沈を左右する重要な意思決定に対し、最終責任を負うというきわめて責任の重い職種だ。

企業提携やM&Aという攻めの決断だけでなく、長年続けてきた思い入れのある事業から撤退する、人員削減を含むリストラに踏み切る、といった辛い意思決定をするのも経営トップであるCEOの責務となる。こうした決断ができないCEOは、下手をすると会社の凋落を招いた元凶として、後世にまで語り継がれることすらある。

ジョブディスクリプション

- 企業の方向を決定づける企業戦略や意思決定を行う
- 会社の戦略意思決定の最終責任を負う
- 社内発信や会社イベントを通じた社内コミュニケーション
- メディアやアナリストなどを対象にした社外コミュニケーション
- リストラや不祥事の際の、最終責任者としての当事者に対するコミュニケーション
- 組織風土を改革するため、人事改革を進め、自ら率先して働き方の見本となる
- 提携先企業、買収検討企業など他社とのコミュニケーション
- 後任者の育成

「CEO」はどうやってなるのか？

① 内部昇格パターン	新卒入社した会社で経験と実績を積んできた生え抜きがCEOにまで登り詰めるタイプ。ただ、日本でも米国などと同様、中途採用者がその会社で経験を積んでCEOになるケースも増えており、かつての純血主義はなくなりつつある。
② プロ経営者パターン	コンサル勤務やMBA取得後、30〜40代から外資系企業の日本法人社長などを経験してきた「プロ経営者」と呼ばれる人たちが、日本の大企業のCEOを担う例も増えている。
③ 緊急登板パターン	業績不振や不祥事などで経営が揺らいでいる会社のCEOが辞任した際、緊急で引き継ぐケース。在任期間も2〜3年程度の「ワンポイント救援登板」型が多い。財務面の立て直しが急務である傾向が高いため、金融機関出身者の比率が高い。
④ 世襲パターン	非上場の中小企業に限らず、創業一族がCEOを担うパターン。日本ではトヨタ自動車が筆頭だが、同族経営企業は世界に数多く存在する。

CEOの「給料」

亜細亜大学の論文「日英上場企業におけるCEO報酬の現状と日本の今後の動向」によると、「TOPIX」100社におけるCEOの平均報酬額は2億1200万円で、中央値は1億1500万円だ。労務行政研究所によると、従業員1000人以上の企業の社長の平均年間報酬は5724万円（2017年）。CEOの報酬は業績に紐づくことが多く、上場企業では社外人材で構成される指名報酬委員会が決める。例えば、営業利益やROE（自己資本利益率）の増減のほか、英米では株価の上昇と配当などによる株主総利回り（TSR）が報酬の算定に用いられる。

CEOの「スケジュール」

CEOという重責から、毎日が勝負だ。朝は6時前起床が多く、朝食会を通じて打ち合わせをする人もいる。その後は経営会議や重要顧客との打ち合わせがあり、ときに重要な経営判断を下す。

社内と社外の「顔」であることから、さまざまなイベントや業界団体に出席する。海外投資家向けツアーのほか、事業展開している地域への事業所訪問や視察など、頻繁な海外出張がある。季節性のあるイベントとしては、5月ごろに決算会見や投資家との対話があり、6月には株主総会もある。年末年始にはメディアからのインタビュー対応が相次ぐ。

「TOPIX」100社の平均年収	2億1200万円
従業員1000人以上の企業の社長の平均年収	5724万円

（出所）亜細亜大学、労務行政研究所

必要なスキル・マインド・学歴

学歴
大学卒が多数だが叩き上げも

上場企業のCEOは大学卒以上が圧倒的に多い。東京商工リサーチの調査によると、もっとも多いのは日本大学で、慶應義塾大学や早稲田大学、明治大学などが上位に位置する。ただし、銀行などを除けば現実には叩き上げのCEOも多い。

スキルセット
最新の変化から歴史観まで

ビジネスの理解や業界知識はもちろん、財務や人事などの知見、さらには、今や経営とデジタルは切り離せないことからテクノロジーにも通じている必要がある。企業像を決めるような意思決定には、歴史観などの教養も求められる。

マインドセット
苦しい局面にも耐える胆力

どんなに苦しい状況でも逃げ出さない胆力が求められる。業績低迷時には、どれだけ批判されようと、いち早くリストラに踏み切るほうが不幸になる社員を最小限にとどめられることも。企業の不祥事が相次ぐ近年、倫理観も強く求められている。

CEO「業界の変化」

① 高まり続ける「ハードル」

機関投資家などから業績へのプレッシャーが強まる一方、グローバル競争やeコマースなどデジタルサービスとの競争が増え、業績の維持すらままならない状況を克服する試練が待っている。

② 就任期間の長期化

かつては3、4年のローテーションで交代している場合も多かったが、CEO就任期間が10年前後に伸びる企業が増えた。その分、会社の将来を決める存在としての責任が増している。

③ 「出世の頂点」ではなく「役職」に

団体競技の監督のように、選手を率い、戦略と戦術という意思決定を決め、結果に最終責任を負うという、専門的な役職がCEO。複数の会社で経営トップに就くプロ経営者も増えている。

CEO後の「転職しやすさ」

経営トップというと「出世のゴール」のイメージから、その先のキャリアは存在しないように思われるが、実際はそんなことはない。CEO退任後は業界団体の役員や、その経験を生かした社外取締役や顧問に就任したり、エンジェル投資家になる、あるいは政府の政策審議会メンバーになる、MBAなどの大学院や大学教員になり経営やマーケティングを教えるなど、多様な活躍の場がある。最近は、パートタイム顧問業の紹介ビジネスなども多数ある。

CEO後のキャリア

CEOを次期社長に譲って自らは会長や相談役となり、経団連や商工会議所などの経済団体の役員を務めるケースが多い。ただ、近年はCEOがその会社にとどまり続けることで、経営に影響力を残すことをよしとしない考えが主流となっている。

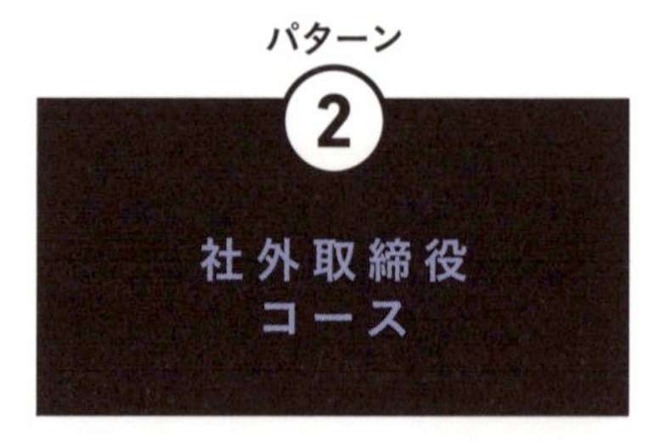

コーポレートガバナンスの概念から、取締役会改革が進み、社外取締役の必要性が高まっている。この流れを受け、CEO退任後は会社から離れ、別の会社で「社外取締役」に就くことで、CEO時代に培ってきた経験を他の企業で生かすケースが増えている。

CEOにならなくても…
似た仕事MAP

米国の大手企業ではCEOの登竜門として世界中の拠点を財務や内部監査として回る伝統があったほど財務スキルが欠かせない。事業を企画しリソース配分し、利益を出す一連のビジネスを経験する上では事業企画とも似る。

結論 組織を率いるプロとして CEOは「職種の一つ」に

CEOの位置づけは劇的に変わりつつある。かつては生え抜きで、その職場で結果を出し続けてきた人が最終的に勝ち取るというイメージが少なからずあった。社長または会長がCEOとしての経営トップで、そのほかの取締役は各事業部門のトップでしかなく、CEOにとっては単なる部下に等しい存在だった。

だが、今の取締役には社外取締役が増えており、社内から昇格した取締役はCEOを含めて2〜3人しかいない企業も増えている。社内理論は通用せず、CEOが決めた方針が取締役会であっさりと却下されたり、資質がないと判断されれば解任される場合もありうる。

これからのCEOは職種の一つとなる。スポーツチームの「監督」として考えるとわかりやすいだろう。海外では野球でもサッカーでも、監督は必ずしも現役時代に大活躍した選手ではなく、プロ選手の経験すらない場合もある。一方で監督より選手のほうが報酬が高いこともあり、単なる役割の違いに過ぎないのだ。これからのビジネスパーソンがCEOになるのであれば、スポーツチームの監督のように、組織を率いるプロを目指すべきだろう。

起業家

どんな仕事？

米国ではアマゾンのジェフ・ベゾス、テスラのイーロン・マスク、フェイスブックのマーク・ザッカーバーグ、日本では孫正義氏、柳井正氏、永守重信氏、三木谷浩史氏らが、現代を代表する起業家だ。

ベンチャー、スタートアップと言われる新会社を設立し、事業を一から始めることで、世の中にまだ存在しないか画期的なビジネスをしたいと考える起業家は、既存の企業の枠組みに収まるタイプの人間ではない。その意味で大企業の経営者とは一味違うマインドセットやスキルセットを持っている。

ジョブディスクリプション

- 自身が創業に至った動機を「ビジョン」という言葉にする
- コアとなる商品を開発し、見込み客に売り込む
- イベント登壇やメディア発信を通じ、自ら自社の知名度を高める
- 金融機関や投資家に対してビジョンを語り、資金を調達する
- お金が足りなくなることがないよう、資金繰り対策を構築する
- 自身のビジョンに共感してくれる仲間を募り、社員を増やす
- 有力な後継者を見つけて、経営トップを継がせる
- 自身が引退しても、企業が継続していけるように、企業風土やビジョンを確立する

「起業家」はどうやってなるのか？

① 独立パターン
松下幸之助氏、稲盛和夫氏、三木谷浩史氏らが相当。まずは大企業に就職し、数年の経験を経て独立するタイプだ。家業を継いでグローバル企業へ発展させたユニクロの柳井正のようなタイプもいる。

② 大学中退パターン
スティーブ・ジョブズ、ビル・ゲイツ、マーク・ザッカーバーグらは「大学中退」の起業家だ。日本でも東京大学を中退した堀江貴文がいる。彼らにとって、単位を取って卒業するという大学生活のルールは、自身にそぐわないものなのだろう。

③ 大学発ベンチャー
日本では大学の教員が「技術シーズ」と言われる技術をベースに大学発ベンチャーを設立する例が出てきた。近年ではAIや物理、化学でトップクラスの学生が一念発起して大学発ベンチャー、スタートアップを興すケースも増えている。

④ シニア・シルバー起業
1996年創業の飲料受託製造メーカー、ハルナビバレッジは青木清志氏が商社を定年退職後に創業した。その経験や人脈を生かして取引先を拡大しつつ、創業間もない頃から大企業並みの高度な経営システムを構築できるという強みがある。

起業家の「給料」

日本もアメリカも中国も、その国の保有資産ランキングには起業家が名を連ねていることから、お金持ちのイメージがあるが、創業間もない間の相場は年収400万～600万円。日々のハードワークを考えると、かなり安い。

その構造はミュージシャンや野球選手と似ている。ヒット曲を世に出す、リーグトップ級の活躍をする上位数%のミュージシャンや野球選手は巨額の収入を得るが、そうでなければ収入は決して多くはない。資産家となるのは、有力企業へと成長させ、新規上場（IPO）したごく一部の起業家に限られる。

起業家の「スケジュール」

エンジニアや研究者の出身であれば、起業家であれど、かなりの時間を技術開発や製品・サービス開発に充てることになるだろう。

一方、既存の企業で事業経験を培ってきた起業家であれば、人脈、組織運営や営業のノウハウ、ビジネス思考力を生かし、投資家や顧客開拓に奔走することになる。いずれの場合でも、採用したエンジニアやセールス担当がその才能を最大限発揮できるように、社内コミュニケーションにも時間を割くことも重要だ。起業家たるもの、多くの時間をそれらの仕事にコミットさせせることになる。

創業間もない起業家の年収　400万～600万円

（出所）亜細亜大学、労務行政研究所

必要なスキル・マインド・学歴

学歴
学歴という秩序には囚われない

松下幸之助氏や本田宗一郎氏のように、小学校中退または卒業という最終学歴で伝説の経営者となったような例は少なくても、既存の秩序を壊すほどの画期的なビジネスを生み出したいというのが起業家精神であれば、学歴が関係ないことは言うまでもない。

スキルセット
会計、マネジメント知識は必須

大切なのはスキルよりもビジョンである。ただ、手がける製品やサービスに関する知識、製品やサービスが売れる仕組み、資金繰りに必要な会計、さらには「KPI（重要業績評価指標）」をはじめとするマネジメントに関する最低限の知識は持っていたほうがよい。

マインドセット
多様な人材を惹きつける人柄

「自分よりも優秀な人間に働いてもらう方法を知る男、ここに眠る」と記された墓石がある。鉄鋼王と呼ばれた実業家、アンドリュー・カーネギーの墓だ。起業家は多様な人材を惹きつける情熱や、「この人についていきたい」と思わせる人柄が求められる。

ロールモデルが語る「起業家」のリアル

野澤 比日樹

ZENKIGEN

☑ 現職者　経験 3年

仲間が増えるとき

内定受諾で仲間が増えると決まったときの喜び、入社したときの少し緊張した状態で最初の挨拶をしている姿を見るときの喜び、社員が仕事で達成感を味わっているときの自信に満ちた顔を見るときの喜び。

梅田 優祐

ユーザベース

☑ 現職者　経験 13年

まだ世にない価値を創造すること

まだ世にない価値を創造することに尽きます。そして、その創造的な業務をチームを組んで達成に挑む、そのプロセス自体も最高に楽しい。

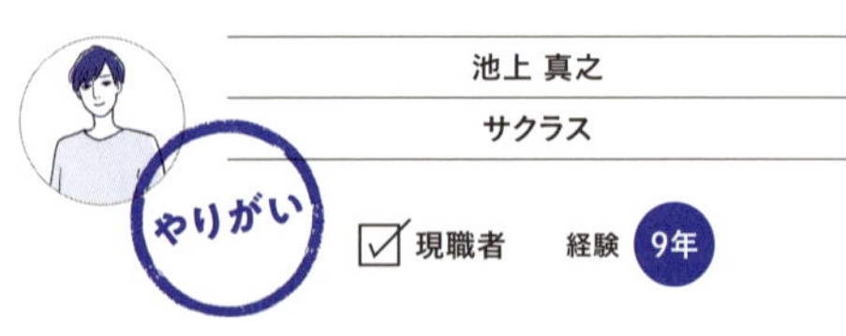

池上 真之

サクラス

☑ 現職者　経験 9年

他人が自社商品を使ってくれているのをたまたま見た瞬間

CEOという仕事は、ゼロを100にする仕事です。最初に「踊る阿呆」になるのも、皆が帰った後に「祭りの後片付け」をするのも、CEOの仕事だからこそ、生みの苦しみも生み出したものへの愛着も、人一倍強い。

実際に私も自社サービスを使ってくれいる人を電車でたまたま見かけた瞬間がありましたが、それまでの苦労が一気に報われた気がしました。

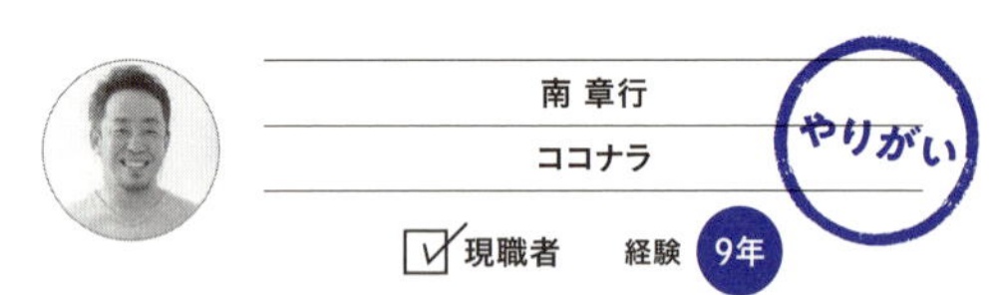

南 章行

ココナラ

☑ 現職者　経験 9年

自分が起こしたい社会の変化を目の当たりにした瞬間

社員が喜んでいるのを見るときと、ユーザーさんが喜んでいるのを見るとき。会社というのは特定の目的を実現するために集まったプロジェクトチームのようなものだと捉えているが、目的達成に一歩近づいて、社員が喜んでいるところを見るのが何よりも楽しい。

社員は、自分が立てた旗の下に集まり、自分の夢の実現のために尽力してくれるという、とてもありがたい存在なので、彼らが喜んでくれるのを見るのは嬉しいし、ホッとする。同じく、目的の実現の先には喜んでくれるユーザーさんがいるわけで。その方々から、おかげで人生が変わったとか、そんなお言葉をよく頂く。その瞬間は、どんな辛いことも吹っ飛ぶくらいに嬉しい気持ちになる。自分が起こしたい社会の変化を目の当たりにした瞬間なので、嬉しくないはずがない。

苦労

川島 匠
SCENTPICK

☑現職者　経験 2年

既存プレイヤーからの圧力

既存のルールや枠組みを飛び越えたビジネスモデルを開発することは、革新的であり華やかに見える一方で、既存のプレイヤーからはあまり好意的に受け取ってもらえません。

当然ながら、既存のプレイヤーは業界の活性化だけでなく市場が破壊されることを防ぐ使命がありますので、上記の行為はなんら不当な行為ではありません。

先輩の教え

日比谷 尚武
kipples

☑現職者　経験 4年

成果にコミットする

クライアントワークや誰かから対価をもらって臨む仕事は、少なからず成果が求められる。求められているのは作業ではなく、成果を出すこと。久々の独立を経て、業界の先輩から立て続けに話を伺ったなかで、皆さんが共通して述べたのがこの点でした。

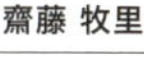

齋藤 牧里
afumi inc.

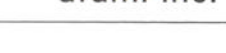

苦労

☑現職者　経験 4年

コミュニケーションに疲れる瞬間

仕事に忙殺されていると人と人とのコミュニケーションが楽しめず、ときどき人疲れしてしまう瞬間も。気分転換を上手に図って、コミュニケーションにストレスを感じない自分に戻していくことも意識的に必要かなと思います。趣味、オフの時間の充実、大切な友人、家族（ペット含め！）など目に見えない疲れやストレスを癒してくれる存在がとても重要だと思っています。

先輩の教え

岩本 涼
TeaRoom

☑現職者　経験 2年

実るほど頭を垂れる稲穂かな

私が尊敬する経営者の方に言われた言葉です。よい経営者たるもの徳を積み、経験を積むことで、稲穂のように頭が垂れ、謙虚になっていくという意味。

人は注目されるとすぐ調子に乗って天狗になりますが、そうではなく徳を積んだ人間ほど謙虚であるということを改めて意識させてくれる言葉です。

先輩の教え

川島 匠
SCENTPICK

☑現職者　経験 2年

戦略とは「戦わないこと」

この言葉は、私の経営のメンターである先輩経営者から言われた言葉です。この言葉を受けてから、私は常に戦わない領域を見極めることを経営戦略の最重要論点に据え、すべての業務で徹底しています。

資金もブランドも弱いベンチャーは、いかに「戦わないで果実を得るか」という知恵と工夫の積み重ねが非常に重要だと考えています。

起業家志望者が「読むべき本」

ベン・ホロウィッツ・著、
滑川海彦、高橋信夫・訳
『HARD THINGS』
(日経BP)

☑ 現職者　経験 9年

南 章行

ココナラ

論理的に答えを出せない問題に対して意思決定をし、選んだ道を正解にしていくというのが経営者の仕事である。前向きな意思決定であれば、選んだ道を正解にしていくという響きはとても美しいが、どう転んでも苦しみしかないというシチュエーションはさすがにキツイ。

ただ、対応を誤ると、より多くの地獄を引き起こす。どうしたって辛い意思決定であっても、守らなければいけない大事な視点というのは経験則上、存在するのだ。

そういった失敗した場合にどう対処したらよいのかという苦しい状況の際に助けてくれるのがこの本だ。苦しくなったときに読むと、なぜか答えが書いてある。孤独な経営者の傍らに必携。

南場智子・著
『不格好経営』
(日本経済新聞出版社)

☑ 現職者　経験 9年

池上 真之

サクラス

言わずとしれた名著。

私のファーストキャリアもコンサルでしたが、コンサルと起業家は真逆。起業家の入門書として紹介しますが、コンサルから起業家を目指す人には特に必読の書だと思います。

日本においてもスタートアップを取り巻くエコシステムが成熟してきましたから、これからはコンサルのセカンドキャリアとしての起業も増えていくと思います。そうした人がまず起業を追体験し、必要な能力をイメージするのに活用してもらいたい一冊です。

草間彌生・著
『水玉の履歴書』
(集英社新書)

☑ 現職者　経験 4年

齋藤 牧里

afumi inc.

自分という存在を信じ、常に純粋に、新たなクリエイションに向かう姿勢を貫かれている草間彌生氏の愛溢れる闘いの半生。魂の叫びと言われている草間氏のメッセージはまさに若い人たちに向けての愛のメッセージです。混沌とした世の中で、これからの未来をよりよいものにしていくためのキーワードがそこここに溢れている本でもあります。一言一言に強い言霊の力を感じるこの本は、気力が少し落ちてきたなと思ったとき、自分を奮い立たせることができる素晴らしい本だと思います。また、起業家のみならず、これからキャリアを目指すステージにある皆様にも大変おすすめです。

この職業を一言で表すと？

誰からも褒められない究極の孤独

経験 2年
現職者

川島 匠
SCENTPICK

経験 11年
現職者

広瀬 好伸
ビーワンカレッジ

夢追い人

経験 14年
現職者

横田 響子
コラボラボ

新しい価値と未来を作り、社会を変える仕事

中の人が考える「将来性」

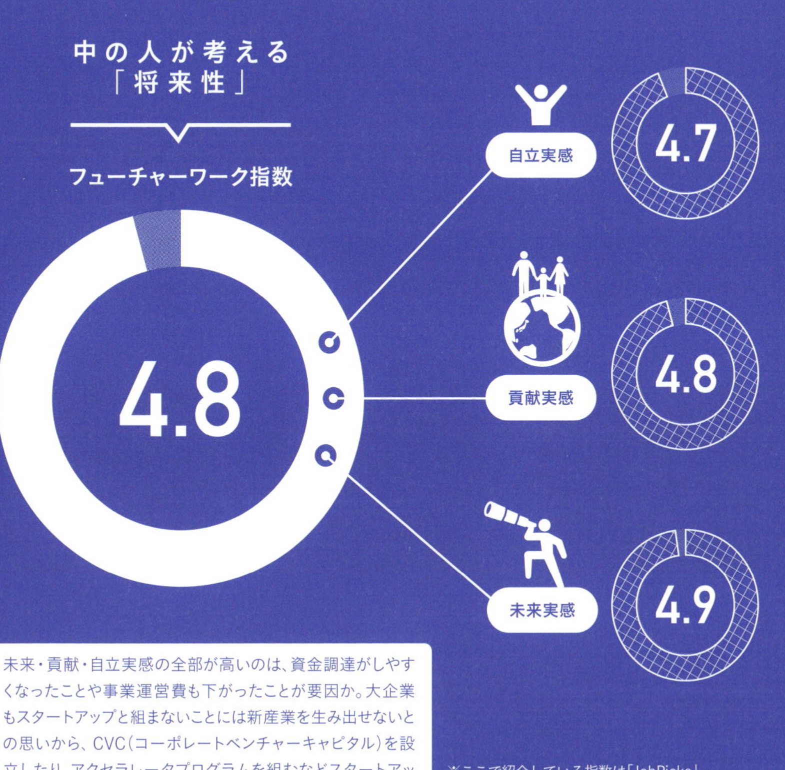

未来・貢献・自立実感の全部が高いのは、資金調達がしやすくなったことや事業運営費も下がったことが要因か。大企業もスタートアップと組まないことには新産業を生み出せないとの思いから、CVC（コーポレートベンチャーキャピタル）を設立したり、アクセラレータプログラムを組むなどスタートアップを応援するモードに入っていることなども追い風だ。

※ここで紹介している指数は「JobPicks」内、CEOのページで起業家の方々にご回答いただいた数値となります

起業家「業界の変化」

①
下がり続ける「起業ハードル」

大企業がスタートアップなしでは新事業が生み出せないのではないかという意識からCVCを続々と設立するなど、資金調達がしやすくなった。また、3DプリンタやSaaS（ネット経由でユーザーが利用できるサービス）の普及により、経営の運営コストも下がった。

②
「アウトサイダー」からの参戦

ソニーからマネーフォワードを起業した辻庸介氏、グーグルから起業したfreeeの佐々木大輔氏のように異業種からの起業が増えている。

③
「ボーン・グローバル企業」の増加

これまで、グローバルに進出するのは大企業の専売特許というイメージがあったが、国をまたいだM&Aも盛んになり、メルカリやテラモーターズなど創業時から海外進出を狙う「ボーン・グローバル（生まれながらの国際派）」企業も増えた。

起業家後のキャリア

起業家は「生涯現役」を掲げ、死ぬ間際まで経営に関与し続ける場合が少なくない。「連続起業家」と呼ばれ、ゼロからイチを作り出すことを繰り返す人も散見される。一方で、培ってきた知見やマインドを生かして次世代に助言を行う「顧問パターン」や、資産を生かして社会貢献する「エンジェルパターン」もよく見られる。

起業家後のキャリア

パターン 1

株主コース

ビル・ゲイツや本田宗一郎氏のように、あるときを境に経営の一線から身を引くが、株を保有していることから株主として経営の監督側に回ることがある。

こちらもゲイツがいい例だが、築いた富を原資にして篤志家として慈善事業に没頭する人も多い。

自らの経験を生かして、他のスタートアップの社外取締役になり、次の世代の起業家に助言することもできる。

起業家にならなくても…
似た仕事MAP

事業企画

ソフトウェアエンジニア

AIエンジニア

「ゼロから
イチを作る」型

起業家は、現役エンジニアなどでゼロからプロダクトを作れる人。あるいは売り先を確保できる人、握れる人が始めるケースが多い。前者はゼロからイチを生み出す共通点が、後者は営業力が高い共通点がある。

営業

マーケター

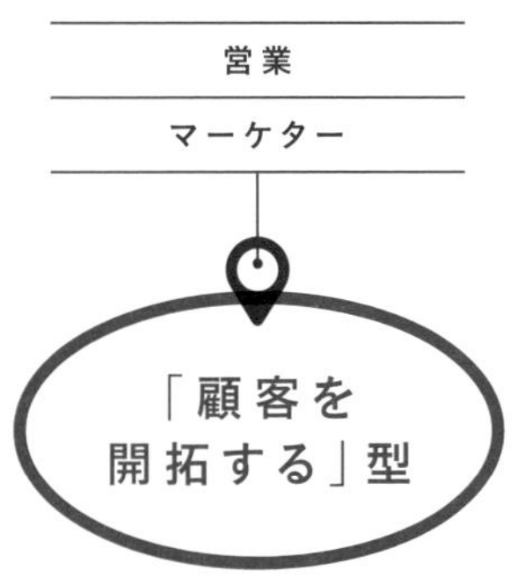

結論 華やかなイメージとは裏腹の苦労 ゼロイチの体験を楽しめるか否か

米国ではグーグルやアマゾン、フェイスブックといった企業が経済の主役となり、中国でもアリババやテンセントというスタートアップが、急速に発展しているデジタル経済の「顔」となっている。かつての日本もソニーやパナソニック、ホンダなどを創業した起業家が日本経済を牽引した。こうしたことから、起業家は国の経済史の一端を彩る役とも言える。一方で、一部では不祥事を起こしてニュースとなる残念なケースも。一部のスター起業家が派手な生活を繰り広げているのを見て自分もそれに近づきたいと起業するのであれば、あまりに志が低いと言わざるを得ない。

本質的な起業家の醍醐味は何か。それは「まだ世にない価値を創造する」、つまり「ゼロからイチを生み出す」ことにある。このほかにも「志を一つにする仲間と喜怒哀楽をともにし、ときには夜を徹して議論する」という経験や、「生まれた製品・サービスがお客さんの役に立ち、その対価としてお金を受け取る」という商売の手触り感が得られることだ。こうした経験に心の底からわくわくできる人が起業家に向いていると言える。

事業開発＆商社の

column 2

裏リアル

スタンプラリー

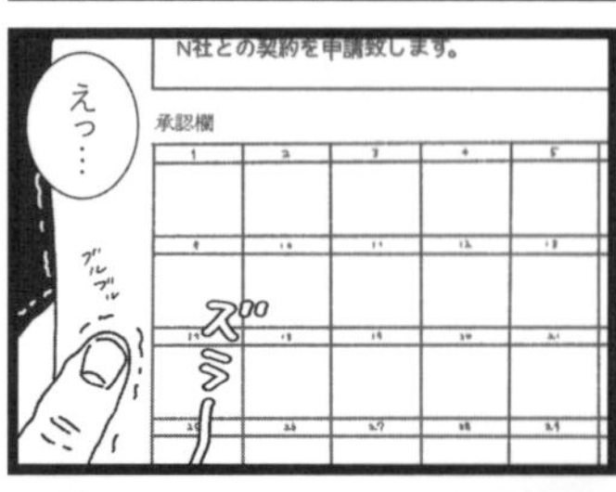

でかい案件ほど…

4章

職業研究

マーケティング・分析関連の仕事

デジタル化する
マーケティング

あらゆる領域でDXが叫ばれる現在、マーケティングの手法はデジタル技術に大きく依存するようになっており、デジタルマーケティング人材の需要も高まっている。必要とされるのは、SEOやSNSを駆使する人材というより、ビジネスの全体像を見渡して、既存のマーケティングをどうデジタルで置き換えるかを考えられる人材だ。

伝統的なマーケティングを担ってきたマーケティングプランナーも、日々更新されるデジタル技術を学び続けなければ仕事ができない時代。

アプリ開発やAIチャットボット開発もマーケティングの手法に数えられる現在、「新しいもの好き」の姿勢がなければマーケティング職は務まらない。デジタル技術に精通する必要はないが「その技術で何ができるのか」は最低限把握しておきたいところだ。

拡大する国内デジタルマーケティング市場

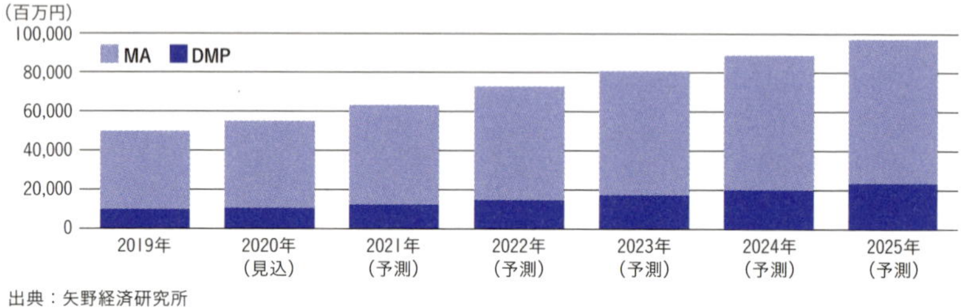

出典：矢野経済研究所

DMP (Data Management Platform) 広告やDMなどのマーケティング施策を最適化するシステムやサービス全般
MA (Marketing Automation) 見込み客や既存顧客のデータを一元管理・分析し、マーケティングのプロセスを自動化するシステムやサービス全般

増える
データ分析の仕事

デジタルの特徴は大規模なデータが容易に手に入ることであり、この変化に伴ってデータ分析に関わる職種の需要は急増している。データサイエンスに関わる人材は、日本だと2018年時点で25万人不足しているとも言われ、企業の6割が十分に人材を確保できていないと答えるほど売り手市場だ。政府主導で、大学などでもデータサイエンスに関連した教育の強化が進む。

データ分析に関わるのはデータサイエンティストだけではない。デジタルマーケターも、自分でデータを分析することはないにせよ、データレポートを読み解き施策を考えている。マーケティング領域に進むなら、データの扱い方やデータ分析で可能になること・ならないことを学んでおくに越したことはないだろう。

国内データ分析関連人材規模予測

出典：矢野経済研究所

マーケティングの仕事の種類

マーケティングや分析関連の仕事を担う人材は、主に自社の商品・サービスを売れるようにするインハウス（社内）人材と、広告代理店やコンサル企業でクライアントのマーケティングを支援する支援系とに分かれる。どちらであっても本来的に必要なスキルは同じだが、現場では自社商品に詳しいインハウスと、消費者・市場に詳しい支援系という住み分けがなされている。デジタルマーケターはインハウスでの育成が追いついていないものの、近年コスト削減のためインハウス化を進めようとする企業が増え、支援系からインハウスへの転職も活発化している。

インハウス系	自社製品やサービスのマーケティング施策全般を行う。P&Gに見られるような製品ごとの責任者になるとブランドマーケのプロとしての専門性を確立できる。「P&Gマフィア」と呼ばれる出身者が多様な産業のCMOやマーケコンサルとして多数活躍している。
支援系	広告代理店に数多く存在する。広告主のカウンターパートである営業、クリエイティブとチームを組み、マーケ施策を担う。クライアント先から最新の事例や技法などを聞かれるので社内勉強会も盛ん。専門性が身につきやすいが仕事は激務になりやすい。

デジタル時代、原則に回帰するマーケティング

デジタルマーケターやデータサイエンティストなどの職種が引っ張りだこになり、マーケティングプランナーもデジタル技術とは無縁でいられない現在、これからの時代のマーケティングでもっとも重要なのはデジタルの知見だと思えるかもしれない。しかし業界関係者が口を揃えるのは、デジタル時代だからこそ、むしろ本来的なマーケティングの仕事である「モノを売るための戦略を密に練り上げる能力」が重要になっていることだ。

少し前まではテレビに広告を出せば認知を得ることができ、Webでユーザーの行動データを基にしたリターゲティング広告を打つことで購買につなげることができた。セオリーに則った施策を取れば、一定の効果が見込めた幸せな時代だったと言える。

しかし個人情報保護の観点から法整備が進み、グーグルやアップルがブラウザ上でのユーザーの行動を把握するために用いるCookieの利用を制限する動きを見せる今、Webでのリターゲティング広告を従来のように運用することは難しくなってきている。もはや過去の常識が通用しない時代、鍵になるのは媒体単位での属性把握のような、テレビでのマス広告とダイレクトマーケティングの中間に位置する手法だ。

技術は日進月歩で、デジタル技術を用いたマーケティング手法は日々自動化が進む。SEOやSNSの運用法をどれだけマスターしたところで、覚えた知識はすぐに陳腐化し、仕事自体が必要なくなる危険にも晒される。小手先の技術に惑わされず、全体を把握しながら適切な戦略を練ることができる——デジタル時代に求められているのは、昔から当たり前に求められてきた、そんなマーケティングの原則に忠実な人材なのだ。

マーケティング職はどこにいるのか？

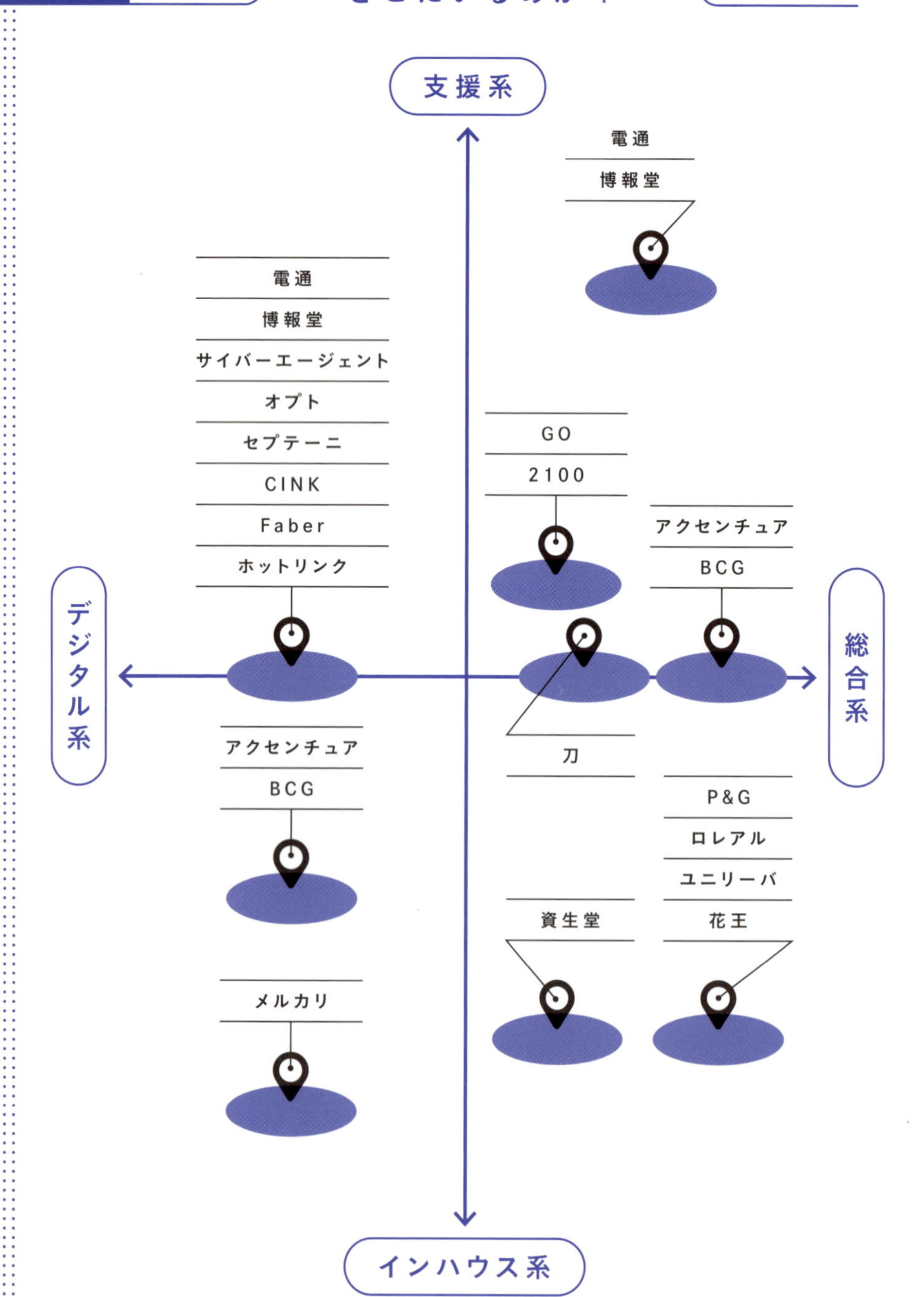

「マーケティング・分析関連」6つの変化

1 コンサルに接近する業務領域

消費者が購買の際、企業のミッションも考慮するようになった結果、従来コンサルが担ってきた企業のパーパス（目的）づくりといった業務をマーケティングプランナーが行うことも増えてきた。商品を手に取ってもらう下流の部分まで手掛けられるのがコンサルとの違いだが、領域が接近してきているのは間違いない。

2 デジタルマーケターのインハウス化

これまではデジタル技術に強みを持つ支援系人材がデジタルマーケティングを担うことが多かったが、コストカットのためにデジタルマーケターのインハウス化に舵を切る企業が増えてきた。しかし新人育成は追いついておらず、支援系企業にいた人材がクライアント企業に移籍するケースが主流だ。

3 デジタルマーケターの領域拡大

これまではできあがったプロダクトの価値伝達がデジタルマーケターの主な仕事領域だとされてきたが、近年は価値創出、すなわち事業企画や商品開発のような領域から一気通貫でデジタルマーケターが関わるべきとする風潮がある。現状は価値創出側の人材が価値伝達領域に進出するケースのほうが多いという。

4 ノーコードでのデータ分析サービスの登場

現在急速に広がっているのがDataRobotに代表される、ノーコードでデータ分析や機械学習が行えるサービスだ。モデル構築の自動化ができ、データ分析の省力化ができるため、データサイエンティストの仕事もむしろデータの活用法の考案など、応用が重視されるようになってきている。

5 資金調達まで自分で行うマーケターが流行

P&Gやユニバーサル・スタジオ・ジャパンを経て「刀」を立ち上げた森岡毅氏のように、マーケティングにかかる資金を自ら調達してしまうマーケターが注目を集めている。マーケティングの支援を行うだけでなく、有望な事業会社に自ら資金投下を行う新たな業務形態は、今後も広がっていくと考えられている。

6 2021年は「デジタルマーケター育成元年」に

デジタルマーケターの供給は絶対量が不足しており、外注で済ませることにも限界が来ている。そこで、DMM.comが手掛ける「マケキャン」のような未経験者を育成し、転職先まで紹介する事業が伸びている。一方、現場レベルでも「普通の社員」を「初心者レベルのデジタルマーケター」に育成しようとする動きが顕著だ。

仕事 8

マーケティングプランナー

どんな仕事？

商品を売るための施策を考えるマーケティングプランナー。元来、広告のプランニングからパッケージデザインまで、幅広く携わるが、デジタル化の進展に伴い、アプリの開発企画やSNSマーケティング、果てはAIによるマーケティングツールの販売まで、業務範囲は広がる一方だ。消費者がビジョンに共感できる企業の商品を求めるようになってきた現在、商品を売るだけでなく企業のパーパスをともに考える仕事も多い。しかし手法や守備範囲がどれだけ広がっても「買ってもらう仕組み作り」（博報堂・喜田村夏希氏）へと向かうのは変わらない。

ジョブディスクリプション

- 「買ってもらう仕組み」を作る仕事
- 商品・業界に関する知識量と理解力が大事
- 消費者理解が求められる
- 商品だけでなく企業の理念作りを手伝うことも
- 変化の激しい業界で、常に学び続ける姿勢が必須
- 社内外との調整能力も重要
- 技術とともに手法が広がり、近年はAIに関する知識も必須に
- 最近は資金調達まで行うマーケターに注目が集まる

「マーケティングプランナー」はどこにいる？

広告会社やコンサルティング企業でクライアント企業のマーケティングに携わる「支援系」と、各メーカーで自社の商品のマーケティングをする「インハウス」に大別される。

支援系では電通や博報堂が伝統的なプレイヤーだが、近年はデジタルの分野でサイバーエージェントなどが参入し、競合化している。企業のビジョンやパーパスを考える部分ではコンサルティング企業の存在感も無視できない。

メーカーではP&Gや花王のマーケティング部門が特に有名で、他企業がマーケティングの知見を得るためにP&G出身者を引き抜くこともしばしば。ここでも自社商品に詳しいインハウス、市場や消費者に関する知見を持つ支援系に分かれる。近年は広告会社から独立してマーケティング領域に参入するプレイヤーもいる。博報堂出身の三浦崇宏氏が立ち上げたGOや、電通出身の国見昭仁氏が立ち上げた2100などが有名だ。

業界マップ

広告会社

電通
博報堂
サイバーエージェント
(デジタルマーケティング)　等

コンサルティング企業

アクセンチュア
デロイト
A. T. カーニー
BCG
IMJ(アクセンチュア傘下)　等

独立系

GO
2100
刀　等

メーカー

P&G
資生堂
花王
ロレアル
ユニリーバ　等

「マーケティングプランナー」はどうやってなるのか?

① 新卒採用

電通や博報堂の新卒採用では、マーケティング部門への配属は総合職からなされるため、まずは総合職採用を目指すことになる。一方、P&Gやロレアル、ユニリーバといった外資系メーカーでは、新卒採用も職種別で、マーケティング職採用がある。どの会社もリーダーシップのある人材を求めているのが特徴的だ。日系メーカーでも花王などはマーケティング職を指定して採用に応募できるコースがある。

② 中途採用

中途採用でマーケティングプランナーになる場合、コンサルティング企業から広告会社・メーカーに移るか、広告会社間で動き回るのが一般的だ。インハウスから広告会社へと移るルートは「若手ならいいと思うんですが、ある程度続けると志向が違ってくる」(博報堂・沼田宏光氏)ため、あまり見られない。また近年は、デジタル技術を用いたマーケティングの需要が増えており、技術に理解のある人材が求められているという。

マーケティングプランナー「給料」と「出世ピラミッド」

平均年収はそれほど高くなく、年齢が上がってもあまり伸びは期待できない。ただし電通や博報堂、有名メーカーの年収はこの平均を大きく上回るため、企業によって収入の差は開くと言える。

平均年収　586万円

40歳	660万円
35歳	594万円
30歳	513万円
25歳	430万円

オープンワーク提供

エグゼクティブマーケティングプランナー(専門職)

マーケティングプランニングマネージャー(管理職)

シニアマーケティングプランナー

マーケティングプランナー

代表的な企業の一例

マーケティングプランナー「最初にやる仕事」

はじめは社内研修ののち、情報収集や市場分析、事例分析などのデスクトップワークを任されるのが一般的だ。例えば電通では、ビールの担当を割り振られたらビールに関するあらゆる情報をデスクトップリサーチで集め、ビールの購買履歴を分析している人へのヒアリングもしながらレポートをまとめるという。「マーケティングの世界では、情報を一番知り理解している人が一番偉いとされます。そのため、まずは誰よりも（対象領域に）詳しくなって、誰よりも新しい情報を手に入れるスキルを身につけさせます」（電通・木伏美加氏）。

事例分析では「例えば得意先が今流行りのD to Cブランドを立ち上げたいとなったときに、成功しているD to Cブランドの事例を集めて、大事な要素が何か分析することもあります」（博報堂・喜田村氏）。もし顧客が間違った施策を希望していたら、方向を修正するのも支援系マーケティングプランナーの役割だ。「例えば投稿メディアで直接購買につなげたいと言われたら、『購買につなげるのは難しい』などとはっきり伝えます」（喜田村氏）。

こうして基礎となる素養を鍛えたうえで、優秀な場合は、1年目でクライアントに提示する戦略を書くこともあるという。新人でも能力を発揮しさえすれば、年次に関係なく活躍の場がどんどん与えられる仕事だ。

若手マーケティングプランナーの一日

8:30	メールチェック、市場調査をまとめる
10:00	生活者調査、マーケティング戦略立案等のMTG
12:00	チームメンバーとランチ
13:00	クライアントのブランドマネージャーと市場調査結果を踏まえMTG
15:00	社内に戻って競合プレゼンのためのチームMTG
17:00	グループ内の知見共有勉強会
19:00	残業飯
20:00	クライアントMTG、チームMTGで出た宿題をこなす
22:00	企画書を2本ほど作成
24:00	終電で帰宅、プレゼン資料作成、就寝

取材を基に編集部作成

必要なスキル・マインド・学歴

スキルセット
ファシリテーターの役割も

「技術も日進月歩のため、勉強が好きでないと置いていかれる」（電通・木伏氏）仕事だ。また「クライアントの社員を対象としたワークショップの設計や運営なども行うため、ファシリテーションスキルも必要」（博報堂・喜田村氏）だという。

マインドセット
人間行動、トレンドへの関心

クライアントやターゲット顧客のことを考え続ける職業のため「人の行動への興味や仕組みへの興味」（博報堂・沼田氏）が求められる。「いち早くClubhouseを始めるなど、トレンドを察知した上で実際に乗っかれる力も必要」（電通・木伏氏）だ。

学歴
ロジカル思考に強い理系も

「何かを突き詰めて考える、考え抜く」（博報堂・沼田氏）仕事のため、意外と理系が多いのが特徴。特にコンセプト作りの点で共通点のある建築学科卒が多い。

キャリアパス

マーケティングプランナーの経験で何が身につくのか？

何よりもまず商品・市場について詳しくなることが求められるため、情報収集能力が身につく。特にto Cの場合は生活者視点を誰よりも理解することを求められるので、ビジネスのあらゆる場面で、その情報力を遺憾なく発揮することができる。

さらに集めた情報から戦略を立てる能力も身につくため、事業企画との親和性も高い。支援系であれインハウスであれ、常に社内外の多くの関係者と協業する仕事ゆえ、営業職にも近い対人調整能力も得られるはずだ。

身につく力

- 情報収集能力
- 戦略立案能力
- 対人調整能力

マーケティングプランナーの「転職しやすさ」

あまり転職の激しい業界ではないが、一方でスキルの応用可能性は高く、人事戦略や経営戦略の領域で企業を渡り歩く人も見られる。広告会社出身者は移籍ではなく独立を選ぶ場合が多く、転職は事業会社間が主なのが特徴だ。

有効求人倍率

1.8倍

パーソル調べ

マーケティングプランナー後のキャリア

パターン1

新卒
↓
社内出世

支援系の大手広告会社でもっとも一般的なのがこのコース。「ベンチャー企業のCMOに誘われる人もいるが実際に転職した人はあまりいない」（電通・木伏氏）という。社内のリソースが豊富なため、他の環境にあまり惹かれないそうだ。

パターン2

意外と親和性が高いのが、企業の戦略人事になるパターン。採用活動もマーケティングだと捉えられるため、スキルの応用が利く。ソニーでマーケティングを経験した後、ニトリで人事採用を変革した永島寛之氏などが有名。

パターン3

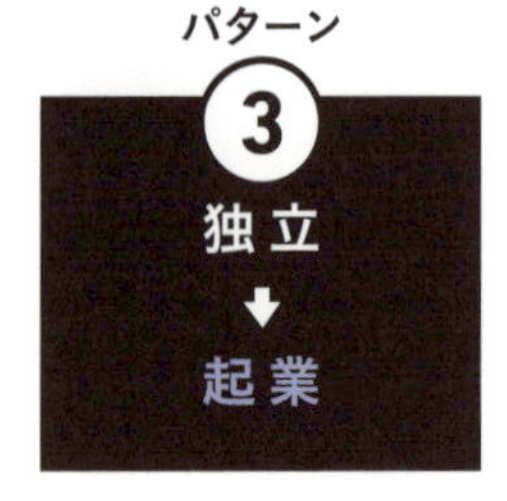

大手の広告会社やメーカーを辞めて起業する場合も多い。博報堂出身の三浦崇宏氏や電通ビジネスデザインスクエア出身の国見昭仁氏が代表例。近年は元P&Gの森岡毅氏の「刀」のように資金調達まで独自で行うマーケターが流行りだ。

マーケティングプランナーにならなくても…

似た仕事MAP

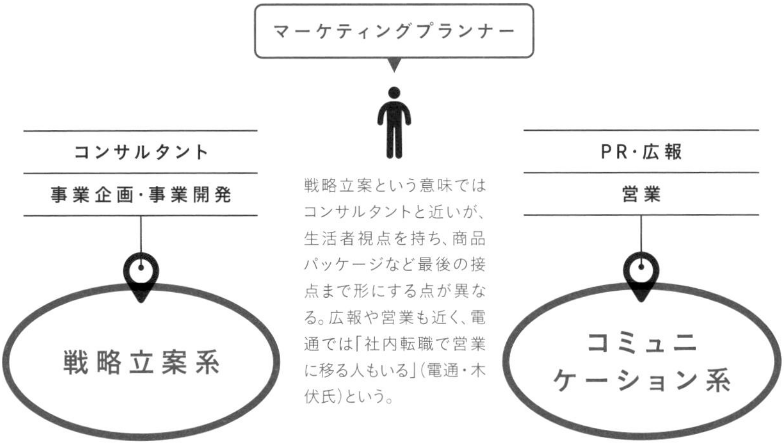

マーケティングプランナー

コンサルタント

事業企画・事業開発

戦略立案系

PR・広報

営業

コミュニケーション系

戦略立案という意味ではコンサルタントと近いが、生活者視点を持ち、商品パッケージなど最後の接点まで形にする点が異なる。広報や営業も近く、電通では「社内転職で営業に移る人もいる」（電通・木伏氏）という。

結論 AI知識も必須に？ 技術とともに変わる業界

かつてはテレビCMを打つのが主流だったマーケティングの世界も、デジタル化の波に呑まれ手法が多様化。広告の効果検証のためにデータサイエンティストと組む、自然言語処理に強い外部企業とともにECサイトのチャットボットを開発するなど、協業する相手も広がれば、カバーしなければならない領域も増えている。「一つの領域への高い専門性か、幅広い知見からくる絶大な信頼がないと活躍できない」（博報堂・喜田村氏）。常に学ぶ姿勢が必要とされる。

仕事の内容も、商品の宣伝だけでなく社会活動のコンセプト設計など、より大きな企業課題に向き合うものが増え、コンサルティング業務との境界はますます曖昧になってきている。どちらかといえば川下に強みを持っているマーケティングプランナーだが、今後は川上から一貫したコンセプトを設計する仕事が求められる。

しかしどれだけ手段と伝える内容が変化しても、企業・商品と消費者を繋ぐ仕組み作りが仕事である点は変わらない。ときに顧客に憑依するほど人と向き合うという仕事の本質が苦にならなければ、知識や技術は後からいくらでも追いついてくるだろう。

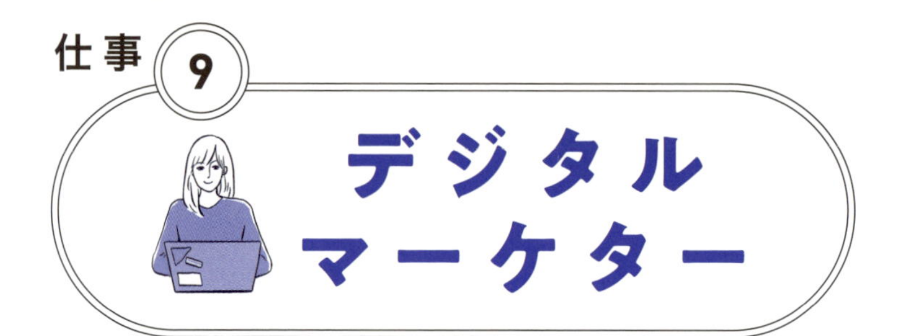

どんな仕事?

マーケティングに関わる既存の仕事をデジタルに置き換えて効率化するデジタルマーケター。

「例えば営業をメールでの接触に置き換えれば、顧客訪問を自動化できます」(WACUL・垣内勇威氏)。エンジニアや営業などと社内コミュニケーションを取りながら、デジタル技術の活用戦略を練ることが求められる。

一方で、「デジタルマーケター」という用語自体は非常に多義的に使われており、SEOマーケティングやSNSマーケティング、デジタル広告出稿といった個々のデジタル施策の担当者を指すことも多い。

ジョブディスクリプション

- 既存のマーケティング業務をデジタルに置き換えてコストカットする仕事
- 内実は全体のマーケティング戦略を考える人からSNS担当者まで幅広い
- 最初はSNSへの広告出稿管理からスタート
- ただし最初はデジタルよりビジネスのことを学んだほうがいい
- 営業と社内調整が仕事の本質
- 一人では大きなインパクトを与えられず、チームの協力が必須
- 経営者への転身も夢じゃない?
- DXの進展で需要は拡大中

「デジタルマーケター」はどこにいる?

デジタルマーケティングが一般的になった今、あらゆる企業にデジタルマーケターがいると言っても過言ではない。ネット広告の出稿担当者やSNS担当者、Webサイトの制作担当者にSEO担当者、果てはデータアナリスト・サイエンティストまで、誰もがデジタルマーケターと呼ばれるようになっている。

インハウスではなく支援系だとコンサル企業や広告会社がプレイヤーとして挙げられるが、「アクセンチュアなどのコンサル企業はビジネスへの理解は深いものの、個々の技術にあまり詳しくないでしょう」(WACUL・垣内氏)。

ネット広告のオプトやセプテーニ、SEOのCINCやFaber、SNSのホットリンクと、個々の領域に特化した企業は逆にビジネスの全体像が見えていないという。「現状では、全体像を把握できているプレイヤーは自分で手を動かしながらコンサル業をやっている個人くらいしかいません」(垣内氏)。

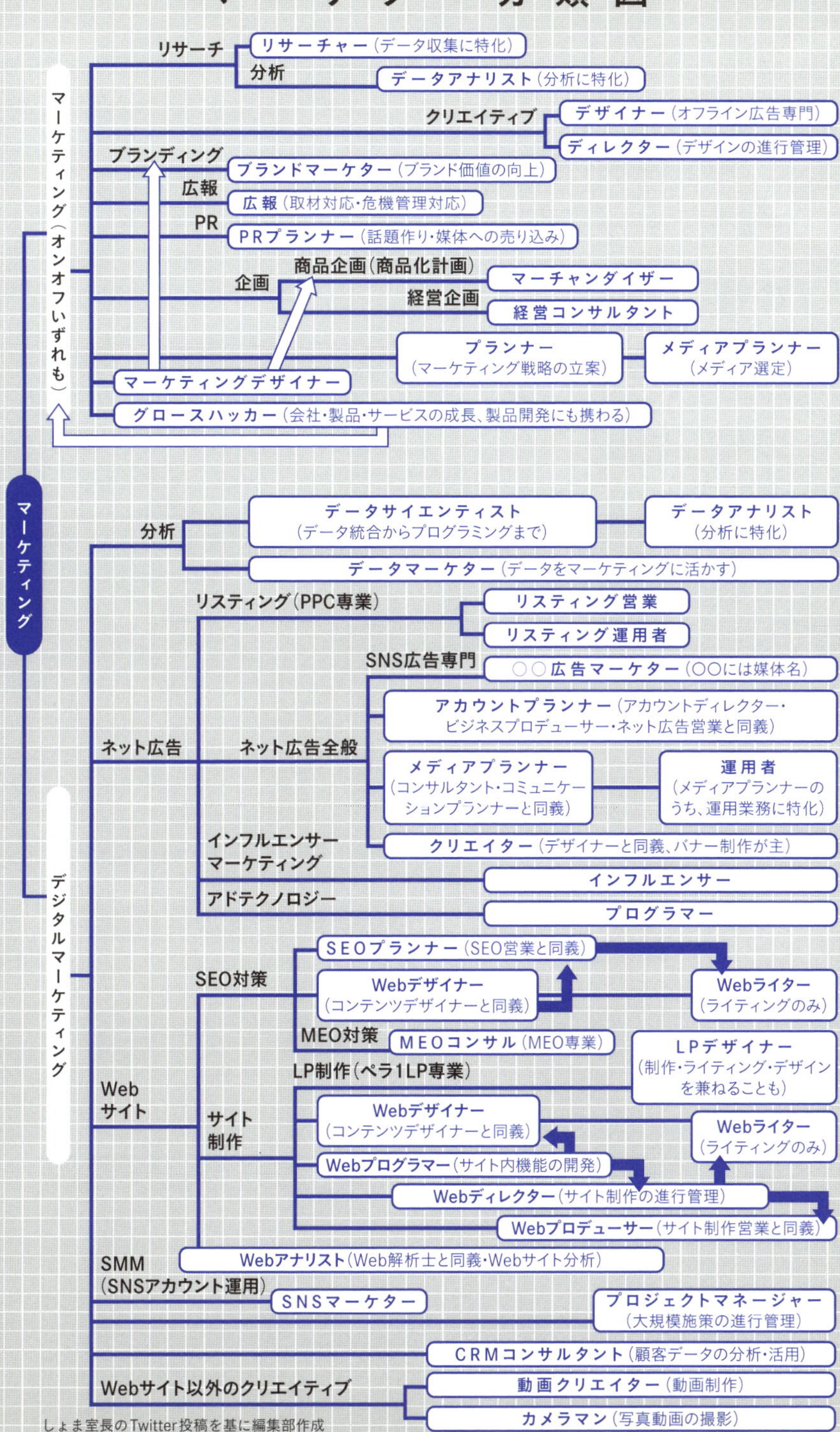

しょま室長のTwitter投稿を基に編集部作成

「デジタルマーケター」はどうやってなるのか？

① **新卒採用**

支援系ならセプテーニやオプト、電通や博報堂に、インハウスなら事業会社にマーケティング職で入社すればデジタルマーケターにはなれる。しかし「新卒なら最初からデジタルだけをやるよりも、ビジネスの全体像が見える仕事をしたほうがいい」（WACUL・垣内氏）。

② **中途採用**

デジタル人材は事業会社による育成が追いついていないため、支援系企業とインハウスの行き来も盛んだ。支援系からクライアント企業に移ることも。「30代くらいになって楽をしたいと広告主側に行って、広告主には広告主の辛さがあることがわかる人も多いです」（同上）。

③ **未経験からの転職**

現状人材が不足しているせいか、DMM.comの「マケキャン」など、未経験者にノウハウを教えるサービスも乱立している。デジタル広告運用などのスキルを学ぶことで未経験からの転職を支援するカリキュラムだが、受講料と転職可能性を天秤にかける必要がある。

④ **副業**

副業は主に3種。1つ目は、SNS運用代行。若年層がターゲットの商品だが、売り手はSNSが苦手な人ばかりという企業からの発注が多い。2つ目は、広告運用代行。3つ目は、Web制作のディレクション。副業サービスに登録するのが近道だ。

必要な スキル・マインド・学歴

学歴
まったくの不問

一見技術職のようにも見えるが、理系的なバックグラウンドはまったく必要ない。学部も学歴もまったくの不問で、むしろコミュニケーション能力などのほうが重要。

スキルセット
デジタルより営業力、調整力

本質的には自社の商品を売り込む仕事であり、個別のデジタル施策のノウハウよりも、営業力のほうが大切になってくる。コストカットのために既存の仕事を切り捨てることもあるため、社内関係者とのハードな利害調整を行う粘り強さも必要だ。

マインドセット
1人では何もできない

全体の戦略を立てる一方で、自分で手を動かすスキルは持たないため、成果を出すにはWebサイトを作るエンジニアやコンテンツを作るライターに頭を下げなければならない。「自分だけでは大きなインパクトを与えられない」もどかしさへの対処が求められる。

デジタルマーケター「給料」

平均年収は年齢が上がるにつれて高くなってはいくものの、どの年代でも相対的にはさほど高くない。ただし、需要が増えている職種ではあるため、今後給料が上がっていく可能性はある。

平均年収　522万円

40歳	614万円
35歳	553万円
30歳	477万円
25歳	392万円

オープンワーク提供

デジタルマーケター「最初にやる仕事」

インハウスのマーケティング職として就職した場合、個々の施策の担当から始まり、次第にデジタルマーケティング全体の管理を任されていく場合が多い。

例えばWeb広告の担当であれば、初めは「Facebook広告の入稿からスタートしてみようか」と言われ、慣れてきたら「ネット広告全部の予算管理をしてみようか」という感じだ。どのSNSやプラットフォームにどれだけ広告を出すか、自社の商品との相性を見ながら配分を考えるメディアプランニングが、デジタルマーケターの腕の見せ所になるという。

運用した広告の効果検証を行うのも大事な仕事だ。自分で集めた、あるいは外部のデジタル広告運用支援会社が出してくるデータを読み解き、戦略を練り直していく。

デジタルマーケターの経験で何が身につくのか？

デジタル広告やSNSの運用手法、データ分析のやり方まで、浅く広くデジタル技術の知見を得ることができる。またハードな社内調整をこなすため、そこでのコミュニケーション能力も鍛えられるだろう。データサイエンティストほど専門的ではないが、自分でデータを分析し、改善策を考えてPDCAを回す力も身につけられるはずだ。うまくいけば技術的な素養とマーケティングのセンスを兼ね備えた、引く手数多な人材になれるかもしれない。

身につく力

- デジタルの知見
- 社内調整力
- データ分析能力

ロールモデルが語る

「デジタルマーケター」のリアル

吉富 大悟

ニューズピックス

現職者　経験 1年

チームとして一体感を感じるとき

「多くのユーザーにサービスを届ける」という共通の目標に向かって一丸となって進み、ときに衝突しながらも苦楽をともにすることで自然にお互いを仲間と感じるようになる。この一体感がやりがいに繋がります。

Nagasawa Mitsuki

フリーランス

現職者　経験 1年

クライアントの売上が上がったとき

検索順位を上げることにもやりがいは感じますが、それがゴールではないので、検索上位に上げたことで売上が上がったときに強いやりがいを感じます。

菊地 幸司

ニューズピックス

苦労

現職者　経験 20年

アイディア・仮説を思いつかないとき

もっともしんどいのは、試すべきアイディア・仮説が浮かばないときです。よいアイディアが浮かばず、苦し紛れに自分でもダメだと思うアイディアを実行して、上司に「それやって意味ある？」と言われたときには「向いてないのかな」と思うこともあります。

川畑 光優

DMM.com

現職者　経験 10年

苦労

施策やサービスが不調で、その原因が特定できないとき

ユーザー数の減少や利用状況の悪化など、“不調”なサービスの対策を見つけられないときは「出口の見えないトンネル」の中にいるような辛さがあります。その最中はしんどいですが、辛い状況をリカバリーできたときの安心感も仕事の醍醐味かもしれません。

菅原 健一

Moonshot

現職者　経験 2年

先輩の教え

消費者は正直だから説得も交渉も通じないよ

どんなマーケティングもそれを武器として消費者に突きつけてはいけない。デジタルなら簡単にスキップされてしまうから余計にそう感じます。僕自身ができるだけ素直に消費者として言われたいこと、されたいことをマーケティングを通じて行うようになりました。

デジタルマーケター志望者が「読むべき本」

松尾茂起・著
『沈黙のWebマーケティング』
（エムディエヌコーポレーション）

現職者　経験 1年

Nagasawa Mitsuki
フリーランス

500ページ超えと分厚い本ですが、漫画がベースとなっているので非常に読みやすく、かつわかりやすいです。
　Webマーケティングにおける根本的な重要な考え方が詰まっている本なので、Webマーケティングの仕事に携わりたい方全員におすすめできます。

安宅和人・著
『イシューからはじめよ』
（英治出版）

現職者　経験 2年

小林 将也
ニューズピックス

すべてのビジネスパーソンへ推薦したいレベルの名著ですが、特にマーケターこそこの考え方をインストールするとよいと思います。
　マーケターは課題設定と解決へのロードマップ、そこにたどり着くまでの効率を求められる職業ですが、もっとも必要なことはまずイシューから始めることだと思います。

高田貴久・著
『ロジカル・プレゼンテーション』
（英治出版）

現職者　経験 10年

高木 良和
オプト

デジタルマーケターは、単にデジタルの知識、広告の知識を持っているだけでは仕事にならない。本質を捉える力、つまり“コンセプチュアルスキル”が非常に重要。この『ロジカル・プレゼンテーション』は、ビジネスマン全般として重要なスキルを網羅し、わかりやすく説明していて、入門書としてはふさわしい。

この職業を一言で表すと？

企業を大化けさせる必須チャネル

経験 6年　現職者

小山 魁理
ドミノ・ピザ ジャパン

経験 20年　現職者

菊地 幸司
ニューズピックス

心理探究の実験場（大袈裟）

経験 2年　現職者

小林 将也
ニューズピックス

サービス/プロダクトをユーザーに届けるための営業活動

キャリアパス

中の人が考える「将来性」

フューチャーワーク指数

4.6

自立実感 4.7

貢献実感 4.4

未来実感 4.7

自立実感が高いのは一見、社内調整に苦労する実態とは離れているように思えるが、上司からの指示ではなく、自らの分析に基づき施策を考案するクリエイティブな側面が反映されているようだ。他の2項目に比べると若干下がるが貢献実感も高く、会社全体のなかで重要な役割を担っていると思える仕事のようだ。

デジタルマーケターの「転職しやすさ」

経費削減のためのデジタルマーケターのインハウス化が時代の潮流だが、人材の育成が追いついていないため、転職可能性は高い。今後は技術の知識を持つ人よりも、ビジネス全体を把握し業務のDXを行う人材が重宝される。

有効求人倍率

3.3倍

パーソル調べ

デジタルマーケター後のキャリア

あらゆる側面でDX化が進む現在、デジタルマーケターとして成功すれば、やがて経営層に食い込める可能性が高い。

プロダクトの機能設計にまでデジタルマーケティングの領域が拡張しつつあるため、事業企画への転身も選択肢としてあり得る。

ベンチャー企業などでデジタルマーケターとして成功した後、自らマーケティング支援の会社を立ち上げることも。

デジタルマーケターにならなくても…

似た仕事MAP

デジタルマーケター

営業

PR・広報

マーケティングプランナー

コミュニケーション系

価値伝達を行う仕事としては営業や広報が近い。近年は価値創出から価値伝達まで一気通貫で行うのが理想のマーケティングとされており、その意味では事業企画やUXデザイナーも近い領域になってきている。

事業企画・事業開発

UXデザイナー

企画・開発系

結論

本質はあくまで「マーケター」「木を見て森を見ず」には注意

デジタルツールを用いてマーケティングに関わる仕事は猫も杓子も「デジタルマーケター」と呼ばれ、一種のブームの様相を呈しているが、仕事の本質はあくまでマーケター。下手にデジタルという手段に囚われ、売上拡大とコストカットという本来の目的を見失えば、むしろ会社の足を引っ張ることに。「営業職でデジタルを後から勉強するほうが大成します」（WACUL・垣内氏）との言葉通り、ビジネスの全体像を把握するほうが優先度は高い。

語感から来るきらびやかなイメージとは違い、数字とにらめっこして社内の関係部署に頭を下げ続ける泥臭い仕事である点にも注意が必要だ。SEOやリスティング広告運用などの個別スキルは重宝されるかと思われるが、最終的にはコンテンツを作るライターやWebサイトを作るエンジニア抜きには完結しないからだ。自分が考える施策の実現のためには、同僚を巻き込む粘り強さが大切になる。

他方で巻き込む人が多くなる分、仕事の成功が会社全体に対して持つ意味も大きい。ビジネス全体を見る素養を身につければ、ブランドマネージャーや、いきおい経営者への道も開けてくるだろう。

仕事10 データサイエンティスト

どんな仕事？

経営上の課題を解決するために、データを分析して、課題解決の施策の方向性を決定づける示唆を出したり、実際にデータを使って施策をコード化する仕事。具体的には、データによる需要予測や、潜在的な顧客の発見、マーケティングの施策の効果検証を行ったりする。

以前はデータを扱って分析や実装をする仕事を包括的にデータサイエンティストと呼んでいたが、ここ数年で分業化が進んでおり、データ分析よりビジネス的な能力が求められるデータアナリストや、機械学習によるアルゴリズムを作成し実装するAIエンジニアなど、役割が細分化されてきている。

ジョブディスクリプション

- データサイエンスを活用して解決できそうな課題を発見する
- 扱いづらいデータを分析しやすい形に加工する
- データをグラフなどにしてわかりやすく可視化する
- 統計学的な手法や機械学習を使ってデータを分析する
- 分析結果を基に課題解決を行う
- 顧客への分析結果のプレゼンテーションをすることも

「データサイエンティスト」はどこにいる？

大企業系、コンサル系、ベンチャー・メガベンチャー系に分けられる。大企業系では、自社の持っている豊富なデータを活用してインパクトを生むような業務が多い。データが充実しているほうが統計学的に分析の正確性が増し、事業規模が大きいほうがデータ分析のインパクトも掛け算的に大きくなるので、大企業ではデータサイエンスの役割が発揮しやすい。

コンサル系では、顧客の持っているデータを分析して事業改善の提案などをする。アクセンチュアやブレインパッドがこれに相当する。データと向き合うことよりも、ビジネス全体を分析対象として顧客と対峙することが多いという点では、データアナリスト寄りの業務が多い。

DeNAやリクルートといったベンチャー・メガベンチャー系では、統計学的な手法や機械学習の技術の高さを強みにしているという特徴があり、実装にも少し関わるようなAIエンジニア寄りの業務になることが多い。

業界マップ

支援(コンサル)系

戦略系コンサル
マッキンゼー
BCG
ベイン・アンド・カンパニー　等

総合系コンサル
アクセンチュア
デロイト　等

グローバルIT大手
マイクロソフト
IBM　等

大手ITベンダー
日立製作所
NTTデータ
富士通
NEC　等

保全・分析

AI・機械学習

データをたくさん持つ大手
金融、商社、不動産、
食品・飲料、通信、人材、
医療　等

AIベンチャー
プリファードネットワークス
パークシャテクノロジー
サイバーダイン
エクサウィザーズ
ABEJA

メガベンチャー
楽天
DeNA
サイバーエージェント　等

大学発ベンチャー+研究機関

インハウス系

「データサイエンティスト」はどうやってなるのか？

① 新卒採用

一般に、大学院修了レベルの知識・技術力を求められる。情報系や経済系出身の学生が多く、専門分野である程度データ分析の経験を積んでいるパターンが多い。「Kaggle（データサイエンティスト・AIエンジニアのプラットフォームの一つ）」のような場で企業や政府主催のコンペに参加し、コードを書く経験を積んだ学生が増えてきている。ただ、経験必須というわけではなく、独学できる基礎的な能力があれば就職後に学び始めてキャッチアップできる人もいるという。

② 中途採用

求められることは新卒と大きく変わらないが、中途の場合は未経験だと厳しい。即戦力として期待されるため、統計学や機械学習の知識があることはもちろん、社内外のデータを使って、実際にデータ分析で事業にインパクトを与えた経験を持っているほうが有利となる。チームワーク力があり、プロジェクトを共同で進められるかというところも採用の際には重視される。

データサイエンティスト「給料」と「出世ピラミッド」

若手のうちは技術力があるぶん比較的高めとなるが、就業年数を重ね、事業の意思決定に関わる度合いが高まるにしたがって年収が高くなる他職種と比べると、40代の年収はそれほど高くない。

平均年収　607万円

年齢	年収
40歳	766万円
35歳	668万円
30歳	549万円
25歳	417万円

オープンワーク提供

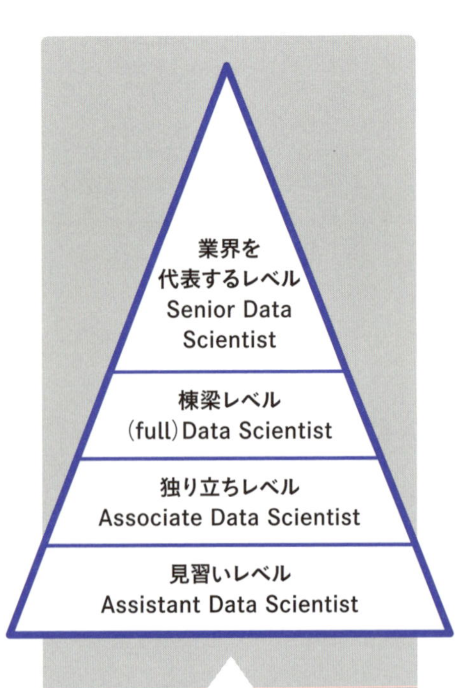

出典：データサイエンティスト協会資料

データサイエンティスト「最初にやる仕事」

最初は課題発見能力を問われるような難しい作業はなく、明確に課題が定義されたものでデータ分析の経験を積むことが多い。最初の3～4年は、ビジネスの課題をデータの課題に変換されたものに取り組むことが多く、Kaggleのコンペの問題を解くようなイメージだ。

自社のシステム開発やプロジェクトについて理解を深めたのちに実際にプロジェクトに一部参加することもある。

「データのクレンジング（表記の揺れなどを探し出し、削除や修正などを行うこと）などの前処理や、予測モデルを組んでみようとか、レポートやプレゼンテーションまで任せることもあります」（電通デジタル・荒川拓氏）。

若手データサイエンティストの一日

7:30	起床、英語学習、情報収集
9:00	出社、前の日までのKPI確認
9:30	午後のMTGのためのデータ抽出
11:00	スタンドアップMTG
12:00	ランチ
13:00	レポート資料作成、分析のためのログ設計など
15:00	分析ログの開発仕様についてエンジニアとMTG
16:00	事業成長のための仮説出しMTG
17:00	採用面接
18:00	退社、英語レッスン、夕食
24:00	就寝

取材を基に編集部作成

Kaggleとは？

研究やビジネスで機械学習・データサイエンスに携わる人が集まるプラットフォーム。その最大の特徴は政府や企業が主催する「コンペ」で、主に機械学習による予測モデルの精度を競い合う。

必要なスキル・マインド・学歴

学歴
情報系か経済系

大半が情報系か経済系の分野を大学院で専攻している。情報系であれば機械学習、経済系であれば、マーケティングの効果検証などに応用できる因果推論を中心に学んでいる学生が多い。最近では機械学習的な手法を学んでいる学生もいる。

スキルセット
専門知識とコミュニケーション力

統計学や機械学習の知識、それらを支える数学の理解力が必要とされる。R、Pythonのコードや、データベースを操作するSQLを書ける技術も必要となる。また、ある程度の実装ができるエンジニア力や、仕事領域に関するドメイン知識、わかりやすいプレゼンテーション能力も合わせて要求される。

マインドセット
大局的な視野と当事者意識

データに囚われて分析の目的を見失う恐れがあるため、「局所最適に囚われずに大局的な視野を持てる人」が向いている（電通・澤田悠太氏）。加えて「データサイエンティストとして活躍するには、事業課題解決における当事者意識といった、ソフトスキルすら求められる」（DataRobot Japan・柴田暁氏）。

R…統計処理を目的とするプログラミング言語で、汎用的なPythonと比べるとデータ分析に特化している。
Python…アプリケーション開発や、データ分析・機械学習に使われる汎用的なプログラミング言語。
SQL…データベースを操作するための言語。データ分析においてはデータを抽出するときなどに必要になる。

ロールモデルが語る

「データサイエンティスト」のリアル

DAIKI MARUO

DMM.com

現職者　経験 4年

お前のバリューは何なの、という話

結局、いくら能書きを垂れようと、売上・利益にハネない仕事は資本主義の上では意味がないと思っています。

これはデータサイエンティストのような、非定型かつ、まだ白黒がついていない新しい職業においては特にそうでしょう。偉そうなこと言ってるけど何ができるねん、どう貢献するねん、何がお前のバリューやねん、と自分に問いかける意識は常に持っておいたほうがいい職業だと思います。

こういう状況のもとで、自分自身の仮説が外れて成果が出ないときは非常にヘコみますし、自分の存在意義とは、と思います。

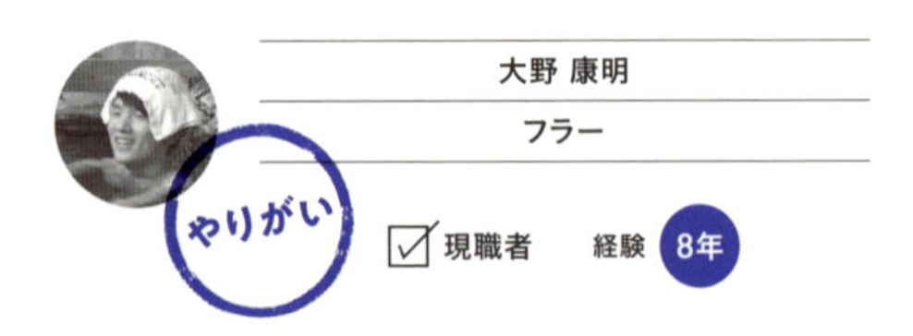

大野 康明

フラー

現職者　経験 8年

データでの分析結果と現実での曖昧な肌感が結びついたとき

データという「素材」と、分析という「道具」があったからこそ、現実をより深く理解できた、と思えたときです。

データというのは、あくまで現実に起きている事象の一部を切り取った写像であり、すべてを説明できるわけではないです。その上で、データを分析して見つけた結果の背景を探り、その理由が現実での動きに結びついたとき、楽しさを感じます。

そして、それを知ったからこそ実際の施策や意思決定が変わり、きちんと結果が出たときには「データを分析したからこそ出せた成果」という実感を大いに感じられ、やりがいを感じます。

小林 広明

エクサウィザーズ

先輩の教え

現職者　経験 3年

データからわかることは少ない

データだけでなく、データが取得された目的や取得される過程についての情報、それらの背景にある課題や知識（暗黙の前提となっているものも含めて）をできるだけ正確に理解した上で、適切な処理を施せたならば、有用な結果も手に入り得ます。が、一つひとつの結果は概して小さなものです。小さな結果に対しては落胆せずに、それが手に入ったことを喜んで、歩みを止めずに次へ進むことが大事なんだと思います。

やりがい

柴田 暁

DataRobot Japan

☑ 経験者　経験 7年

データがインサイトとビジネスインパクトを生み出すとき

自分にとって一番仕事の充実を感じるときは、まだほかの人たちが気づいていない新しいインサイトをデータの中から見つけたときや、そのインサイトに基づいて人の行動、ビジネスのやり方が変わったとき、そしてそれに基づいてポジティブな効果（サービスの質が上がったとか、お客さんの反応がよくなった等）が生み出されたときです。

山本 隼汰

レアジョブ

☑ 現職者　経験 2年

問題に固執しない

私たちの仕事は、問題を解決したり、問題を発見し提案したりすることが求められます。一方で、何が問題なのかわかっていないケースも多々あり、そのような場合、不要な偏見や固執によって思わぬ工数や手間がかかることや、成果に結びつきにくいことがあります。

岡本 壮大

エヌエヌ生命保険

☑ 現職者　経験 3年

ブームになったからこそ、懐疑的に見られる

データサイエンスはまだ新しい分野でありながら、昨今のAIブームで大きくその名を知られることになりました。

しかし仮にデータサイエンティストの名前は知っていたとしても、実際の仕事の中身をよく理解している人は、まだ世の中に多くはありません。

このため、たとえ大きな期待をもって迎えられた立場だとしても、最初に周囲の部門を説得し、理解や信頼を得るまでは非常にしんどいプロセスとなります。

サインバヤル サランゲレル

アクセンチュア

やりがい

☑ 現職者　経験 6年

チームで作ったアルゴリズムが継続的にビジネス価値を生み出す瞬間

統計手法や機械学習を用いて精度の高いモデルが構築できたとき、クライアントも知らなかった新しい示唆をデータから見つけられたとき、クライアントのデータ分析に対する理解が深まり信頼関係ができたときなど、仕事が楽しく感じる瞬間が日々の業務のなかにたくさんあります。

また、そういった楽しい瞬間が積み重なった結果、クライアントも含めみんなで作ったモデル（アルゴリズム）が実業務に繋がり、新しい価値を生み出します。私にとってこの瞬間が仕事のなかで一番ワクワクして、やりがいを感じる瞬間です。

データサイエンティスト志望者が「読むべき本」

T.J.ヘイスティ、
ブラッドリー・エフロン・著
『Computer Age Statistical Inference: Algorithms, Evidence, and Data Science』
(Cambridge University Press)

現職者　経験 3年
小林 広明
エクサウィザーズ

最初に統計的データ処理を「アルゴリズム（具体的にどんな計算を行っているか）」と「推論（なぜその計算を行うのか）」の2つの側面に分けて考えるということが宣言されます。

その後に頻度主義とベイズ主義の比較などが行われ、個別のトピックに移り、ニューラルネットワークやブースティングなど現在よく用いられるようになった手法も取り上げられています。

データサイエンスに従事すれば学ぶことは決して尽きないですが、本書を読むことで統計学において過去に何が行われていたかを知るのは、新たな知識と格闘する際の哲学的な支柱となると信じます。

丸山宏、山田敦、神谷直樹・著
『データサイエンティスト・ハンドブック』
(近代科学社)

経験者　経験 1年未満
浅井 貴宏
データサイドマーケティング

「データサイエンティストとは」「必要なスキル」「実際にどういった分析をしているのか」などをまるっと理解することができる初心者向けの本。

特に「データ分析を有効活用できる組織」に関する記述が参考になります。

データサイエンティストはデータ分析ができるだけでなく、その他の部署と連携することが非常に大切です。

そのためにも、他部署との関わり方やバリューの発揮方法などを、この本を通して理解しておくとよいと思います。

S.S.スキーナ・著、
小野陽子・監訳、長尾高弘・訳
『The Data Science Design Manual/データサイエンス設計マニュアル』
(オイラリージャパン)

現職者　経験 6年
サインバヤル サランゲレル
アクセンチュア

データサイエンスの“エッセンス”をわかりやすく教えてくれる、ザ・教科書だと思っています。日本語版もあります。

“そもそもデータサイエンスとは何か”から始まり、統計学・機械学習などのさまざまな分析手法の説明はもちろん、データ収集、データ可視化、分析基盤などの幅広いテーマをカバーし、それぞれの実例・ビジネスケースも多数紹介されています。

似たような本がたくさんあるなかでこの本をおすすめするのは、私が今まで感じていたデータサイエンスのエッセンスが、著者自身の経験に基づいたアドバイスや主張によって言語化されていて、共感する部分が多かったからです。

この職業を一言で表すと？

顧客体験をデータでデザインするクリエイティブな仕事

経験 3年
☑ 現職者

奥村 裕之
パーソルキャリア

データなんでも屋

経験 1年未満
☑ 経験者

浅井 貴宏
データサイドマーケティング

ビジネスとサイエンスの両立

経験 3年
☑ 現職者

小林 広明
エクサウィザーズ

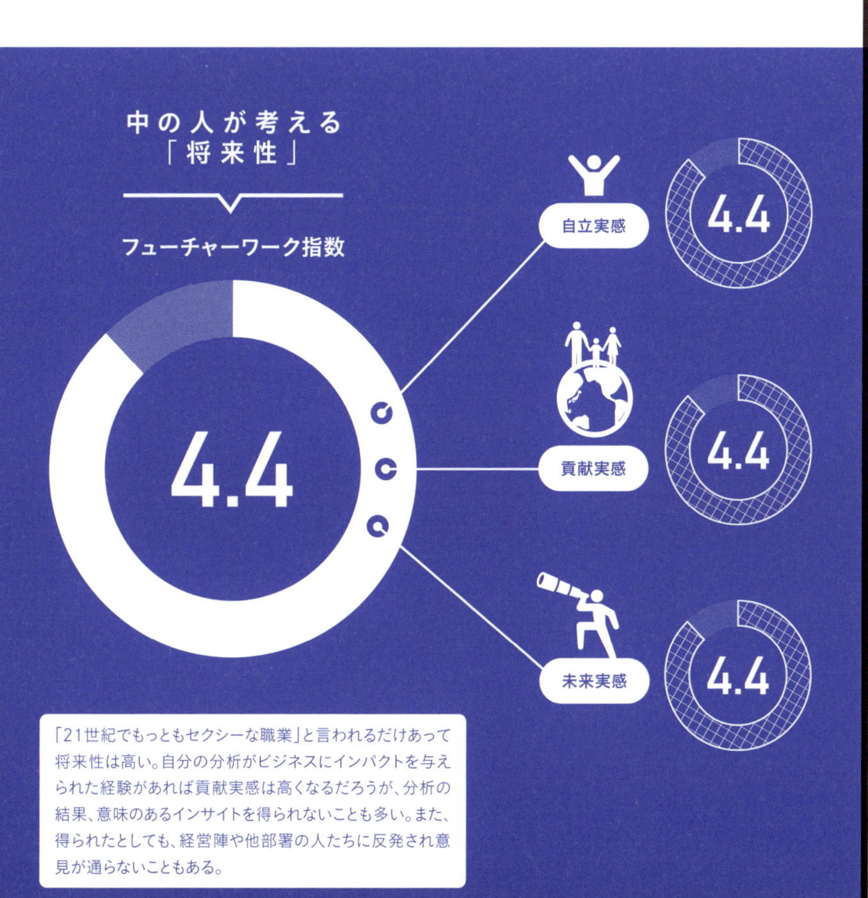

「21世紀でもっともセクシーな職業」と言われるだけあって将来性は高い。自分の分析がビジネスにインパクトを与えられた経験があれば貢献実感は高くなるだろうが、分析の結果、意味のあるインサイトを得られないことも多い。また、得られたとしても、経営陣や他部署の人たちに反発され意見が通らないこともある。

データサイエンティストの経験で何が身につくのか？

データサイエンティスト協会の「スキルチェックリスト」では、求められる能力として「データサイエンス力」「ビジネス力」「データエンジニア力」の3つを挙げている。なかでも情報処理・統計学的なスキルである「データサイエンス力」は仕事を通じて向上していく。

上記3つの力のうち「最低限1つは必要ですが、2つあれば十分だと思います」（電通デジタル・荒川氏）。足りない部分は、データアナリストやAIエンジニアと分業することでもカバーできる。

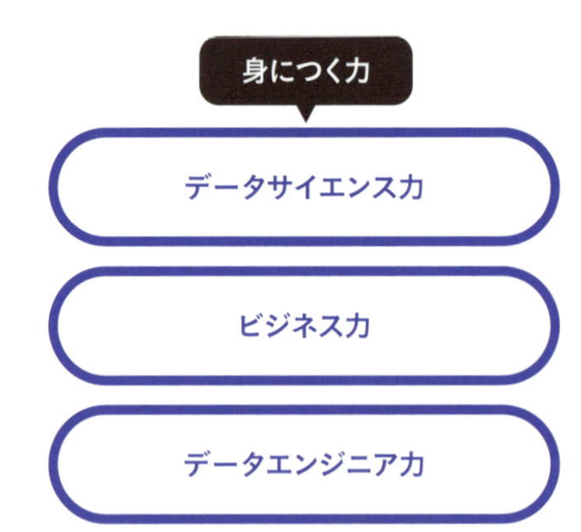

データサイエンティストの「転職しやすさ」

データサイエンティストはさまざまな業界にまたがり存在しているので、転職はしやすいようだ。メーカーのような事業会社やコンサル系、メガベンチャー系、GAFAなど、データ分析の技術を生かせる場は多い。

データサイエンティスト後のキャリア

パターン 1

データサイエンスのスペシャリスト

キャリアを重ねてもデータサイエンティストの業務自体はそれほど変わるわけではない。積んできた経験を生かし、スケールの大きいことや、経営課題に近いことなど、より重要な課題に取り組んでいくパターンがある。

給料のところで触れたように、他職種では年次が上がり、意思決定に近い役割になるほど給料が上がる。そのため、データ分析からやや離れ、ビジネス寄りにシフトしていくパターンもある。マネージャーとしての能力も必要となる。

「メーカー、例えばDXを推進している製薬会社やGAFAなどに転職する人も一定数います」（電通・澤田悠太氏）。ただデータ分析の活用に理解のない会社もあり、インサイトに基づく提案がなかなか通らず苦労するパターンもある。

データサイエンティストにならなくても…
似た仕事MAP

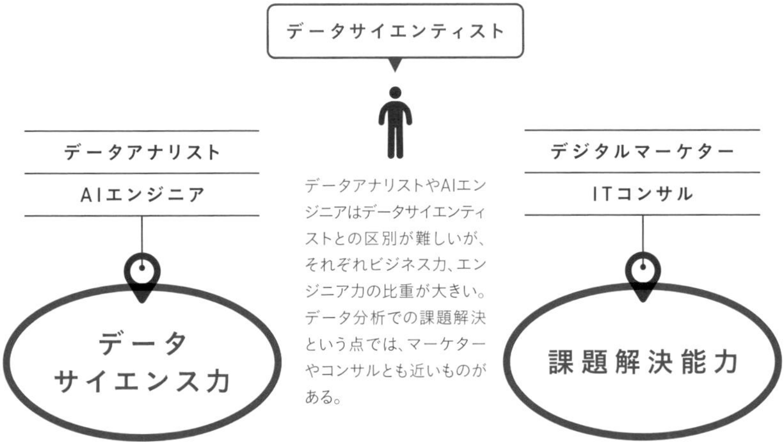

データサイエンティスト

データアナリスト

AIエンジニア

デジタルマーケター

ITコンサル

データアナリストやAIエンジニアはデータサイエンティストとの区別が難しいが、それぞれビジネス力、エンジニア力の比重が大きい。データ分析での課題解決という点では、マーケターやコンサルとも近いものがある。

データサイエンス力

課題解決能力

結論

イメージしづらい職業
成功事例を「見える化」できるか

P131でも触れたように、データサイエンティストというと「21世紀でもっともセクシーな職業」というフレーズの印象が強い。そのため、データから魔法のようなものを生み出すスマートな職業のように勘違いされることも多い。統計学的な手法や機械学習の専門性が高く、傍からは業務内容がイメージしづらいこともその一因だろう。しかし、実際には泥臭い作業も多く「データ分析の8割は前処理」と言われることもしばしばだ。さらに、必ずしもビジネスに有益なインパクトを与えられるわけではない。

データサイエンスにできることは、感覚的な仮説をデータを基に科学的に検証することだ。魔法ではないが、的確な仮説と適切なデータがあれば事業の改善に大きな役割を果たす。例えば、因果推論の知識を生かすことで、バイアスを取り除いた施策の効果検証を行える。ビッグデータやDXが注目を集めるなか、需要はますます増加するだろうが、現在はまだ過渡期と言える。成果が外から見えにくい職業なので、具体的な成功事例を増やし、社会に周知することで、できることを「見える化」していくことが大事だ。

column 3

デジタルマーケターの裏リアル

AIに置き換えられる!?

頭を下げなきゃいけない

5章

職業研究

営業の仕事

減少する営業人口

2001年には968万人いた営業職（販売職）従事者は、2018年には864万人にまで減少した。その背景には「営業の効率化」があると考えられる。

従来の営業はとにかく顧客のもとに足繁く通い、接点量によって信頼関係を構築するいわゆる「御用聞き営業」が一般的だった。そのスタイルが消滅したわけではないが、営業パーソンに対する期待は「とにかく来てくれること」よりも「課題を解決してくれること」へと変化。その結果、営業パーソンの量よりも質が重要視される傾向が生じた。また、テクノロジーの発達は、良質なWeb商談ツールや営業支援ツールを生み出した。それらのツールは営業効率を高めることに貢献し、その結果、多くの企業がリーンな（無駄のない）営業組織を実現できた。

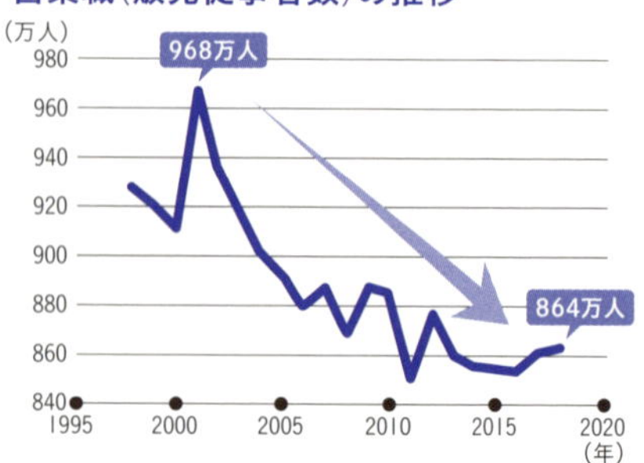

出典：総務省統計局「労働力調査年報」

分業化が進む営業

2010年前後に登場したクラウドコンピューティングは、世界中のビジネスモデルを大きく変えることになった。SaaSは、クラウドコンピューティングの発展が生み出した新たなビジネスモデルの代表格と言えるだろう。

従来のソフトウェアサービスの販売方法は「売り切り型」であることが一般的だった。対して、SaaSを利用するユーザーは一定額を支払い、定められた期間インターネットを介してソフトウェアサービスを利用する権利を購入する。このビジネスモデルをサブスクリプションモデルと呼ぶ。そして、SaaSの王者とも言えるセールスフォース・ドットコムが提唱する新たな営業プロセスモデル「The Model」は、営業のあり方を大きく変えることになった。

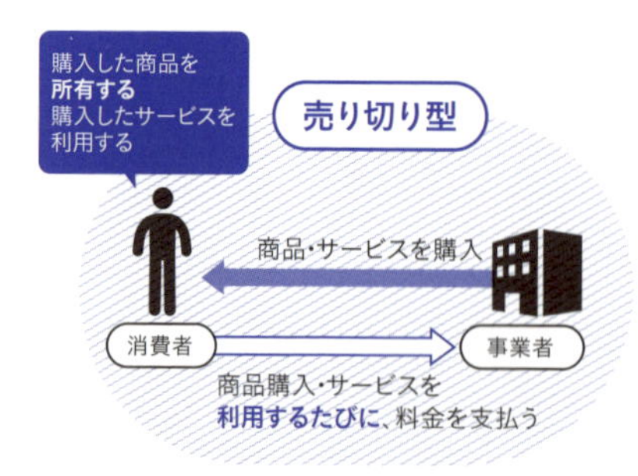

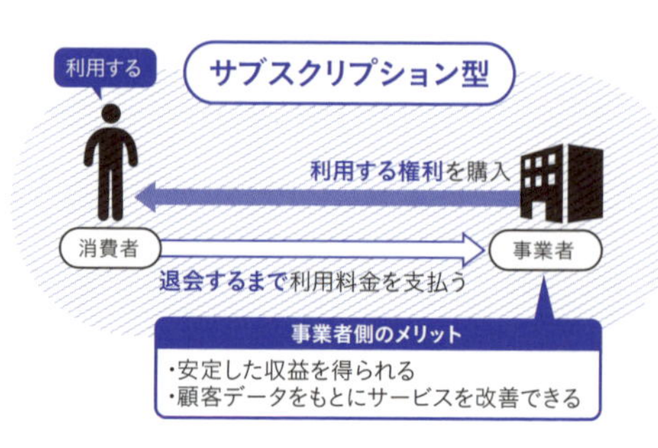

『THE MODEL』を基に編集部作成

「The Model」型営業とは何か

「The Model」型営業の要諦は、「営業プロセスを切り分け、各プロセスごとの情報を可視化すること」と「各プロセスの担当部門が連携し合うことで、顧客の満足度を最大化させること」にある。

顧客開拓から商談、継続的なサポートに至るまで一人の営業パーソンが担当することが多かった従来の営業とは異なり、営業を分業化することで成果を最大化する。

これはすでに多くの企業に取り入れられており、営業の分業化は不可逆な流れだと言えるだろう。

TheModelの仕組み

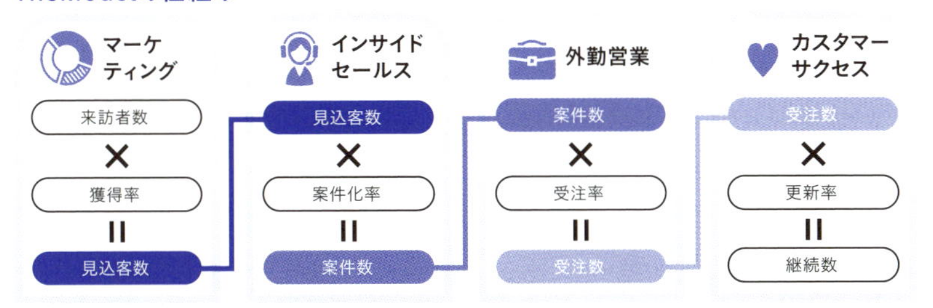

『THE MODEL』を基に編集部作成

「古い営業」と「新しい営業」

これまで見てきたように、今営業は過渡期にあると言える。顧客ニーズの変化、クラウドコンピューティングの登場、SaaSの台頭など外的な要因によって「新しい営業」が求められるようになった。無論、従来型の「古い営業」が世の中から消え去ってしまうことはないだろう。業界や扱う商材によっては、従来の営業スタイルが最適な場合もあるだろうし、新たな営業スタイルが一般的であるIT産業においても「足を棒にすること」が要求される局面もある。

また、「新しい営業」にもデメリットは存在する。例えば、「Web営業ツールを用いた遠隔営業では『空気』が読みにくい」(Braze・角田慎太郎氏)。対面であればその場の雰囲気や体の動きなどから「この人はこんなことを思っているのだろうな」と感じられたことが、オンラインに移行したことによって想像しにくくなっている。信頼関係を構築する難易度が高くなることも、オンライン営業の特徴だ。

分業化にも「個別最適化の罠」が存在する。それぞれの部門が自部門のKPI達成「だけ」にコミットするようになると、不調に陥った原因を「前工程」に求めてしまう負のサイクルを生み出す危険性がある。そのため、分業化を進めるのであれば各セクションの内情を正確に把握し、全体を統括する責任者の存在が重要になる。

しかし、Web営業や分業化などの「新しい営業」には、これまで挙げてきたデメリットを補って余りあるメリットが存在することも事実だ。次ページでは、「古い営業」と「新しい営業」を比較し、それぞれのメリット・デメリットを考える。

新旧営業の比較

古い営業		新しい営業
一気通貫	営業プロセス	分業化
さまざまな変数が混在し、ボトルネックが特定しづらい	KPI設計	部門ごとに追うべきKPIが特定しやすく、シンプル
行動力、脚力	武器になる力	部門によって異なる
オフライン	接点の場	オンライン＋オフライン
構築しやすい	顧客との信頼関係	オンラインだけでは構築しづらい
ブラックボックス化しやすいため、進みづらい	ノウハウ化	Web営業ツールの録画機能などを用いられるため、進めやすい
一人ひとりのモチベーション向上	マネジメントのポイント	部門間の連携

「営業」6つの変化

1 顧客ニーズの変化

顧客が営業パーソンに求めるのは「とにかく足を運んでくれること」から「課題を解決してくれること」へ。

2 御用聞き営業の減少

ときには顧客からの要望に反してでも、課題解決に向き合うスタンスが求められるようになった。

3 オンライン営業の波

対面での営業が主流だったが、新型コロナウイルス感染症の流行なども受け、オンライン営業が一般的に。

4 デジタルツールの活用

「これからの営業パーソンに求められるのは、多様なデジタルツールを使いこなすこと」（Braze・角田氏）。自らの足だけではなく、外部リソースを用いながら効率よく営業を行い、成果をあげることが求められる。

5 営業の分業化

一人がすべての工程を担当していた従来の営業スタイルも残存しているものの、「マーケティング」「インサイドセールス」「フィールドセールス」「カスタマーサクセス」の4工程を、それぞれの専門部署が担当するようになった。

6 専門性が獲得しやすくなった

これまで「営業」と一括にされていた業務が細分化したことにより、個人の専門性が明確に。「例えば新卒3年目でもインサイドセールスに特化することで知見を深め、その知見を副業などで生かすという道もある」（グラフ代表・藤田健太氏）。

仕事 11

フィールドセールス

どんな仕事？

商談を通して顧客に製品やサービスを売り込み、受注し、顧客目線での課題を解決する仕事。顧客の元を訪れる機会が多いことから、「外勤営業」とも呼ばれるが、昨今では一連のプロセスをWeb営業ツールを用いて完結させることもあり、「フィールドセールス＝外回り部隊」とは言い切れないのが実情だ。

フィールドセールスの本質とは「外回りをし、顧客と対面してクロージングをかけること」ではなく、「顧客の課題を解決するとともに、受注数を向上させること」である。

ジョブディスクリプション

- 見込み客と商談し、製品、サービスの販売契約を締結
- すでに獲得済みの顧客と商談し、単価向上を目指す
- 顧客が抱える課題を解決するためのソリューションを提案
- 商談履歴の正確な記録、管理
- 契約を結んだ顧客に関する情報をカスタマーサクセス部門に伝える
- 営業他部門と連携し、円滑に営業できる制度を立案
- 営業活動を効率化するためのデジタルツールの比較、導入
- デジタルツール活用に関するナレッジを蓄積し、組織知とする

「フィールドセールス」はどこにいる？

その種類はさまざまで「営業対象や手法に応じて、7つに分類できる」（リクルートマネジメントソリューションズ・的場正人氏）。もっとも上流に位置するのが、部品メーカーや素材メーカーの営業職である「技術営業」だ。営業対象は、主にモノを作っているメーカーで、営業の目的は自社の部品や素材を使ってもらうことである。

続いては「間接営業」だ。自社の製品サービスを商流のさらに下流に位置する店舗や代理店に「売ってもらうこと」を目的とした営業で、営業対象によって「代理店営業」と「流通営業」に分類される。

そして、エンドユーザーに商品やサービスを売り込むのが「直接営業」だ。販売対象は法人と個人の2つに分かれ、前者を対象とするのは「法人営業」、後者を対象とする営業は販売チャネルによって3分類され、「個人営業」「店舗系（営業）」「店舗系（接客）」に分かれる。

営業の種類

流通プロセス → エンドユーザー

技術営業
- 部品メーカー
- 素材メーカー
- 原料サプライヤー

代理店営業
- 完成品メーカー
- 金融・広告
- 完成品メーカー
- フランチャイズ本部
- ハウスメーカー
- 自動車
- 保険
- マンション
  デベロッパー
- 運輸・旅行・ホテル
- 医薬品（MR）

流通営業
- 完成品メーカー
  食品・飲料・医療品・
  電気・精密機器・
  化粧品・医薬品・
  Car用品　等

法人営業
- 金融・IT・通信
- 広告・出版
- コンサル・人材教育
- 完成品メーカー
  （法人向け商品）
- 販社・代理店
- 販社・代理店

→ 法人

個人営業
- 金融・不動産
- その他訪問販売

店舗系（営業）
- 住宅販売
- カーディーラー
- 保険代理店
- 不動産仲介
- 旅行代理店
- 医療機関

店舗系（接客）
- 百貨店・スーパー
  コンビニ・専門店
- GS・Car用品店
- サービス
  ホテル・レジャー・
  飲食店

→ 個人

リクルートマネジメントソリューションズ提供の図を基に編集部作成

「フィールドセールス」はどうやってなるのか？

① **新卒パターン**

新卒で入社した会社でフィールドセールスに配属されるパターンは存在する。しかし「分業化が進んでいる会社では、まずインサイドセールスを担当することが多いのではないか」（リクルートマネジメントソリューションズ・的場氏）。

② **異動パターン**

インサイドセールスなどの営業部門内での異動はもちろん、商品開発部門や管理部門からなど、部門を越えた異動によってフィールドセールスを担当することも少なくない。

③ **転職パターン**

未経験者をフィールドセールス担当として採用している企業も存在するため、転職を機にフィールドセールスにチャレンジするパターンも考えられる。

フィールドセールス「給料」と「出世ピラミッド」

ベースの給与に加え、成績に応じてインセンティブを支給する企業も多く、給料は高水準となっている。ピラミッドの頂点はCOO（最高執行責任者）、あるいはCRO（最高収益責任者）。

平均年収　541万円

40歳	625万円
35歳	571万円
30歳	501万円
25歳	404万円

オープンワーク定義「法人営業」平均で算出

COO/CRO
営業部長
フィールドセールスマネージャー
リーダー
メンバー

代表的な企業の一例

フィールドセールス「最初にやる仕事」

最初に取り組むのは商品理解を深めること。自社のサービス・プロダクトの特徴や、競合製品との違いを理解していなければ、顧客に適切に説明をすることはできず、営業の土俵に立つことすらできない。商品理解と並行して進めるのが、営業同行だ。上司や先輩の営業に同行し、いかに顧客とコミュニケーションを取り、どんな提案を行っているのかを学ぶ。次なるステップは、ロールプレイングである。上司や先輩を仮想顧客とし、顧客の業種や規模、抱えている課題などを仮定した上で、ヒアリングからソリューションの提案、クロージングまでを繰り返し行う。そのなかでコミュニケーションや提案内容に関するフィードバックをもらい、実戦に耐えうるスキルを身につけ、担当顧客と相対することになる。

若手の1日のスケジュールとしては商談も多いが、その合間に社内で上司や営業企画部門などとの見込み客の選定や営業の進捗などのすり合わせや、商談に持参する資料作りなどが多い。時には、見込み客を増やすためのセミナーの企画などをする場合も。業務が多岐に渡るため、会社によっては効率をあげるべく、1日テレアポに集中する日、資料作りの日、外回りの日などと設定している場合もある。

若手フィールドセールスの一日

9:30	出社・朝会
10:00	メールチェック
10:30	移動
11:30	対面商談
12:30	ランチ
13:30	移動(帰社)
14:00	営業データ入力
14:30	Web商談
15:30	提案資料作成
17:00	Web商談
18:00	営業データ入力、申し送り記入
19:00	会議
20:00	提案資料作成
21:00	退社

取材を基に編集部作成

必要なスキル・マインド・学歴

学歴
複雑な商材では高学歴者が目立つ

学歴と入社後の活躍度は比例しない。ただし、サービスの構造が複雑で、活用方法を伝える難易度が高い商材を取り扱うフィールドセールスには、高い学歴を持つ者が目立つ。

スキルセット
対人折衝力とデジタルスキル

「オンライン商談が主流になっても、フィールドセールスが『人対人』であることは変わらない」(Braze・角田氏)。もっとも要求されるのは対人折衝力だ。一方で、近年ではさまざまな営業支援ツールが登場しており、それらを使いこなす力も要求される。

マインドセット
「数字への責任感」がすべて

分業化が進んでも、オンライン商談が一般化しても変わらないことがある。それは、フィールドセールスに課せられた「受注数を最大化する」というミッションである。与えられた数字を是が非でも達成しようとするスタンス以上に、重要なものはない。

ロールモデルが語る

「フィールドセールス」のリアル

山下 航希

リスペクト

☑ 現職者　経験 2年

顧客課題の構造化と戦略のプランニング

複雑な顧客の事業課題を紐解き、課題を解決するためのデジタルマーケティング施策をまとめ、提案。合意の上でプランを実行し、成果に結びつけられた瞬間はセールスとしてのやりがいや醍醐味を感じます。

taguchi shingo

FORCAS

☑ 経験者　経験 6年

世の中にまだない新しい価値を創造する

まったく新しいサービスの価値を顧客に伝え、「お金を払う」という意思決定をしてもらうのは難易度が高いこと。だからこそ、そこにやりがいを感じます。

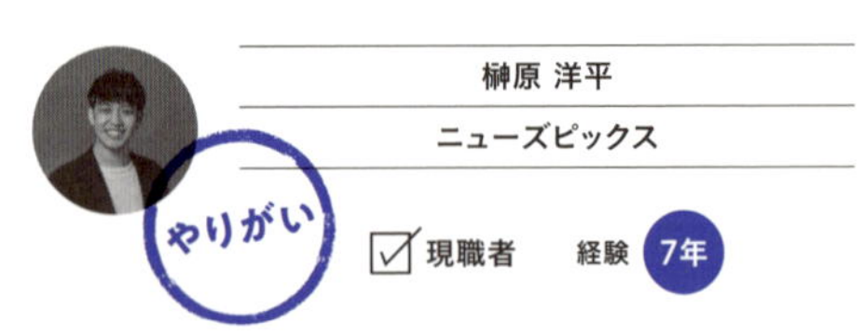

榊原 洋平

ニューズピックス

☑ 現職者　経験 7年

自身の経験が価値になった瞬間・顧客と心が近づいた瞬間

自らが得た経験や知見を顧客に伝え「それは面白い！」と価値を感じてくれた瞬間は、顧客と心が近づいた感覚があり、喜びを感じます。売上を最大化するということは、顧客への提供価値を最大化することだと捉えていて、自らの仕事が顧客に価値を提供していると実感できることに、やりがいを感じます。

遠山 尚紀

カネカ

やりがい

☑ 現職者　経験 11年

顧客が「お客様」ではなく「パートナー」になる瞬間

私自身、これまで4分野の営業を経験しましたが、共通して達成感があった瞬間はやはり「提案が通った瞬間」です。私は化学（素材）メーカー所属なので、顧客の目指したい品質を充足させるために「どんなアプローチがあるか」「どんな素材が必要か」と考えます。提案がうまくハマって採用されたときの感覚は忘れられません。

ときには顧客が目指したい品質が、客観的に見て「誤っているのでは」と感じることもあります。そのときに進むべき道を提案し、お互いに納得いくまで話し合うことができれば、すでに「パートナー」という関係になっている。今現在でも、20代の頃の「パートナー」と仕事を抜きにして会食をしたり、かけがえのない繋がりを構築できています。

佐久間 亮輔

ニューズピックス

☑現職者　経験 

案件が溢れる……

案件が増え続ける傾向があります。「眠れないほどしんどい」ポイントは物理的に数多くの案件を動かすことになり、手が回らなくなること。個人で顧客に伴走し続けるには限界があるので、チームで動くことが重要となります。とはいえ、手が回らなくなるほどたくさんの依頼をいただけることへの感謝は、忘れないようにしています。

古川 満

アイリック
コーポレーション

☑経験者　経験 

「うまくサボれ」

新人時代、土日も関係なく働いていたとき、顧客からクレームをいただいたことで心が折れてしまいました。そんなとき、トップセールスの先輩から「うまくサボれ」と。長期的に結果を出し続けるためには、メリハリをつけなければならないと知りました。

王子田 克樹

ニューズピックス

苦労

☑経験者　経験 10年

苦しむメンバーに向き合う

営業においてもっともしんどい場面は目標が達成できないとき、と想像されるかもしれません。実際に、目標を達成しなければならないという強いプレッシャーに苦しみ、それに耐えられるかどうかギリギリの状況に追い込まれるメンバーが必ず出てきます。そのメンバーに向き合うことが僕にとっては一番しんどいです。

先輩の教え

岡元 小夜

ニューズピックス

☑現職者　経験 8年

結局は「人と人」

営業は会社と会社の取引ではなく、人と人のコミュニケーションなのだと教えられました。営業するのも発注するのも「人」。組織は結局「人」の集まりです。「○○さんだから発注した」という関係性による受注は年々減っている印象ですが、完全になくなることはないでしょう。仕事やお客様・パートナー企業に常に誠実であることが大切だと思います。

Shuhei Nishimura

ニューズピックス

先輩の教え

☑現職者　経験 7年

現場にしか「答え」は落ちていない

営業と顧客は「売り手と買い手」という関係性だと捉えがちですが、「課題の解決」という同じ山を登るためのパートナーなのだと考え方を変えたことで状況が好転した経験があります。また、顧客の声を聞き「現場のリアル」を知らなければ、何も生み出せないと気づけたことも大きかったです。

フィールドセールス志望者が「読むべき本」

中村信仁・著
『営業の魔法』
（ビーコミュニケーションズ）

経験者　経験 6年

taguchi shingo

FORCAS

ストーリー形式で話が進むため、読書が苦手な人でもサラッと読めてしまうというのが最大のいいところ。

また中身についても、よくあるスキルが書かれたHow toではなく、セールスが大切にすべきマインドや抽象的な概念について学べることも、この本のおすすめポイントです。営業スキルは顧客に貢献するために必ずしも必要なものではありませんが、営業パーソンとしての正しいマインドは顧客に伴走するためには絶対に必要となるもの。セールスで成果が出ずに悩んでいたり、セールスという職業そのものに不信感を持ったりしているようであれば、ぜひ一度読んでみるといいと思います。

宇田川元一・著
『他者と働く』
（NewsPicksパブリッシング）

現職者　経験 7年

榊原 洋平

ニューズピックス

多くの場合、法人における購買行動は一人の行動で完結しません。必ず複数人の合意を得ながら最終的に契約に至ります。また同じ会社の人間ではありながらも、一枚岩であることはまずなく、一人ひとりやりたいこと、やりたくないことは異なっています。

法人における購買行動とは、そんな立場の異なる、わかり合えない複数人が絡みながら合意形成していく行為であり、フィールドセールスはそのために活動しなくてはなりません。この本が教えてくれるのは、対話の重要性です。わかり合えない他者たちと働きながら合意形成に至るには、対話を通し「新しい関係性」を築くことが重要だと学びました。

安宅和人・著
『イシューからはじめよ』
（英治出版）

現職者　経験 18年

佐久間 亮輔

ニューズピックス

この一冊しか思いつきません。顧客に寄り添うためのイシュー把握の必要性から、ストーリー構築、分析の方法まで網羅されています。まさにこの職業における必携の書。何度も読み返し、活用しながら自分の体に浸透させています。

心に刻んでいる一文は以下です。

“僕を育ててくれた母体のひとつであるマッキンゼーにある教えというか、教義というか、はたまた信念というべきなのか、表現し難い「憲法レベル」とされる言葉にこんなものがある。「Complete Staff Work」──これは「自分がスタッフとして受けた仕事を完遂せよ。いかなるときにも」という意味だ。”

この職業を一言で表すと？

経験 2年
☑ 現職者

山下 航希
リスペクト

課題解決屋さん

自社とクライアントの成長に邁進できる仕事

経験 1年未満
☑ 現職者

Okuno Yosuke
ニューズピックス

最先端のビジネスを動かし、人と企業をつくる・つなげる・とどける仕事

経験 7年
☑ 現職者

Shuhei Nishimura
ニューズピックス

中の人が考える「将来性」

フューチャーワーク指数

4.2

自立実感 4.1

貢献実感 4.4

未来実感 4.0

未来実感が全職種平均を大きく下回っている。テクノロジーの発達で、特に御用聞き営業が中心の「古い営業」に従事する人は未来への不安を感じているためか。分業化を中心とし、テクノロジーを生かした「新しい営業」スタイルでフィールドセールスを担当する人は将来性への不安はないだろう。

フィールドセールスの経験で何が身につくのか？

「営業には、ビジネスの基本が詰まっている」（リクルートマネジメントソリューションズ・的場氏）。ビジネスの基本とは「他者のニーズを汲み取り、ニーズを満たすための手段を提供し、満足してもらうこと」。そして、このサイクルを高速で回し続けることが重要になる。ニーズを汲み取り、ソリューションを提供することは、フィールドセールスの業務内容に他ならない。フィールドセールスで得られる経験と知識は、普遍的な価値を持つ。

身につく力

- ニーズを汲み取る力
- 課題解決力
- PDCAサイクルを回す力

フィールドセールスの「転職しやすさ」

一気通貫型の営業を分業化したいと考える企業は少なくない。イチから体制を築いていくためには、各営業フェーズに精通した人材が必要だ。フィールドセールスに特化し、深い知見を持っている人材のニーズは大きい。

有効求人倍率

1.24倍

パーソル調べ※

フィールドセールス後のキャリア

パターン 1

営業のプロフェッショナル

営業の道を極めるパターン。1つの会社にとどまり続け、営業部門のトップを目指すもよし、営業のプロフェッショナルとして複数社を渡り歩くのもよいだろう。独立し、営業コンサルタントとして活躍する道も考えられる。

営業現場で得た知見を、事業づくりに生かす道も考えられる。営業は事業の最前線で、顧客のニーズに直接触れ続けることができる職業。そのため営業で培った経験は、事業を生み出し、成長させることに大きく貢献できる。

人事、とりわけ採用担当は営業出身者が多い。共通点が多いのだ。製品やサービスを顧客に売り込むのが営業であれば、採用担当は候補者に自社を売り込むことが主な業務内容。セールスで高い成果を残した者は、採用でも成功できる。

※営業系の有効求人倍率数値はデータ分類上すべて同一。

フィールドセールスにならなくても…
似た仕事MAP

フィールドセールス

カスタマーサクセス
インサイドセールス
マーケティング

営業プロセス型

事業企画
人事
コンサルタント

課題解決型

左記同一プロセス上に位置するさまざまな業務とは当然類似点がある。また、フィールドセールスは顧客の課題を解決することが仕事だが、目的語を入れ替えればコンサルや人事などの職種とも業務内容が一致する。

結論 唯一生き残れるのは、変化できる者である

顧客ニーズの変容、分業化、デジタルツールの普及……営業領域にはさまざまな変化の波が押し寄せている。小回りが効くスタートアップは、いち早くその変化に対応すべく、営業組織のあり方を変化させた。変化に対応しなければならないのは、当然スタートアップだけではない。「大企業も危機感を募らせている」（グラフ代表・藤田健太氏）。「古い営業」への固執の先に待つのは衰退だと、多くの企業が気づき始めている。

「泥臭い」「体力勝負」「気合と根性」――そんな外回り営業の時代は終わりを迎えつつある。もちろん、フィールドセールスを担当する者に「気合と根性」が要求される場面もあるだろう。しかし、それだけでは生き残れない時代はすでに到来している。

経験豊富な営業パーソンたちが異口同音に語ったのは、訪れた変化の波についてのみではない。「営業が『人対人』であることに変わりはない」「事業の最前線で顧客の課題解決に寄り添える素晴らしい仕事である」ということだ。フィールドセールスは、変化に対応しながらも、本質に向き合い続けることが求められる。

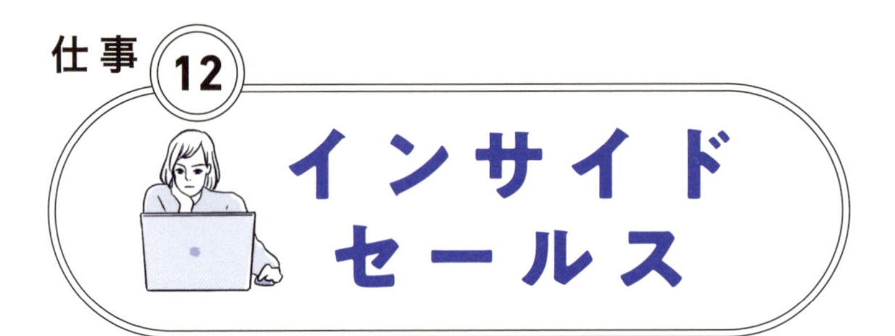

どんな仕事？

見込み客に電話やメール、Web商談ツールを用いて接触し、商談のアポイントメント獲得を目指す。チャネルは見込み客からの問い合わせに対応する「インバウンド」と、まったく接点のない企業にアプローチをかける「アウトバウンド」がある。実際に商談を行うのはフィールドセールスだが、受注率を高めるために、インサイドセールスが担う役割は大きい。

見込み客が抱える課題をヒアリングし、正確にフィールドセールスに伝えることはもちろん、自社のサービスやプロダクトが課題解決に寄与することをイメージさせることが重要になる。

ジョブディスクリプション

- 見込み客に架電をし、商談アポイントメントを取得
- 見込み客が抱える課題を詳細にヒアリングし、記録
- アポイントメントを取得した見込み客の情報をフィールドセールス部門に伝達
- 契約締結につながる可能性のある企業のリスト化
- リストに掲載されている企業に対する架電、メール送信
- 見込み客と継続的に接点を持ち、自社製品、サービスへの興味関心を醸成
- 接点記録の効率的な管理を実現する運用方法の確立
- フィールドセールスメンバーの適性や個人の状況に応じ、適切に商談を差配
- マーケティング部門、フィールドセールス部門との円滑な連携を実現するための運用設計
- 商談取得に関するノウハウの蓄積、組織知化

「インサイドセールス」はどこにいる？

インサイドセールスが担う案件取得を目的とした業務は、実際に商談を行う営業パーソンが担当することが一般的だった。しかし、営業の分業化が進んだことによって、案件化を専門的に取り扱うインサイドセールス部門が誕生した。

新人の多くを営業部門に配属するという企業は少なくないが、部門が細分化したことによって、その選択肢は増加した。「外資系企業の多くは新卒中途問わず、営業部門に配属されたメンバーにまずはインサイドセールスを担当させる」（グラフ代表・藤田氏）。

こういった流れは日系企業にも現れており、今後ますます新人の配属先としてインサイドセールス部門を選択する企業は増加すると予想される。

顧客と自社の最初の直接的な接点を担い、多くの企業とコミュニケーションを取ることになるインサイドセールス部門は「営業の登竜門」としての機能も果たしているのだ。

インサイドセールス「給料」と「出世ピラミッド」

「インサイドセールスの給料は他職種と比較して高いとは言えない」(リクルートマネジメントソリューションズ・的場氏)。一方で、マネジメントを担当するようになると市場価値は一気に高まる。

若手インサイドセールスの一日	
9:30	出社・朝会
10:00	架電
13:00	ランチ
14:00	会議
15:00	オンラインヒアリング
15:30	架電
17:30	メール文面作成
18:00	会議
19:00	架電リスト精査
20:00	退勤

取材を基に編集部作成

平均年収　541万円

年齢	年収
40歳	625万円
35歳	571万円
30歳	501万円
25歳	404万円

オープンワーク定義「法人営業」平均で算出

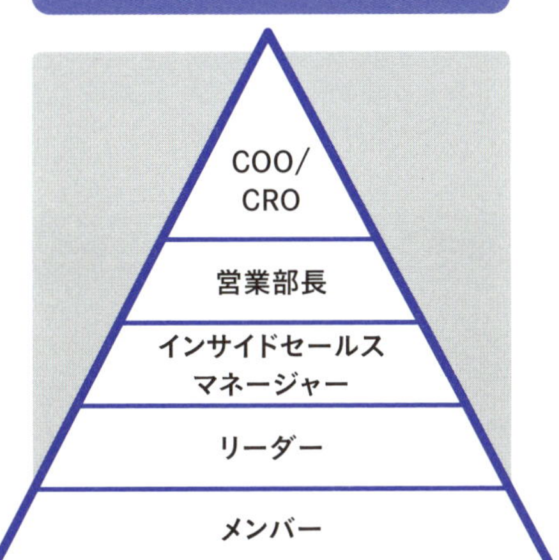

代表的な企業の一例

必要なスキル・マインド・学歴

学歴
学歴が「物を言う」環境は限定的

フィールドセールスと同様、学歴を問わずさまざまな人材が活躍できる職種だが、複雑な商材を取り扱うインサイドセールスに限っては高学歴者の活躍が目立つ。

スキルセット
細かなことに気が付く力

見込み客から課題を引き出すヒアリング力や、関係性を構築するためのコミュニケーション力が求められる。また、会話の細部から相手の人物像や置かれている状況を想像するなど、受注につなげるための情報を導き出す力が必要とされる。

マインドセット
目標意識と目標達成意欲

1日に数十件の電話をするなかで、ときに目的を見失ってしまうことも。すべては受注と、その先にある顧客の課題解決のためであることを意識し続けることが求められる。また、与えられた目標数字を必ず達成しようとする目標達成意欲を高く保ち続けることも重要だ。

キャリアパス

インサイドセールスの経験で何が身につくのか?

メンバー層においては、営業の基本となるヒアリング力や交渉力が身につけられる。また、どの職種よりも多くの企業の声を聞くことになるので、サービスの対象となる顧客が抱える課題を深く理解できるように。そして「インサイドセールスマネージャーには強烈なリーダーシップが求められる」(グラフ代表・藤田氏)。ともすれば単調な業務になりがちで、モチベーション維持が重要となるインサイドセールス部門を率いることで、マネジメントスキルは大きく向上する。

インサイドセールス「転職しやすさ」

分業化を推進したいと考えている企業からのニーズは大きい。特に、インサイドセールス部門でマネージャーを務めた経験を持つ人材はまだ多いとは言えず、マネジメントを経験することで希少価値は高まり、キャリアの選択肢は広がる。

インサイドセールス後のキャリア

パターン1 フィールドセールス

多くのインサイドセールス経験者が、その後フィールドセールスへと転身している。営業プロセスの「次の工程」であるフィールドセールスとは当然業務の類似性も高く、自社の商品・サービスへの知見を存分に発揮できる。

パターン2 インサイドセールスのプロフェッショナル

「新卒3年目でも、インサイドセールスを深く理解していれば、その知見を生かして副業が可能」(グラフ代表・藤田氏)。高い専門性を身につけ、コンサルタントとしてインサイドセールス部門の立ち上げをサポートする道も考えられる。

パターン3 カスタマーサクセス

営業の「前工程」から「後工程」へと身を転ずる道もある。共通点は、遠隔で顧客と接点を持ち続けること。見込み客の課題を掘り起こす業務から、顧客の課題解決に寄り添う仕事へ転身すれば、営業パーソンとしての幅も大きく広がる。

※営業系の有効求人倍率数値はデータ分類上すべて同一。

インサイドセールスにならなくても…

似た仕事MAP

インサイドセールス

カスタマーサクセス

フィールドセールス

マーケティング

営業型

顧客接点を担っているという意味において、営業に関する各職種とインサイドセールスは類似している。コミュニケーション手段やKPIは異なるが、顧客満足度を高め、売上をつくるという最終的なゴールは変わらない。

事業企画

経営コンサルタント

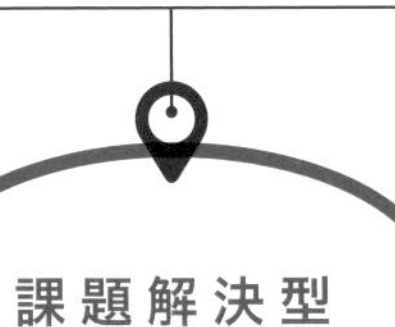

課題解決型

結論 高い市場価値が示す「ハードさ」と「重要性」

インサイドセールスは営業に関わる4つの職種のなかで、もっともハードな職種だ。日々の業務で要求されるのは、よりたくさんの見込み客との接点を持つこと。問い合わせへの対応であれば、多少なりともニーズが顕在化している場合もあり、話に耳を傾けてくれる見込み客も多いだろう。ところがアウトバウンドではサービス内容はおろか、自社のことすら認知されていないことも多く、ほとんどの場合は「空振り」に終わる。

しかし、営業プロセスはそんな地道な努力なくしては進まない。インサイドセールスが見込み客の課題を正確にヒアリングできなければ、あるいは誤った情報をフィールドセールスに伝えてしまっては、受注確率は当然低下する。マーケティングから送られてきたパスを受け取り、受注というゴールを決めるフィールドセールスによりよい形でつないでいく。求められるのは、さながら司令塔としての役割だ。

インサイドセールスマネージャーを務められる人材の市場価値は高いという事実は、この職種のハードさと重要性を物語っている。インサイドセールスを極めることは、有効な生存戦略の1つだ。

仕事 13

カスタマーサクセス

どんな仕事?

SaaSの普及に伴って、その重要度を増した職種がカスタマーサクセスだ。メインミッションは、顧客にサービスを利用し続けてもらうこと。

カスタマーサクセスが担う主な機能は3つ。利用開始時にサービスの使い方などを説明する「オンボーディング」、活用度を高める「アダプション」、そして単価のアップを目的としたアップセル（利用料増）やクロスセル（他サービスの併用）を狙う「エクスパンション（拡張）」だ。

ほかにも、顧客の要望を開発に伝える「プロダクトフィードバック」、契約を更新する「リニューアル」などを行う。

ジョブディスクリプション

- 継続的なコミュニケーションを通じ、顧客の事業成長に伴走
- 自社製品、サービスの導入を決定した顧客に対する利用方法の説明
- サービス活用度のモニタリング
- 活用度が低い顧客にアプローチし、活用度を向上
- 課題解決を促進する追加提案を行い、利用単価をアップ
- 顧客からのサービスに関する要望のヒアリング、企画部門へのフィードバック
- 契約期間の終了が近づいた顧客にアプローチし、契約更新を促す
- フィールドセールス部門との円滑な協働体制を整える
- ユーザー会などの開催を通し、顧客間のつながりを醸成
- オウンドメディアなどを利用し、サービスの活用事例を発信

「カスタマーサクセス」はどこにいる?

カスタマーサクセスは営業プロセスの最終工程を担うだけではなく、継続的に顧客に伴走する役割を果たす。そのため、組織図上では営業部門のいち部署として位置づけられることが多い。

カスタマーサクセスはCSと略されるが、もう一つのCSがある。カスタマーサポートだ。同じCSだが、担う役割は大きく異なる。「サクセス」という言葉が示すように、カスタマーサクセスが目的とするのは顧客の成功、すなわち事業成長だ。そのため、サービスの活用度が低く、事業成長への寄与度が低ければ顧客に対し能動的なアプローチを取る。一方のカスタマーサポートの目的は、問題解決の支援である。問い合わせには対応するが、能動的に働きかけることはない。

最大の違いは、カスタマーサポートがコストセンターであるのに対し、カスタマーサクセスは利益に対して責任を持つプロフィットセンターである点だ。カスタマーサクセスは「利益を生む場所」にいるのだ。

カスタマーサクセス「給料」と「出世ピラミッド」

「プロダクトへの高い理解度と総合的なビジネススキルが求められる」（SmartHR・稲船祐介氏）ため、一定のビジネス経験を持つメンバーが配属されることが多く、平均年収は比較的高い。

仕事内容は、クライアント企業の事業を理解した上で、顧客が自社サービスを活用して、どのように事業を成功させるかを考えるコンサルに近い側面がある。

難度が高い仕事のため、新卒は配属しない会社も多い。自社製品・サービスの改善に携わりプロダクトの価値を高めることも大切な役割の1つ。なぜなら、カスタマーサクセスがクライアントからの要望を一番聞く機会が多いからだ。そのため、プロダクトマネージャーやエンジニア、デザイナーと協力してクライアントの要望や新しい機能を考えたり、不具合を改善したりすることもある。セールスやマーケティングとも協力して、プロダクトの価値を届ける方法を構築することも。

若手カスタマーサクセスの一日

9:30	出社・朝会
10:00	問い合わせ対応
12:00	会議
13:00	ランチ
14:00	新規導入顧客へのレクチャー
15:00	問い合わせ対応
16:00	機能追加の提案
17:00	活用方法セミナーの開催
19:00	資料作成、会議など
21:00	退社

取材を基に編集部作成

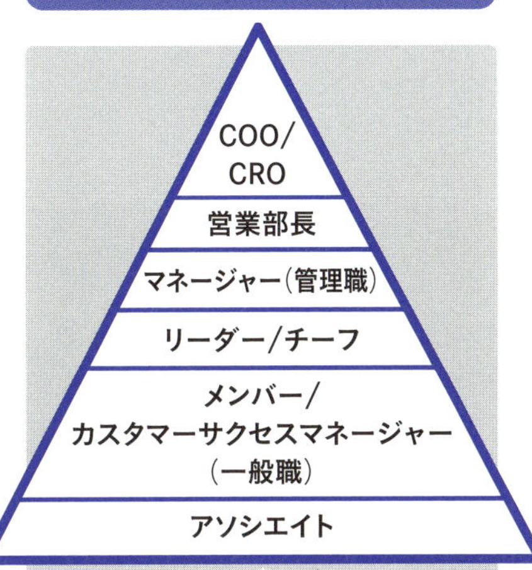

代表的な企業の一例

必要なスキル・マインド・学歴

学歴
高学歴化の兆し？

他の営業職と同様、学歴の高さと活躍に明確な相関関係は見られない。しかし、事業における職種としての重要度が増しているため、今後は高学歴化が進む可能性も。

スキルセット
営業スキル+プロジェクトマネジメント力

営業職に求められるヒアリング力や対人折衝力はもちろん、「半年かけて新システムを導入する顧客のサポートをすることもあるため、綿密にスケジュールを立て、計画を動かしていくプロジェクトマネジメント能力も求められる」（SmartHR・稲船氏）。

マインドセット
顧客視点とプロダクト視点

顧客の成功を後押しする職種とはいえ、「こんな機能を付けてほしい」といった顧客の要望をすべて聞き入れるわけにはいかない。常に顧客に寄り添いながらも、現状のプロダクトで何ができるのかを考え抜く必要がある。顧客視点だけでは成り立たない。

キャリアパス

カスタマーサクセスの経験で何が身につくのか？

営業職であるため、折衝力や提案力が身につくのは当然だろう。しかし、身につけられるのは、そういった「営業的なスキル」だけではない。例えば、カスタマーサクセスのなかには、顧客の声をデータとしてまとめ、分析するポジションもあるため、分析力が身につく。また、長期間にわたるシステムリプレイスメント計画を提案し、顧客とともに推進していくこともあるため、プロジェクトマネジメントの経験も積める。幅広いスキルの獲得を期待できる環境があるのだ。

カスタマーサクセスの「転職しやすさ」

営業の分業化によって生まれたカスタマーサクセス。職種自体の歴史が浅いため、高い専門性を持った人材はそう多くない。そのため、一定の経験を積んでいれば市場価値は高くなり、多くの企業から好条件の提示を引き出せる。

カスタマーサクセス後のキャリア

パターン1 カスタマーサクセスのプロフェッショナル

カスタマーサクセスの道を極めることは、キャリア形成上の有効な選択肢の一つだ。ゆくゆくはコンサルタントとして、営業の分業化を進めようとする企業の組織立ち上げをサポートするなど、専門家として活躍することが期待できる。

顧客から伝えられた自社への要望や期待を、実際にプロダクトや事業に反映させるパターン。市場調査をし、その結果をプロダクト設計に反映させる職務を、カスタマーサクセスのネクストキャリアに位置づけている企業も実際に存在する。

事業のトップを目指す道もある。顧客が抱える課題のみならず、プロダクトにも精通することを求められるカスタマーサクセスでの経験は、事業全体の業務執行を統括するCOOや、全体のレベニュー（収益）に責任を持つCROの職務にも生きる。

※営業系の有効求人倍率数値はデータ分類上すべて同一。

カスタマーサクセスにならなくても…
似た仕事MAP

カスタマーサクセス

フィールドセールス
インサイドセールス
マーケティング

営業型

各営業職はもちろんのこと、顧客の課題解決を事業、あるいはプロダクトで実現する企画職にも類似点がある。また、ときにはユーザー会なども主催するカスタマーサクセスは、コミュニティマネージャーにも似ている。

コンサルタント
事業企画
プロダクト企画
コミュニティマネジャー

企画型

結論

営業というよりはコンサル SaaS時代の「主人公」

クラウドコンピューティングの登場により、SaaSはインターネットビジネスにおける一大トレンドとなった。そして、現在ではもはや「トレンド」の域を越え、事業モデルとして完全に社会に定着した。

SaaSは「美しいビジネスモデル」だと言われる。その「美しさ」の根底にあるのは、公平性。「売り切り型」の製品が主流だった時代、ビジネスは「売った者勝ち」だった。販売した製品が、仮に顧客に価値を提供しなくても、売り続ければ利益を確保できた。しかし、SaaSにおいては「契約成立」はスタートでしかない。顧客は製品に価値を感じられなければ支払いを停止し、利用を止める。SaaSは顧客に価値を提供し続けられてはじめて、ビジネスとして成立する。

サービス提供者は顧客に価値を、顧客は価値に対して対価を支払い続ける。SaaSが実現したのは、そんな公平なビジネスだ。カスタマーサクセスは、その「公平さ」を根底から支える職種と言える。「顧客に伴走し続け、成功に導くこと」と「自社の利益に貢献すること」をまったく矛盾しない形で成し遂げるのが、この仕事である。その役割は、SaaS時代の主人公と呼ぶにふさわしい。

column 4

営業の裏リアル

分業の温度差

背景盛りすぎ

6章

職業研究

プロダクト・サービス開発の仕事

増えるIT系人材の需要

2007年のiPhone発売以降、私たちの生活は大きく変わった。インターネットなしで一日を過ごすことなど、もはや想像もつかない。同じように、現代で新たにサービスやプロダクトを作るとき、インターネットなどのIT技術を避けて通ることはできない。

その事実はプログラミングなどを担う「IT人材」の需要に如実に表れている。経済産業省が2017年に行った調査によると、現在約90万人いるIT人材に対する需要はこれからも拡大し、2030年には少なくとも15万人が不足するとされている。コロナショックを受けて需要が減少した転職市場でも、IT・通信業は全業種でもっとも高い求人倍率を維持している。

IT人材の「不足数」(需要)に関する試算結果

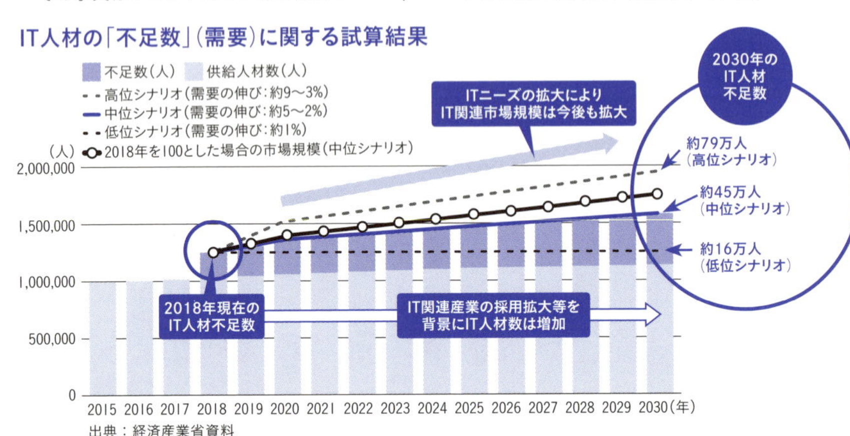

出典:経済産業省資料

増えるスタートアップ

IT技術を使ってサービスやプロダクトの開発を担うのは、大企業に限った話ではない。近年ではベンチャー企業が開発するサービスも世の中に大きな影響力を持つようになってきている。

その動きで先行するのが米国や中国といったIT先進国だ。UberやAirbnbといった米国発のサービス、TikTokや荒野行動といった中国発のサービスは私たち日本人の生活にもなじみ深い。

日本国内でも、メルカリやfreeeなど、ベンチャー企業発のサービスが台頭している。アメリカと比べると低調ながら、ベンチャーキャピタルなどから資金調達を受けるスタートアップの数そのものも増加傾向にある。かつての「売り切り型」ではなく、SaaS型のサービスも増え、デジタルの衝撃は既存のビジネスモデル自体を破壊する勢いだ。

国内スタートアップ資金調達額と調達社数推移

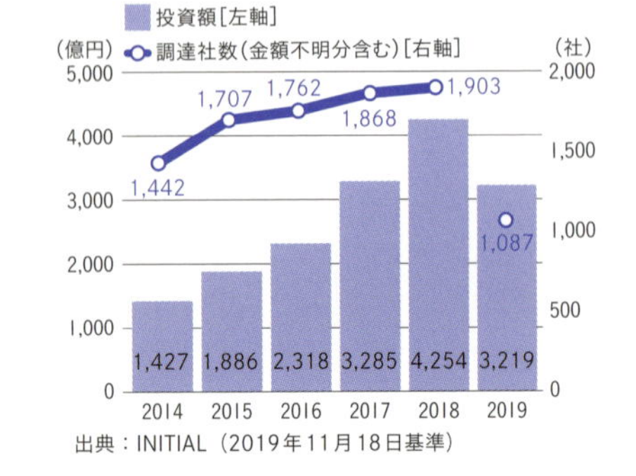

出典:INITIAL(2019年11月18日基準)

仕事の種類

ひと口にサービスやプロダクトの開発に関わる仕事と言っても、その内実はさまざまだ。

代表的なのは、コーディングによってサービスを作り上げるエンジニアだろう。アプリエンジニア、セキュリティを専門とするエンジニアなどを総称してソフトウェアエンジニアと呼ぶ。機械学習の利用が進むなか、AIエンジニアに対する需要も増えている。

それに加え、UI（ユーザーインターフェース）やUX（ユーザー体験）のデザイナー、サービスを売り込むマーケティングやセールスの力も欠かせない。

エンジニア	以前は「ウォーターフォール型」といって、事業側の人間やコンサルが描いたプランを基に開発するのが主だったが、「アジャイル型」と言われる最近は、多様な人材と、構想段階からプロダクトの開発に携わるようになっている。
デザイナー	どうやったらプロダクトの利用体験がよくなるかを設計したり（UXデザイナー）、どうやったら見やすい構成になるかなどを考える。開発工数が読めると実際のデザインに落とし込みやすいため、最近ではデザインエンジニアのニーズも高い。
ビジネスサイド（事業開発）	プロダクトを新規に作る場合、そのプロダクトをどうビジネスとして成立させるか、目標をどこにおくかなどを考える「事業開発」がリードする場合も多い。最近では、デザイン畑出身のビジネス・デザイナーも増えている。

社会における ITの位置づけの変化

2010年代中ほどまで、デジタルサービスといえばIT企業が主要な役で、旧来的な大企業との交わりはほとんどなかった。しかし現在、社会全体にデジタル化の波が押し寄せている。流行り言葉ではDXと呼ばれる変化だ。小売業界におけるアマゾン、自動車業界におけるテスラは格好の例だろう。既存業界にIT企業が進出するなか、既存業界の側も生き残りのためにデジタル化を、そして業界構造の変革を迫られている。

政府・自治体も例外ではない。高い水準のサービスを求める声や諸外国における先行事例を踏まえ、印鑑や紙による手続きが欠かせなかった行政手続きにも変化の兆しが見える。確定申告などの行政手続きではすでにマイナンバーカードを活用したデジタル化が進みつつあるほか、2021年9月にはデジタル庁が発足し、民間人材を登用した上で行政のデジタル化やDXに取り組むことになっている。

仮にも世界第3位の経済大国である日本で大きな変化が起こらなかった足かせは、SIerを中心とするIT業界の構造だ。2000年代後半までの業界は、SIerが大企業や政府・自治体からシステム開発を受注し、その下請けであるSESが低賃金長時間労働を担う構造が主流だった。そのようななかでFAANG（Facebook、Apple、Amazon、Netflix、Google）やBAT（バイドゥ、アリババ、テンセント）のような革新性が生まれうるだろうか。

その問題点にいち早く気づいた企業はシステム開発の内製化を進めている。非IT企業でもエンジニアやデザイナーを社内に抱え、ユーザーの体験を重視したシステム開発を行うようになったほか、ベンチャー企業の成長も著しい。日本のデジタル化を推し進めているのは、米中のIT企業という現代の「黒船」なのだ。

「プロダクト・サービス開発」はどこにいるのか？

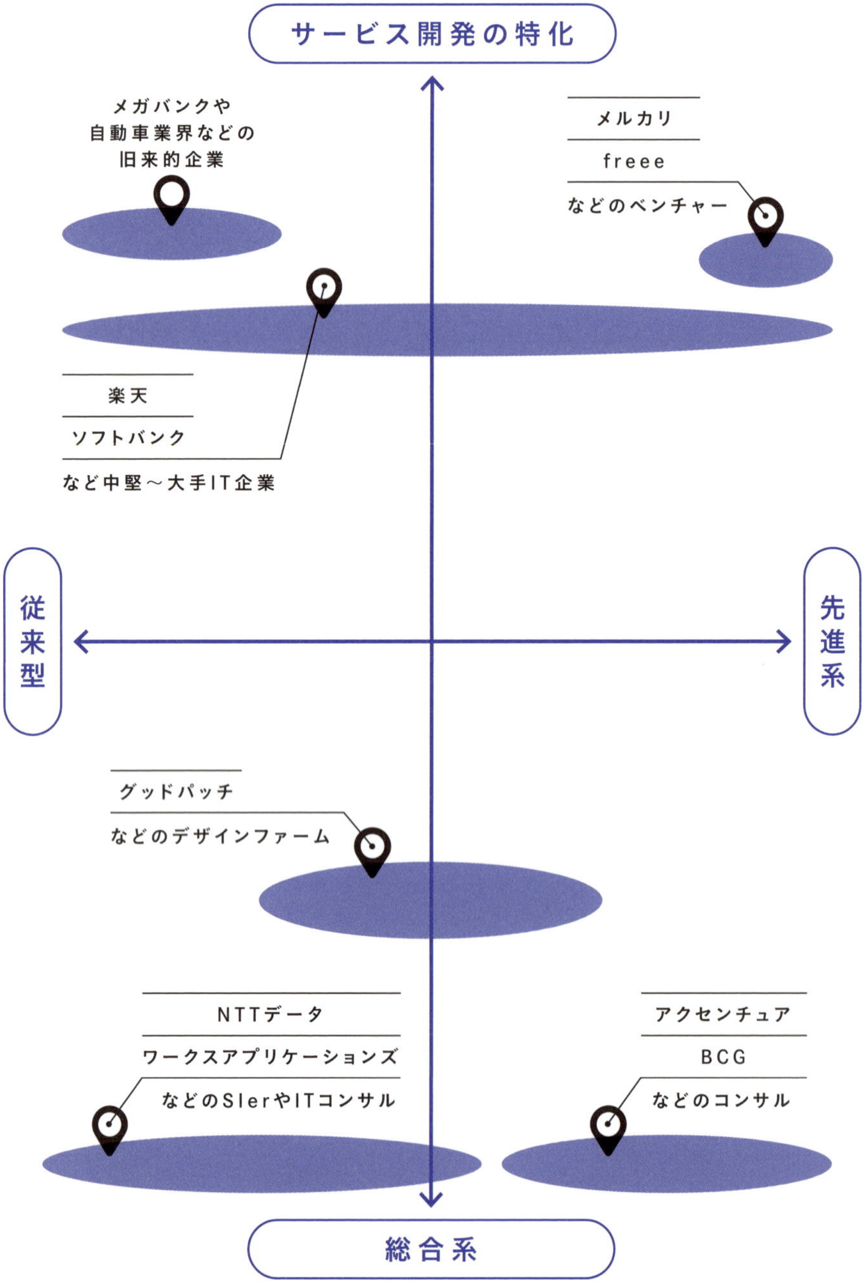

「プロダクト・サービス開発」5つの変化

1 UI/UX主体のサービス開発に

サービスを開発するとき、ユーザーの目に触れるUI（ユーザーインターフェース）やそのサービス全体でのUX（ユーザー体験）を重視するようになった。スマートフォンの普及によって、Webサービスが爆発的に増加した分、他サービスとの差別化にはユーザーの体験を最大化することが必要になったからだ。

2 開発部隊のインハウス化が進む

これまではSIerなど社外にシステム開発を依頼してきた非IT企業でも、ソフトウェアエンジニアやデザイナーの部隊を抱えることが増えてきている。これは、開発速度が求められるようになったことが一因だ。例えば、あるメガバンクでは社内で自社アプリの開発を行っており、実際にユーザーからの評価も高い。

3 システム設計がより重要に

特にエンジニアに対して、ただプログラムを書くだけでなく保守や運用、将来のアップデートを見すえた設計が求められるようになった。24時間365日サービスを動かし続けることが求められており、デジタルサービスの主戦場であるiOSやAndroidが半永久的にアップデートされ続けることが原因だ。

4 外資系企業の流入

FAANGなどの外資系企業が日本国内でも確実に利用者を増やし、生活スタイルを変えるほどの存在になっている。直接競合となるIT企業のみならず、可処分時間を奪われるエンタメ業界など日本社会の各方面に危機感を与えている。

5 業界横断

金融領域におけるフィンテックなど、IT業界と他業界の融合が進んでいる。サービス業だけではなく、テスラが存在感を発揮する自動車業界などの製造業でもその兆しが見えつつある。日本で長く経済界の中心にあった企業であってもDXを迫られており、トヨタがスマートシティの実証実験を行うなどの動きが見られる。

仕事14 ソフトウェアエンジニア

どんな仕事?

ソフトウェアエンジニアは多くの職種を包括した概念で、ソフトウェアを扱ってシステムを作る仕事はすべて「ソフトウェアエンジニアリング」だ。

iOSやAndroidそれぞれのアプリエンジニア、サーバーなどを担当するバックエンドエンジニア、ユーザー向けの画面を担当するフロントサイドエンジニア、セキュリティエンジニアやインフラエンジニアなど、担当する領域によって名称は細かく分かれている。

ひと昔前のSEとは違い、「製品やサービスの設計を主体的に担うことが必要」(DMM.com・釘宮愼之介氏)。

ジョブディスクリプション

- ソフトウェアを扱ってシステムを作る
- 主体的に製品やサービスの設計を担う
- プログラムを書くことが仕事の中心
- 多くの場合、チームで開発を進める
- 顧客がいるSIerやITコンサルでは顧客と対面する機会も
- 処理プロセスを考える論理的思考力は必須
- 勉強熱心であることも必要
- 副業や兼業、フリーランスで働きやすい

「ソフトウェアエンジニア」はどこにいる?

もっとも多くいるのが、ITコンサルティング企業やSIerと呼ばれる企業だ。企業の依頼を受けてシステム導入・開発やコンサルティングを行う。SIerの下請けで実働を担うSESと呼ばれる企業もある。

事業会社でも活躍の場は幅広い。IT企業にとどまらず、例えば取引システムの性能が業績に影響する金融機関にも多くのエンジニアが在籍している。

また近年は、バージョンアップにかかる時間を短縮したりSIerへの発注コストを削減したりするためにシステムの内製化が進んでおり、トヨタやデンソーといった非IT企業でもソフトウェアエンジニアの部隊を抱える例が見られる。ただ、いち早く内製化を進めた企業が再度外注に戻す動きも見られ、このトレンドが今後も続くかは不透明だ。

フリーランスや副業・兼業で関わる人も多いが、一つのプロジェクトに深く関わることが難しく、知識の切り売りになるケースもあると言う。

業界マップ

SIer

NTTデータ
電通国際情報サービス
日鉄ソリューションズ　等

コンサルティングファーム

アクセンチュア
アビームコンサルティング
シグマクシス　等

IT企業

Google
楽天　等

非ITの大手企業

リクルート
三井住友銀行
トヨタ　等

メガベンチャー&スタートアップ

DeNA
サイバーエージェント
メルカリ　等

「ソフトウェアエンジニア」はどうやってなるのか？

① **新卒採用**
学生時代に身につけたスキルがない未経験者でも、ソフトウェアエンジニアになれる。人材の供給が需要に追いついていないからだ。それだけに活躍の場は多い。

② **中途採用**
新卒ではなくても未経験者が採用されるケースがある。自習やプログラミングスクールで事前にスキルを習得することも、採用後の派遣先でスキルを習得することもある。

③ **副業・兼業**
知人の紹介で仕事を得るケース、エージェントを通じて得るケースがある。要件が変わることが多いため、多くの場合は担当範囲に基づく成果給ではなく、時給で報酬が支払われる。

④ **フリーランス**
副業・兼業も含め、一つひとつのプロジェクトに深く関われないため、スキルの切り売りに終始してしまい、スキル上達に繋がらないことも多いと言われがち。

ソフトウェアエンジニア 「給料」と「出世ピラミッド」

専業の場合は500万円以上が多いが、下請けの場合はもっと低いケースも。副業・兼業やフリーランスの場合は、企業がエージェントに支払う仲介料を含め、月30万円以上の場合が多い。

平均年収　518万円

40歳	598万円
35歳	554万円
30歳	483万円
25歳	383万円

オープンワーク提供

CTO
など役員
マネージャー
チームリーダー
エンジニア

代表的な企業の一例

ソフトウェアエンジニア「最初にやる仕事」

システムの説明や開発環境のセットアップを経て未経験者が最初に関わるのは、小さな不具合の改修作業が中心。画面に表示されている文字の修正や画面上のボタンを押したときの挙動修正、ちょっとした機能の追加といった作業だ。早い人だと1か月程度でそのフェーズは終わり、大きなシステムの開発に関わっていく。「経験者の場合は新卒と中途の垣根があまりなく、即戦力として期待される」(DMM.com・釘宮氏)。

スクラムやアジャイルといったスピード改善を繰り返す手法で開発が進む場合が多く、個人の進捗状況についてチームとコミュニケーションをとる。

ITコンサルやSIerといったクライアントがいる企業では、顧客と実際に対面することもあるが、その機会の多さは年次に比例する。

若手ソフトウェアエンジニアの一日

10:00	出社
12:00	デイリー MTG(チームでの進捗確認)
13:00	ランチ
14:00	MTG 準備(デザイン準備、資料作成等)
14:30	チームメンバーと打ち合わせ&仕様決定
15:00	作業(コーディング)
18:00	実装内容テスト
20:00	退社

取材を基に編集部作成

必要なスキル・マインド・学歴

学歴
幅広く採用、非専攻でも可

日本におけるソフトウェアエンジニアに学歴は関係なく、大学出身者から専門学校出身者、高専出身者まで幅広い。必ずしもコンピュータサイエンスを専攻している必要もない。しかし、米国などの諸外国では学歴や職歴がないと仕事につけないケースが出てきている。

スキルセット
論理的思考力、英語力も

開発はチームで進捗や方向性を頻繁にすり合わせ、チーム外の関係者や顧客と対話する機会があるため、コミュニケーション能力は必須。処理プロセスを考える、ある程度の論理的な思考力も必要だ。機械学習などの分野では数学の能力が求められることもある。またプログラムのドキュメントを読むため「英語に抵抗があると難しい」(DMM.com・釘宮氏)。

マインドセット
チームワーク力、向学心

ほとんどの場合はチームで開発を進めるため、他人とコラボレーションする意識や発信力は不可欠。チーム内のメンバーを助けるマインドもあったほうがよい。

また、勉強熱心であることや好奇心も必要。常に出現する新技術に追いつくことももちろん、業務で関わる他業種の知識を得ることがアドバンテージになるからだ。

ロールモデルが語る「ソフトウェアエンジニア」のリアル

森泉 亮介

みぎひだり

ビジョンを乗せて実装を

「コードにビジョンを乗せる」という言葉を大切にしています。時間がないときでも自分のコードに責任を持ち、長期的な視点を持って、成し遂げたいビジョンを乗せた実装をすべきという言葉です。

やりがい

Kurita Kensuke

BASE

利用者の声を身近で聞いたとき

自分の作ったものが社内の身近な人だったり世の中に役に立ってるなと感じたときです。ネットサービスを作成していれば特に声を聞きやすいと思います。

菅原 史法

DMM.com

現職者　経験 1年

サービスの利用者が増えずクローズすることも

リリースしたサービスの利用者が増えないまま、クローズしてしまうことが一番辛いです。私はまだ自分が関わった新規事業がうまくいったことがないので、絶対成功させる、という想いで働いています。

開発工数見積もりよりも実装に時間がかかる場合などは、状況に応じた対応が求められます。プライベートの時間を削って対応することもあります。

大森 亮

ニューズピックス

先輩の教え

現職者　経験 1年

すべて自分でやろうとせず互いの強みを生かす

エンジニアと一言でいってもさまざまな人種がいます。とにかく技術力に秀でた人、人やプロジェクトをコントロールできる人、アイディアが豊富でサービスを生み出せる人。特に若い頃はすべて自分でやろうとしていたし、やらなければいけないし、ある程度できていると勘違いしていましたが、すべてを自分でやる必要はないし自分が思うほどできてないと言われたことがあります。

エンジニアリングの世界は学んでも学んでも追いつかない広さと深さがあるため、それぞれの領域のスペシャリストがお互いを尊重して仕事をするのがチームとして非常に重要だし、自分の強みをどことするのかが大切です。また、自分の強みについて、社内や身の回りでなく世の中の水準を意識するようになりました。

やりがい

森田 和樹

ニューズピックス

現職者　経験 7年

サービスが世の中で活用されているとき

実際に自分たちが作り上げたサービスが、世の中に出た瞬間がもっとも楽しくやりがいを感じます。

そしてリリース後にユーザーが楽しんでくれたり、いい反応をいただいたりすることを聞くのはとても嬉しいですし、電車でふと見かけたスマートフォンの中に自分の書いたプログラムが動いているのを見る瞬間はとても感動します。

古賀 敏幹

リクルートキャリア

経験者　経験 6年

想像を超えた仕事ができたとき

前例のない、想像を超える仕事ができたと思えた瞬間。技術的に工夫して、速度の大幅な改善に繋がったり、従来のプロジェクトの半分以下の期間で超少人数で立ち上げた開発プロジェクトが成功したときの感動、チームのレベルの高さは未だに覚えています。

炭田 高輝

BASE

現職者　経験 4年

意外と地道な作業が多い

開発自体の進捗や、自分の実装やデバッグがうまくいかず大変なことは多いです。ユーザーに品質の高いソフトウェアを提供する責任もありますし、開発を前に進めるためには、仕様の調整や調査、ドキュメント化といった地道な作業も必要になります。

ただ、開発作業自体は楽しいものなので、自主的にコーディングや調べ物に集中して夜ふかししてしまうこともあります。

山田 圭一

キャディ

現職者　経験 10年

先輩の教え

取り組むすべてを我が事として捉える

何事にも「我が事感」を持って取り組むこと。若手時代は要求のままに作りがちですが、提供するモノの価値や要求の本質を見極めることが大切です。

生み出すモノや自分の周囲、会社の状況を「我が事」として捉えることで視座が上がり、見えてなかったことが見えてきました。要求の理解力が上がったり、周囲を巻き込んだ動きができるようになりました。

釘宮 慎之介

DMM.com

現職者　経験 3年

苦労

メンバーとのコミュニケーションに難儀することも

ネガティブメンバーのいるチームに所属することはとてもしんどいですね。いくらスキルがあっても、攻撃的なメンバーがチームにいる場合、当人とのコミュニケーションに全体が疲弊します。何をするにも一番大事なのは人です。そして、自分がそうならないように心掛けるのも重要だと感じています。

ソフトウェアエンジニア志望者が「読むべき本」

山本真司・著
『20代仕事筋の鍛え方』
（ダイヤモンド社）

現職者　経験 14年

文字 拓郎
ニューズピックス

実はもうほとんど内容を覚えていないのですが、一つだけよく覚えているのは「アプリケーションスキルではなく、マシン性能を上げることが大事である」という主張。

ソフトウェアエンジニアの世界もコモディティ化が進んでいます。流行の移り変わりも早く、目ぼしい技術トレンドはあっという間にコモディティ化するので、目先の流行り廃りを追うのは極めて費用対効果が悪いです。

日々の勉強が欠かせない仕事なので「あれもこれも勉強しておかないと」と不安に駆られがちですが、技術スキル以前にビジネスパーソンとして大事な仕事筋＝マシン性能をしっかり鍛えるのが何よりも大事だと思います。

ロビン・ウィリアムズ・著、
米谷テツヤ、小原司・監訳、
吉川典秀・訳
『ノンデザイナーズ・デザインブック』
（マイナビ出版）

現職者　経験 20年

Tomohiro O
無所属

エンジニア同士はコードでわかり合えます。コードがなくともその知識がエンジニア同士のハイコンテクストな会話を成立させてしまいます。しかし、会話をして理解を深め合うべき相手がエンジニアとは限りません。技術に疎い上司やクライアントであることも多いでしょう。いや、むしろそんな相手と会話する機会のほうが圧倒的に多いはずです。そしてコンテクストを共有していない相手との会話にエンジニアは苛立ちがちです。

エンジニアに必要なのは、己の脳みその中身を技術に疎い相手にもわかりやすく説明するチカラです。それが己の仕事の質を高めることにもなります。

藤原博文・著
『Cプログラミング診断室』
（技術評論社）

現職者　経験 1年

奥野 慎吾
DMM.com

20代初めの頃に出合った書籍で、その後、著者の会社に転職するきっかけとなりました。いろいろなプログラムを診断、治療していくという内容なのですが、なかなかの辛口に震え上がった記憶があります。

新人の頃は人が書いたプログラムを読むのは苦痛に感じることもありました。しかし、この書籍に出合ってからは、人が書いたソースコードを読むのが好きになりました。既存のシステムがどう実装されているのか、どうしてこのような設計になったのか。これまで動いてきたシステムに敬意を持ってその核心に近づき、そのシステムとチームに合った改善を考えていく。

今ではそのような仕事に喜びを感じます。

この職業を一言で表すと?

経験 3年

☑ 現職者

東口 和暉

BASE BANK

実現したい価値・ビジネスをソフトウェアを使って叶える職業

経験 8年

☑ 現職者

飯田 有佳子

ニューズピックス

「誰かの夢」実現者

経験 7年

☑ 現職者

森田 和樹

ニューズピックス

プロダクト開発の最前線かつ最後の砦

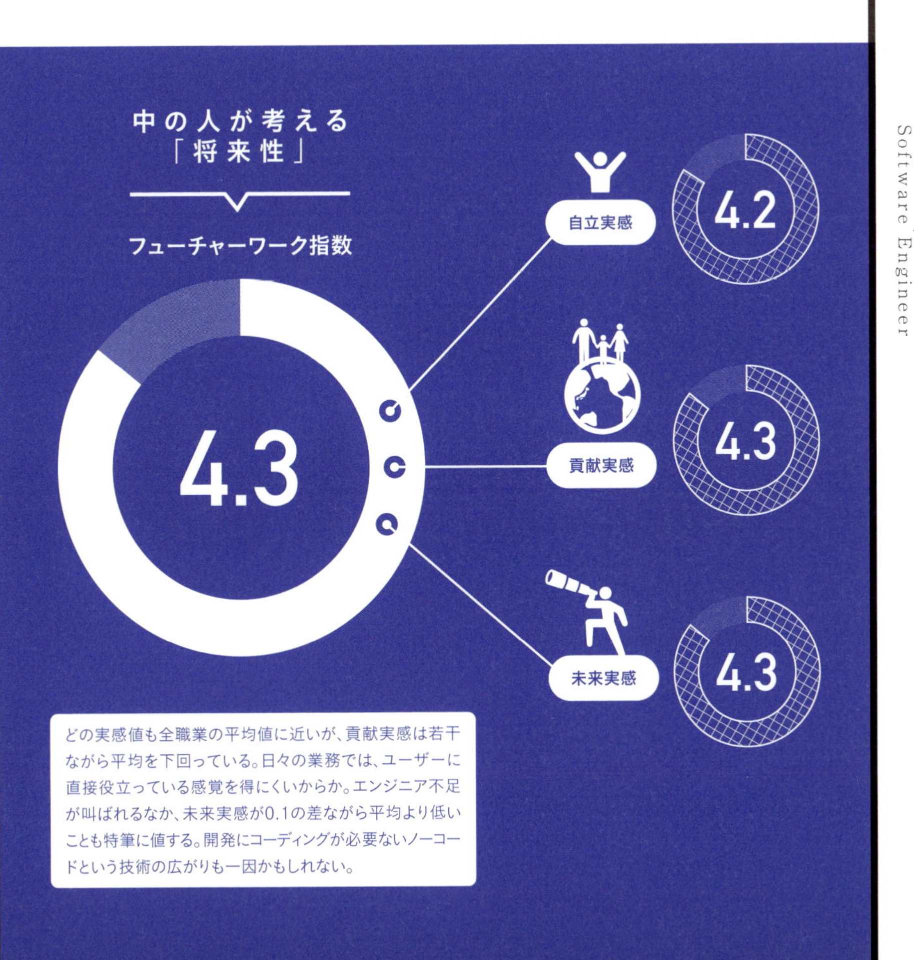

どの実感値も全職業の平均値に近いが、貢献実感は若干ながら平均を下回っている。日々の業務では、ユーザーに直接役立っている感覚を得にくいからか。エンジニア不足が叫ばれるなか、未来実感が0.1の差ながら平均より低いことも特筆に値する。開発にコーディングが必要ないノーコードという技術の広がりも一因かもしれない。

キャリアパス

ソフトウェアエンジニアの経験で何が身につくのか？

当然ながらプログラムを書く能力やスキルは身につく。数年間、業務でプログラムを書くと、ある程度のものは自分で作れる感覚を得られるという。一方で、同じことを繰り返す感覚にも陥りがちな側面も。

とはいえ、サービスの開発過程で得られるスキルはそれだけにとどまらない。「UXデザインの観点やチームメンバーを管理する経験を積めば、個人の適性に合ったエンジニア＋αのスキルが身につけられる」（カヤック・藤田昌春氏）。

身につく力

- プログラムを書く能力
- UXデザインの観点
- チームメンバーのマネジメントスキル

ソフトウェアエンジニアの「転職しやすさ」

業界全体で人材の需要に供給が追いついていないため、業界内では転職しやすく、人材の流動性は高い。プログラムを書く過程で身につける多様なスキルを使って、周辺職種に転職する人も多い。

有効求人倍率

5.6倍

パーソル調べ

ソフトウェアエンジニア後のキャリア

パターン 1

技術を極める

ある程度のスキルを身につけた後、一エンジニアとしてとことん技術を突き詰めるキャリア。高い技術スキルを持って会社を引っ張っていく。

プログラミングが大好きで新技術に対する好奇心を持つ人に向いている。

パターン

提供するサービスについて責任を負うプロダクトマネージャーや、UXデザイナーといった職種を経験する人も多数いる。

プログラミングをサービスを提供するための手段として捉えている人に向いている。

パターン

近年のIT企業には、CTO（最高技術責任者）やCDO（最高開発責任者）といった職種がある。それらの役職につくことで、開発と会社全体の橋渡しを担うことができる。大企業で実績を積んだ人がベンチャー企業で担うケースが多い。

ソフトウェアエンジニアにならなくても…

似た仕事MAP

ソフトウェアエンジニア

UXデザイナー
プロダクトマネージャー
事業開発

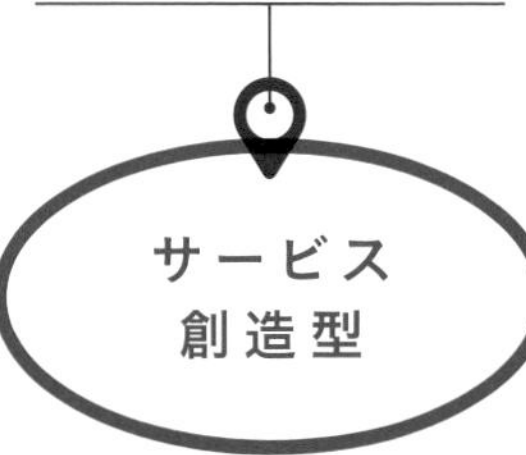

サービス創造型

ソフトウェアエンジニアは確かにイメージ通りプログラムを書くことが業務の中心だ。ただ、プログラムはあくまで、サービスを社会に提供したり社会の課題を解決したりする手段にすぎない。

ITコンサルタント
カスタマーサクセス

課題解決型

結論 ザ・ブラックな業界も今は昔 もっとも汎用性の高い職種に

ソフトウェアエンジニアが現在の社会的地位を得たのはここ10年ほど。それ以前のいわゆる“SE”は低賃金長時間労働の象徴と思われていた。SIerやその下請けが、自社にエンジニアを抱えきれない企業からプロジェクトを受注する構造がそのイメージを作っていた。

変化が生まれたのは2000年代後半のiPhone出現とスマートフォン普及からだろう。サービスのデジタル化が急速に進み、もはやすべての産業がITと関わらずにはいられなくなった。DXがしきりに叫ばれるのがその証左だ。エンジニアがどの分野の企業にとっても必要不可欠な存在になったのは当然だろう。現在では非IT企業でも、社内にエンジニア組織を抱える企業も多い。

必要性が増したのは労働力としてのエンジニアにとどまらない。エンジニア的な考え方、すなわち論理やチームでのコミュニケーションを重視する姿勢、すぐに改善する仕事の進め方、ソフトウェアエンジニアとしてサービスを作り上げた経験も必要性を増している。そういった意味でも、ソフトウェアエンジニアの活躍の場は確実に広がりつつある。

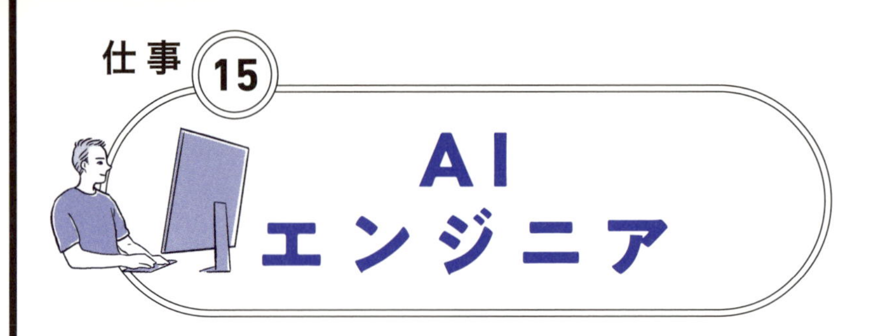

どんな仕事?

機械学習などの技術を使ってアルゴリズムやモデルを開発し、問題を解決するAIを作る仕事。AIエンジニアの仕事として身近な例では、アマゾンで見られるレコメンデーションやグーグルの検索アルゴリズムなどが挙げられる。顧客から提供してもらったデータから需要予測などの仕組みを作り出し、納品するような受託案件パターンと、自社で課題を発見してプロダクトを作るパターンがある。

データサイエンティストと近い職種ではあるが、AIエンジニアはアルゴリズムやモデルを実装してプロダクトを作るという違いで特徴づけられることが多い。

ジョブディスクリプション

- 課題の発見や設定、プロジェクトをどのように進めるかの企画
- データの収集・加工・整形
- 機械学習などの技術を使ってソフトウェアやアルゴリズムを開発する
- 開発したものが正常に動くかどうか実証実験をする
- システムを動かすためのサーバーやネットワークといったインフラの構築や管理
- ドメイン知識を深めるための顧客へのヒアリング
- 技術革新に追いつくための研究・論文のリサーチ

「AIエンジニア」はどこにいる?

データサイエンティストと近い。イメージしやすいのはGAFAのような外資系企業だろう。AIエンジニア的な能力だけでなく、分析・システム開発全般をこなせる万能型が多い。日系企業と比べるとエンジニアへの評価が高いため、給料も全体的に高い。

日系企業だとAI技術を武器にしたベンチャー、メガベンチャーにいることが多い。大学発ベンチャーで研究を生かした事業を行うところもある。

ベンチャー系の場合、まだ受託案件パターンのほうが多いが、近年ではベンチャー系でも自社のデータを活用してプロダクトを作るところも増えている。

また、大企業の研究所系にもおり、最近では新しく人材を雇い始めているところも多い。

大企業の場合は資本が十分にあるため、トヨタ自動車のスマートシティ構想のような大規模で影響力の大きい業務にも携わることができる。

AIエンジニア「給料」

年収は500万円～約2億円の間で幅広く分布している。もともとバイオや材料系の研究をしていた学生など、まだ機械学習の熟練度が低くポテンシャル採用に近いような場合は、500万～600万円くらいからスタートすることもある。

年収が低い層は決められた作業をすることが多く、年収が高い層は意思決定や課題発見に取り組んでいることが多い。

年収トップ層のなかには、研究者としても一流で論文を一流学術誌に多く掲載している人も。

需要の多いAIエンジニアは新卒でも一律の初任給では採用が難しいことから、NECやソニー、DeNAやくら寿司のように普通の新卒の2倍近い給料を用意する会社も増えている。

若手AIエンジニアの一日	
9:15	Slackをチェックしながら出社
9:30	チームでの朝会
10:00	前日のABテストの経過を分析しSlackに共有
11:30	上長と次のアクションを決める
12:00	ランチ
14:00	チームでの進捗共有会
15:00	チームメンバーのコードのレビュー
15:30	ABテストを終了するための実装
16:00	次の施策のための分析
19:00	退社して夕食、筋トレ
24:00	技術書を読んで勉強、就寝

取材を基に編集部作成

必要なスキル・マインド・学歴

スキルセット
専門知識とコミュニケーションスキル

Pythonが書けることは必須で、機械学習のライブラリ（再利用できるプログラムの集合体：PyTorchやTensorFlowなど）を使いこなすことや、ライブラリに頼らずとも自力で実装できるプログラミングレベルが求められる。統計学・数学の知識も必要。処理速度を上げるため、データ構造やアルゴリズムの知識があるほうが望ましい。ドメイン知識を理解するため顧客にヒアリングする必要があり、コミュニケーションスキルも要求される。データに向き合うフェーズと顧客に向き合うフェーズの両方が存在している。

学歴
AIエンジニア人口増で多様化

大学院修了レベルが求められる。情報系を専攻しており、機械学習を専門の研究で使った経験のある学生が多い。それ以外の分野では、バイオインフォマティクス（生命情報科学）、マテリアルズインフォマティクス（材料開発情報工学）、計量経済学などで機械学習を使った経験があって入ってくる学生もいる。以前は圧倒的に東大出身者や海外名門大のコンピュータサイエンス学科卒が多かったが、AIエンジニア人口が増えたため、最近は多様な大学出身者がいるという。

マインドセット
新しい技術への好奇心と向学心

幅広い知識・技能が必要とされ、日々新しい技術が出てくるため、好奇心があり、積極的に勉強できる人が多い。近年ではソフトウェアエンジニアとしての役割も期待されることが多く、AIエンジニアの枠に収まらない学習意欲が求められる。勉強してそれで終わりではなく「実践とエクササイズを解くのが好きな人が向いている」（エクサウィザーズ・石山洸社長）。

AIエンジニア「業界の変化」

①
独学しやすい環境が整ってきた

PyTorchやTensorFlowといった機械学習用のパッケージが充実してきたこともあり、難しいコードを書いて自分で実装しなくても比較的簡便に機械学習を使えるようになった。また、eラーニングのようなデジタル教材が充実してきており、Kaggleコンペのようなエクササイズを解く機会も増えたことで、独学しやすくなってきている。

②
レッドオーシャン化

機械学習、AIという言葉の普及により、AIエンジニアを目指す学生は増えてきている。①で指摘したように、独学しやすい環境が整ってきたことも大きい。

③
ソフトウェアエンジニア力も重要に

機械学習モデルを実際に運用する際、管理や拡張に労力・技術が必要となるため、最近では実務運用まで任されることも多い。機械学習モデルの開発から運用までシームレスな支援をするMLOps（機械学習基盤）という概念も注目を集めている。「AIエンジニア的な能力プラス、ソフトウェアエンジニア的な能力を持った人が重要視されています」（エクサウィザーズ・石山社長）。

AIエンジニアの「転職しやすさ」

機械学習は応用範囲が広く、転職もしやすい。例えば、バイオインフォマティクスに機械学習を応用できることで製薬会社に転職する人や、画像認識による不良品検知の技術を生かして機械系のメーカーに転職する人もいる。

AIエンジニア後のキャリア

AIエンジニアの業務自体は大きく変わらないが、より大規模な案件を受注することや、よりインパクトの大きいビジネス課題の解決を任されるようになる。

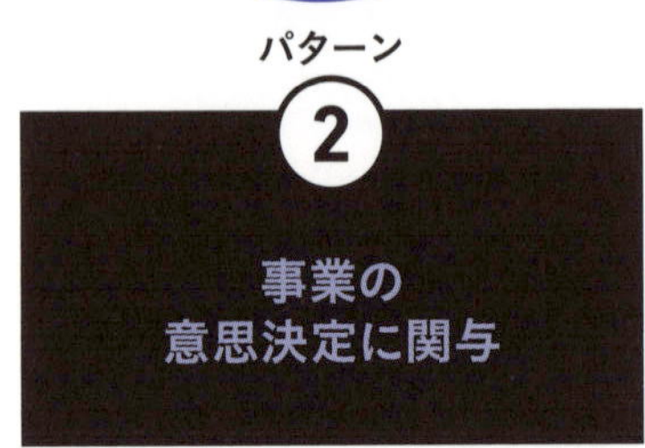

AIエンジニアの業務からは少し離れ、マネージャーとして人材の育成・管理や、どのようなプロダクトを作成するかの意思決定に関わっていくパターンもある。

AIエンジニアにならなくても…
似た仕事MAP

データサイエンティストやデータアナリストと必要な知識や技術は近い。明確な区分をしていない会社もある。実装するという点ではソフトウェアエンジニアとも近く、GAFAなどでは両方こなす人が多い。

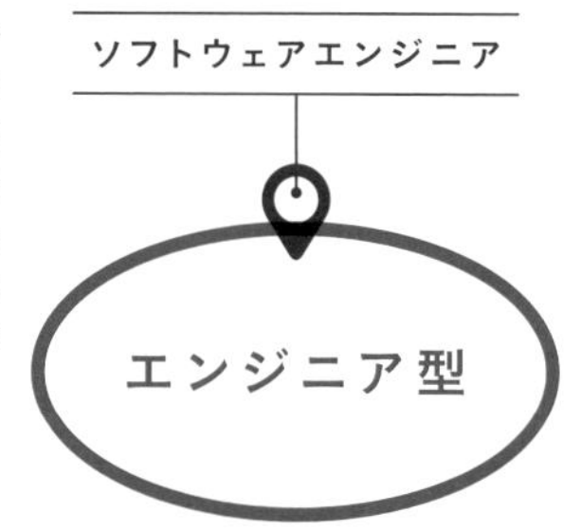

結論

機械学習はもちろん周辺技術の習得も大事に

昨今バズワードとなっている機械学習だが、専門性が高く身につけなければならないスキルも多い。PyTorchやTensorFlowといった機械学習用のライブラリを使いこなし、アンサンブル学習やCNN（畳み込みニューラルネットワーク）、GAN（敵対的生成ネットワーク）といった高度な手法を理解したうえで実装する能力が必要だ。

その前段階として、データを扱いやすい形にする整形・クレンジングや、機械学習を使う際の重要な基準となる特徴量の作成など、手間やセンスの必要な作業もすることとなる。

機械学習を実装して実務運用までするとなると、業務量は膨大になる。分業でもカバーできるが、コミュニケーションに手間や時間がかかるため、一人でこなせる能力を持っているほうが望ましい。「実際に社会実装をするとなると、ロボットのハードの仕組みやネットワーク・セキュリティへの理解も必要で、機械学習の知識だけでは役立てないということもあります」（エクサウィザーズ・石山社長）。注目度も年収も高い職業ではあるが、それだけ難度の高い仕事と言える。

どんな仕事?

「Webサイトやアプリを使うユーザーのUX(ユーザー体験)をよりよくし、利用者のメリットを最大化する仕事」(グッドパッチ・佐宗純氏)。

UI(ユーザーインターフェース)デザイナーはユーザーの目に触れる部分の設計を担うのに対し、UXデザイナーはユーザーの総合的な満足度が上がるよう、サービス全体の設計を担う。

その責任範囲は、例えばフードデリバリーのアプリであれば注文の容易さから配達の早さまで、多岐にわたる。その仕事内容から、事業企画の担当者であるプロダクトオーナーと協業する機会も多い。

ジョブディスクリプション

- UXを改善し、利用者の体験を最大化する
- アプリやWebサイトにとどまらず、サービス全体を対象とする
- デザイナーよりむしろ事業開発や企画に近い
- 必ずしも美術系大学を卒業している必要はない
- 構造化やグルーピングの力が不可欠
- 幅広い分野にキャッチアップする好奇心も必要
- 近年DXが進み、需要が急増している職業の一つ

「UXデザイナー」はどこにいる?

まずはデザインファーム。デザイナーが所属し、事業会社の依頼を受けて製品やサービスの設計を担う企業だ。グッドパッチなどが広く知られている。

そしてコンサルティング会社。近年コンサルにおいて、企業のパーパス(目的)を探るデザイン思考やプレゼン時にモックアップ(試作品)を持参するなどデザインが重視される傾向にあり、大手コンサル会社がUXデザイナーを採用するようになっている。海外コンサル会社ではデザインファームの買収も見られる。

一般企業でもデザイン部署の新設が相次いでおり、そうした専門部署に所属する場合もあれば、各事業を担う部署に所属する場合もある。アプリのデザインを自社のデザイナーが担っているメガバンクもあるという。また、デジタル化を推進している行政分野でもUXデザインに対する需要が高まっている。わかりにくさを解消するためにユーザーの体験を重視する人材が求められているためだ。

業界マップ

コンサルティングファーム

アクセンチュア
BCG
マッキンゼー
デロイト　等

デザインファーム

グッドパッチ
コンセント　等

中央省庁

デジタル庁
等

一般の事業会社

リクルート
NTTコミュニケーションズ
三井住友銀行
トヨタ　等

「UXデザイナー」はどうやってなるのか?

①	デザイン系の専攻 → 新卒採用	美術系大学、総合大学のデザイン専攻、専門学校を合わせ、新卒デザイナー採用全体の7割強を占める。
②	総合大学の非デザイン専攻 → 新卒採用	新卒デザイナー採用全体の2割強。デザイン専攻がない大学でも、デザイン人材を育成する講義やコースを展開している場合がある。インターンシップや学生起業を経てスキルを身につける人も。 中途採用市場でのデザイナー不足を受け、新卒デザイナー採用に力を入れる企業が増えている。その一方で新卒デザイナー研修が充実している企業はまだ多くない。
③	中途採用	実は、約7割の企業はデザイナーの新卒採用を行っておらず、新卒より中途のほうが一般的な「なり方」。UIデザイナーやプロダクトマネージャーから転職する人が多い。なかには法人営業からUXデザイナーになる人も。

UXデザイナー 「給料」と「出世ピラミッド」

デザイナーの給料は全体的に上昇傾向にある。特にシニアデザイナーと呼ばれる人材やデザインを担う経営層への給料が増えている。経験やチームをマネジメントする能力に応じて上昇する。

平均年収 398万円

年齢	年収
40歳	467万円
35歳	426万円
30歳	389万円
25歳	324万円

オープンワーク提供

CXO/CDO

サービスデザイナー/デザインストラテジスト

プロダクトデザイナー

UXデザイナー

代表的な企業の一例

UXデザイナー「最初にやる仕事」

最初の数か月は研修を受ける。デザイナー向けの研修ではUXデザイナーに必要なスキルセットやマインドセットを身につけることができるが、そうした研修が充実している事業会社はまだ少ない。

研修を終えたあと、デザインファームでは熟練したUXデザイナーとともに実際のクライアント案件を進めていく場合が、事業会社のデザイン部署ではUX改善など比較的小規模なプロジェクトを任される場合が多い。想定ユーザーのデプスインタビューなどを担当する場合も。いずれも2〜3年程度かけ、リサーチやプロダクトマネジメントなど自らが得意な分野のスキルを身につける。

熟練するとともに、自分で現状を分析し、どの問題を解決すべきか、またどのようなUXデザインのフレームワークを用いるべきかなどを自分で決めてチームメンバーを率いていくPM的な仕事となる。また、プロジェクトの規模や抽象度、難易度が上がっていったり、プロジェクトをリードする役割が求められる。

若手UXデザイナーの一日

9:30	出社
10:00	業界トレンドの情報収集・タスク整理
10:30	プロダクトマネージャーとの打ち合わせ
11:30	新しい機能の競合リサーチ
12:30	ランチ
13:30	新しい機能アイディアのプロトタイピング
14:30	他のUIデザイナーと共同作業
16:30	ユーザーインタビュー
17:30	インタビューの結果まとめ・Slack対応、退社

取材を基に編集部作成

必要なスキル・マインド・学歴

学歴
非デザイン専攻も意外と多い

必ずしも美術系大学を卒業している必要はない。東大や早稲田大といったデザインの専攻がない総合大学の出身者も多く、総合大学の非デザイン専攻出身者が新卒採用全体の2割強。そして美術大学出身者が3割程度、専門学校出身者が2割程度いる。

スキルセット
潜在的に求められる価値を設計

「構造化する力や本質を見抜く力が必要」(グッドパッチ・佐宗氏)。ユーザーの体験を最大化するためには、直接聞き取った内容をグルーピング、ラベリングし、そこからユーザーが本当に求めている価値や体験を見出してサービスを設計する必要がある。デザイン分野におけるこれらの力は、入社後の研修で学んでいくことが多い。

マインドセット
好奇心、向学心、共感力

UXデザイナーとして関わるプロジェクトの分野が多岐にわたり、すべてにキャッチアップする好奇心や学習意欲はもとより、向学心や社会における価値観の変化をつかむため、トレンドを追う感度が必要だ。また自ら共感するエンパシーの能力も求められる。自分と背景が違うユーザーの体験や行動をデザインするからだ。

ロールモデルが語る

「UXデザイナー」のリアル

神 一樹

グッドパッチ

現職者　経験 

信頼関係の構築、維持

クライアント・社内問わず、メンバー間の信頼がないとき。物事や事象をよくするためではなく、誰かを責めるためのコミュニケーションが出てきてしまうと、目的が相手を攻略することに変わってしまう。

やりがい

栗田 透

グッドパッチ

現職者　経験 

本質的な課題から解決策を創造

ユーザーの行動や思考・感情をリサーチして本質的な問題を明らかにし、それに対する創造的な解決策を生み出すことが、この仕事の醍醐味だと思います。

西藤 健司

エクサウィザーズ

やりがい

現職者　経験 1年

ユーザーが前のめりになったとき

UXの調査をしているときに、「これもう使えるんですか？」と前のめりに聞いてくれたり、「こういうのが本当に欲しかった」と言ってもらえたりするのは、嬉しいです。

大抵一発でそこまで行けず長い道のりを経るのですが、それらが報われた気になります。上記によってチームに共通言語が生まれるのも面白いです。

Forrest Maxwell

ニューズピックス

苦労

現職者　経験 2年

UXの重要性を経営者に理解してもらえないとき

今はSaaSの時代です。ソフトウェアを一回買ってもらうことより、解約せず使い続けてもらい、満足度を高く維持するほうが重要になってきています。これにおいては営業やマーケよりもUXのほうが効果的です。

欧米ではUXの重要性の理解が高いのですが、日本はこの進化が遅いです。実は今の仕事でも実際のUX業務に使う時間より、社内のステークホルダーに向けたUX教育、リサーチ結果やUXツールの活用を促すために使う時間のほうが多いほどです。

まだ販売数や短期的な売上を重要視している企業からすると、UXの成果は定量化しづらいので、なかなか重要性を認めてもらうのが難しく、そのなかで自分の価値をどう企業に認めてもらえるかについて悩むことが多いです。

山田 清生

Traimmu

☑現職者　経験 3年

自分がチームで一番ユーザーやプロダクトを理解しろ

体験を作る上でユーザーが感じている課題を把握し、プロダクトに落とすことは必須事項です。そのためには両者の理解が必須で、僕の上司は積極的に他職種とのコミュニケーションやユーザー会の開催、ドッグフーディングなどで誰よりも情報を取りに行っていました。その上司の言葉や行動が今の僕の振る舞いに繋がっていると思います。

瀧 知恵美

ミミクリデザイン

☑現職者　経験 9年

チームで大事なものがわかる瞬間

ユーザーの話を聞いたりユーザーの反応を見たり、あるいは作り手である自分たち自身で体験してみて、「これがユーザーにとって大事な体験なんだ！」と実感をもってわかる瞬間が楽しいです。それは当初想定していなかった体験である場合も少なくありません。

竹田 哲也

アトラエ

苦労

☑現職者　経験 4年

サービスとユーザーの要望にギャップが見えたとき

リリースしたサービスやプロダクトで、ユーザーが感じていることと体験設計にギャップがあり、多くの不満が生まれているとき、そしてリリースした新機能が使われないときはしんどい。体験設計したサービスや新機能が使われるとは限りません。うまくいかないのは悔しいですが、課題を見つけブラッシュアップしていくのが醍醐味であり、苦労でもあります。

西藤 健司

エクサウィザーズ

先輩の教え

☑現職者　経験 1年

意見ではなく、行動を見よ

顧客志向の重要性について学びました。なかでも、下記2点は今の仕事をするうえで重要視しています。

・顧客の意見ではなく、行動を見る
・提供者の思い込みは信じない（だからこそ、できるだけ早く顧客からフィードバックをもらいにいく）

UXリサーチを「顧客の意見を聞くこと」と捉えていた私にとっては印象深かったです。

岩田 悠

グッドパッチ

先輩の教え

☑現職者　経験 4年

相手との共通言語で話すこと

デザインプロジェクトでは、クライアントも含めてバックグラウンドが異なる人と一緒に仕事をすることが多い。そのときにデザインの言葉を使うのではなく、相手を理解し、相手の言葉で伝わりやすい言葉を使うこと。そのために、デザインの領域に閉じずに幅広いインプットをしておくことが大切。

UXデザイナー志望者が「読むべき本」

樽本徹也・著
『ユーザビリティエンジニアリング』
（オーム社）

現職者　経験 19年

羽山 祥樹

フリーランス

執筆の裏話を、著者に直接うかがったことがあります。さすがユーザビリティの大家。執筆の途中で、なんと「この本自体のユーザビリティテスト」をしたと言います。

想定読者に、この本の草稿を渡して「この本を読んで実際にユーザビリティテストをしてみてください」という教示をし、あとは何の助言もせずに、ちゃんと実践できるか観察した。そうして、読者がつまずいたところを改稿していったそうです。

この本は、読者が一人きりでユーザビリティテストの実践まで辿りつけることを目指しています。難解なUXデザインの本が多いなかで、現場にもっとも近い本でしょう。

安宅和人・著
『イシューからはじめよ 』
（英治出版）

現職者　経験 4年

野田 克樹

グッドパッチ

UXデザインプロセスに関する書籍を推薦するか迷いましたが、本質的な課題を特定する力が重要だという理由でこの本を推薦します。

「プロセスを組み上げる、サービスを設計する」等、どんなときも現状の課題は何か？　つまり、イシューは何か？ という点から、すべては始まります。この基礎的なポータブルスキルがあって初めて一人前のUXデザイナーへの道が拓けると思います。

この書籍含め、UXデザイナーを目指す方は課題特定力や構造化力を鍛える書籍を読むとよいと考えています。

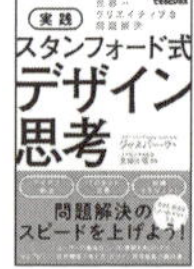

ジャスパー・ウ・著、
見崎大悟・監修
『実践スタンフォード式デザイン思考』
（インプレス）

現職者　経験 2年

Forrest Maxwell

ニューズピックス

UXの仕事では「デザイン思考」という問題解決の過程を用いて、新しいサービスやユーザー体験を生み出します。この本にはデザイン思考の活用方法が事例と一緒にわかりやすく説明されているので初心者の方におすすめです。

日本ではまだ「UXデザイナー」や「UXリサーチャー」という職種の募集を見かけることが少なく、UX業界への転職が簡単ではないのですが、実はカスタマーサクセスなどの仕事とは共通点が多く、デザイン思考やUXのツールがそのまま活用できます。

興味がある場合は、まずこの本に書かれていることを今の仕事でやってみることをおすすめします。

この職業を一言で表すと？

経験 11年
☑ 現職者

神 一樹

グッドパッチ

人とビジネスのインターフェイス

社会アーキテクチャづくりの番人

経験 10年
☑ 現職者

藤井 保文

ビービット

経験 4年
☑ 現職者

岩田 悠

グッドパッチ

体験価値を追求し本質的なビジネスの成長を目指す仕事

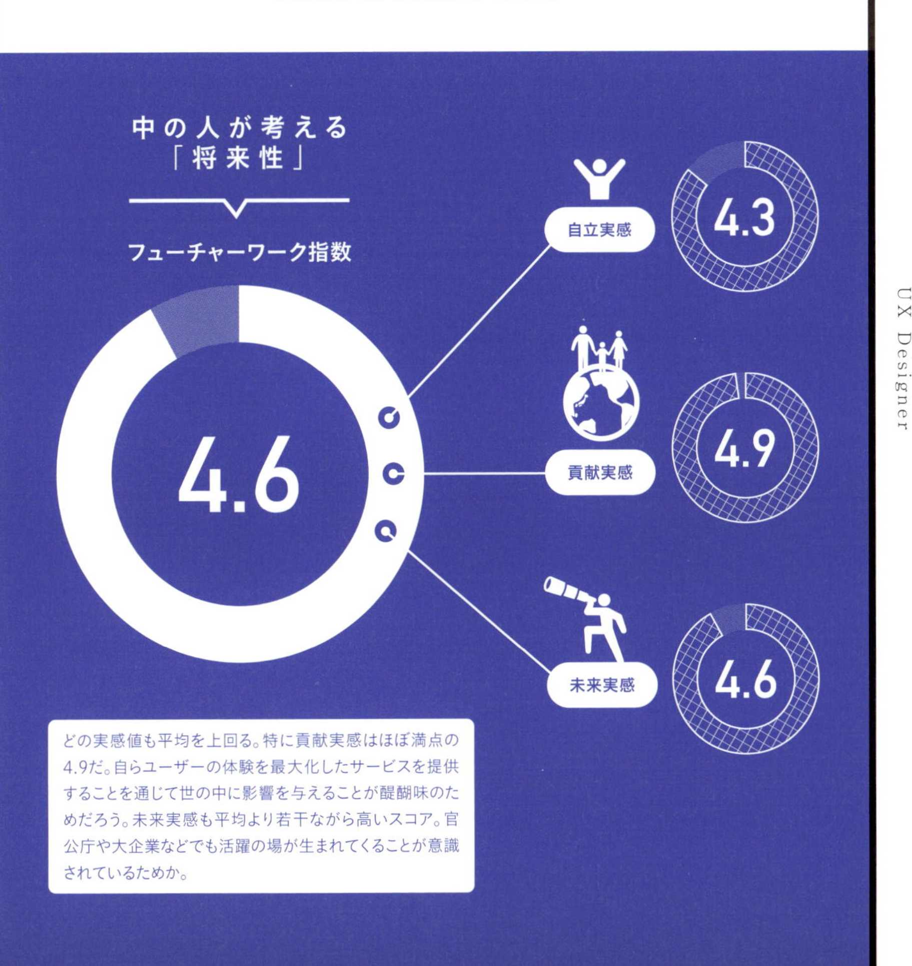

どの実感値も平均を上回る。特に貢献実感はほぼ満点の4.9だ。自らユーザーの体験を最大化したサービスを提供することを通じて世の中に影響を与えることが醍醐味のためだろう。未来実感も平均より若干ながら高いスコア。官公庁や大企業などでも活躍の場が生まれてくることが意識されているためか。

UXデザイナーの経験で何が身につくのか？

事業とユーザーを繋ぐ経験を経ることで、デザインのみならず事業全体を見る視点が身につく。

キャリアパスとしては①UXデザイナーのスペシャリストとして専門性を深掘りする、②マネジメントスキルを身につけてデザインチームを率いることでパフォーマンスを最大化する、のおおむね2通り。現在は前者が圧倒的に多い。後者のキャリアであっても、デザインのスキルそのものはメンバーの品質を担保できるレベルで、優劣があるわけではない。

身につく力

- ユーザーが求めるものを実現する力
- 事業全体を見渡す力
- チームのマネジメントスキル

UXデザイナーの「転職しやすさ」

UXデザイナーを含むデザイナー全体で人材不足が深刻。約7割の企業が人材確保に課題を感じているという調査もあり、転職はしやすい。民間企業だけでなく行政分野でデザイン重視が進む状況も後押しする。

有効求人倍率

10.4倍

パーソル調べ

UXデザイナー後のキャリア

パターン1 UXデザイナーのスペシャリスト

こちらが多数派。それでも官民双方でUXデザイナー全体の需要が増えるなか、ますます求められる人材。

UXデザインのスペシャリストとして、さまざまなサービスの設計に携わっていく。

パターン2 デザイナーを率いるマネジメント層

現状ではデザイナー全体の1割程度で、これからさらに需要が増えていくと考えられる。

チームのマネジメントにとどまらず、CDOやCCOといった立場で経営に携わる機会もある。

パターン3 事業の統括や企画

事業とユーザーを繋ぐ経験を経て、事業統括や事業企画・事業開発といった、より事業寄りの立場に進む選択肢がある。

新規事業の開発はもちろん、既存事業の改善をする機会もある。

UXデザイナーにならなくても…

似た仕事MAP

UXデザイナー

デジタルマーケター

カスタマーサクセス

ユーザーニーズ追求型

UXデザイナーの仕事は、ユーザーのニーズを知ることと、その体験価値を最大化するべくサービスを設計することに分けられる。デザイン面とビジネス面の両方に、似た仕事がある。

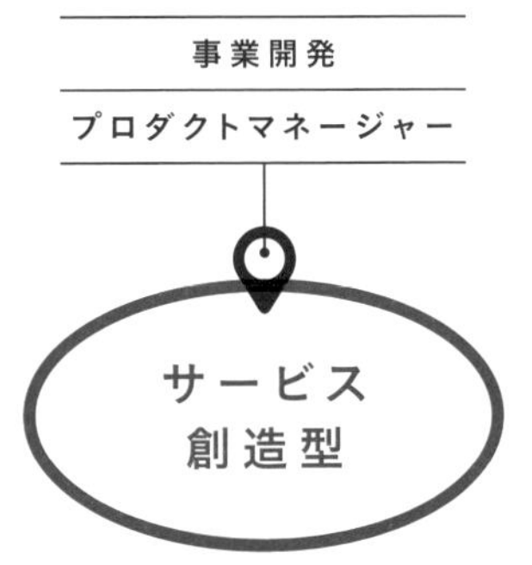

結論 UXデザイナーは、もはやデザイナーではない

「デザイナー」がつく分、芸術センスが重視されると思われがちだが、仕事の内容を見るとむしろ事業開発や事業企画の仕事に近い。UXデザイナーがデザインするのは、名前通り、そのサービスが生み出すUX（ユーザー体験）そのものだからだ。事業開発は収益モデルを確立するなどビジネス面に責任を持つ一方で、UXデザイナーはサービスの全体設計を担う。どちらが欠けてもサービスの継続的な成長は難しい。それゆえ、UXデザイナーに求められる構造化の能力や本質を見抜く力は並大抵の水準ではない。美術系大学に限らず東大や早慶の出身者が現れつつあること、関わる領域が経営に近い分野に広がりつつあることも納得がいく。

近年、旧来的な日本の大企業や霞が関でもデジタル化が進んでいる。行政サービスの使いにくさに表れているように、そのようなセクターではユーザーの体験があまり重視されてこなかった。しかしデジタル庁の募集要項に「UXデザインに対する理解」が盛り込まれるなど潮目は確実に変わりつつある。UXデザイナーが求められる事業領域は少しずつ、着実に広がっている。

column 5

ソフトウェアエンジニアの裏リアル

思ったより…

年収めちゃ気にする

7章

職業研究

事業を支える コーポレートの 仕事

コーポレートはエリートなのか、縁の下の力持ちなのか？

会社員の仕事は、フロントで顧客と対峙する営業部門、商品開発などの企画部門、そして財務、経理、人事などを擁するコーポレート部門の3種に大別される。コーポレートの仕事は、会社によってはエリートとみなされる出世部門であり、逆に縁の下の力持ちのような扱い方をされることもある。

通信、電力、銀行といった規制産業のコーポレート部門は花形だ。NTTグループでは“ソウジンロウ（総務、人事、労務）”という言葉が固有名詞になるほど出世の登竜門。一つの不祥事で免許剥奪もありうるため甚大なミスは許されず、失敗を未然に防ぐコーポレート部門は重視される。片やネット企業や外資系消費財、金融など自由競争の業界は会社に利益をもたらす人間が花形で、コーポレートの存在感はやや薄い。

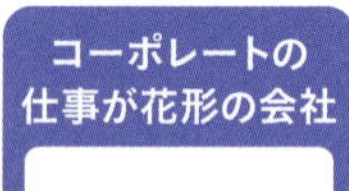

コーポレート「仕事の種類」

コーポレートの仕事は、付加価値の高い領域と、効率化を追求すべき領域に大別できる。例えば同じ人事の仕事でも、旧来のメンバーシップ型雇用をジョブ型雇用に変える、次代の経営人材の人材プールを作り育成計画を立てるといった「戦略人事」の仕事の領域はCoE（センターオブエクセレンス：最先端のエリアで情報収集・戦略立案・商品開発などをリードする役目）とも呼ばれ、長期的に会社の価値を高める舵取りをする仕事と言える。一方、給料計算をする、採用向けオウンドメディアを運営するといったオペレーションの仕事は、アウトソース化やITによるスマート化が進む。

付加価値の高い仕事の領域としては、法務や知財（知的財産）、戦略広報などがあり、マルチな能力というより一点突破型の専門性が要求される。これらの仕事も例えば法務における文書のリーガルチェックといったオペレーションはアウトソース化が進むが、他社とM&Aをするときの法的なリスクの洗い出しやその対応など、経営への影響度が高い仕事はエース級の人材が投入され、その腕が試される。

採用や労務、経理や情報システム（情シス）といった仕事は、サービス（業務）をシェアすることで経営効率を高める「シェアードサービス」化が進み、例えば情シスの仕事で言うならシステムの保守やヘルプデスク（問い合わせ窓口）などはアウトソースされることが多くなってきている。

コーポレートの仕事で活躍したいのなら、今後は、IT化や業務委託化が進む領域以外の、会社の価値を高める領域に近づくことが有効なキャリア戦略と言えるだろう。

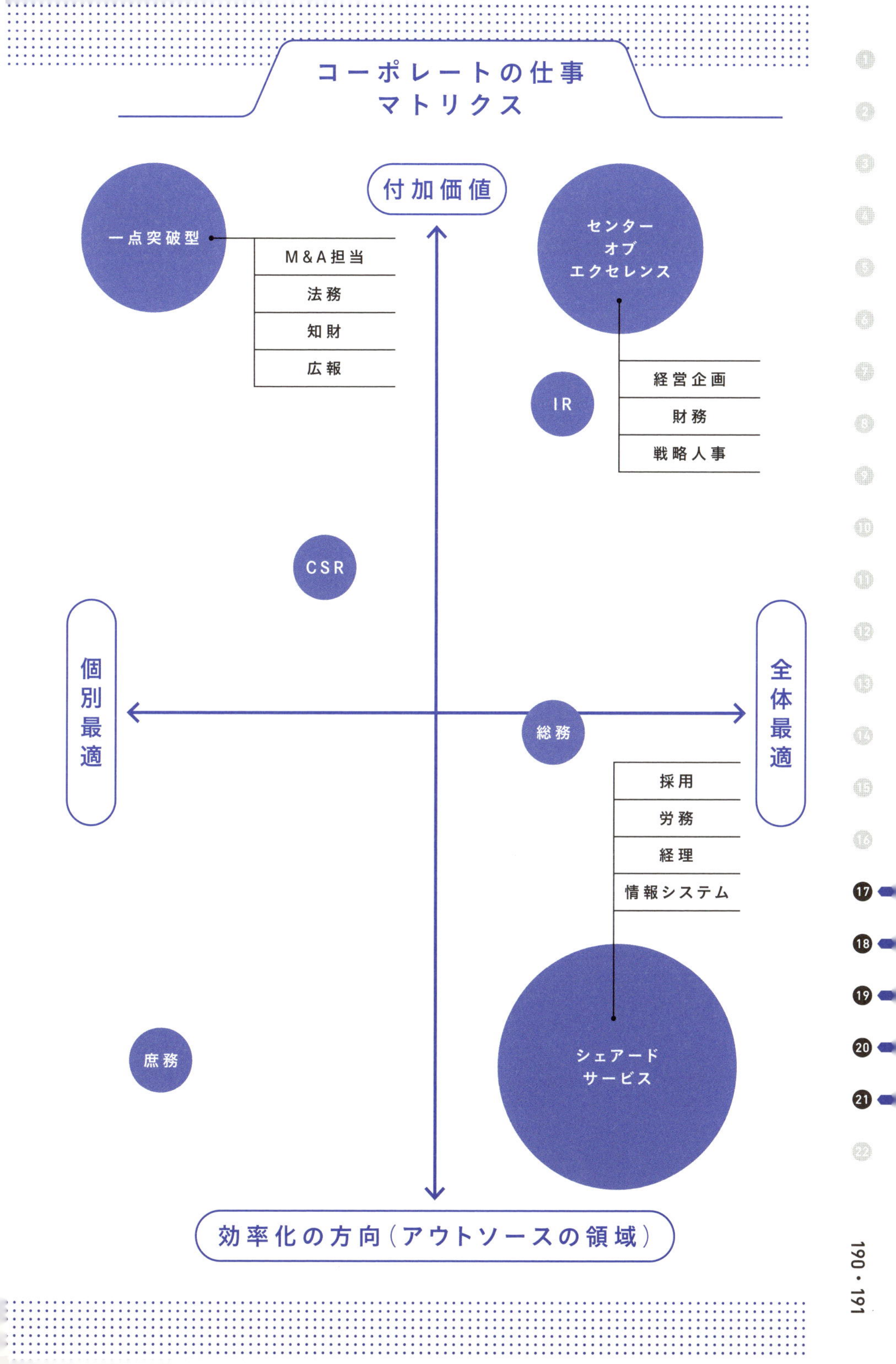
コーポレートの仕事
マトリクス
付加価値
効率化の方向（アウトソースの領域）
個別最適
全体最適
一点突破型
M&A担当
法務
知財
広報
センター
オブ
エクセレンス
経営企画
財務
戦略人事
IR
CSR
総務
採用
労務
経理
情報システム
シェアード
サービス
庶務

「コーポレートの仕事」5つの大変化

1 グローバル化

今、コーポレートの仕事には大きなチャンスが到来していると言っていい。その筆頭がグローバル化だ。日本の会社のM&A件数は、2010年以降右肩上がりに増えている。なかでも、ソフトバンクが英半導体大手アームを、リクルートがインディードを買収したように、クロスボーダーと呼ばれる海外企業の買収も増加中だ。M&Aや提携、拠点の拡大などをテコにした海外進出は、おのずと日本企業のコーポレートの仕事内容をグローバル化する。

経営企画や財務、法務などコーポレートの中枢を担う面々は、M&Aの一連のプロセスである目的の明確化からNDA(秘密保持契約)締結、スキーム(計画、枠組み)作りや、自社と相手側企業のトップ面談の設定、クロージング(契約締結)、PMI(M&Aを実施したあとの統合)に至るまで一連の業務に携わる。

それだけではなく、例えば人事には、海外買収先企業との人事制度の統一や人材の管理などの仕事が待っているし、経理や情報システム部は、会計やシステムをどう統一するかが課題になる。総務にしてもそうだ。例えば全社会議の仕切りは、誰が、どうやって、いつまでに英語対応するのかといったことを考えて実行する必要がある。

このように、日本企業が海外に進出した際、営業や商品企画といった国内の現場は日常業務にさほどの影響はないが、コーポレート部門は非常に影響を受けるのだ。だからこそ、グローバル化はコーポレートの人にとって、自身もグローバル化するチャンスと言える。

日本企業のM&A件数の推移

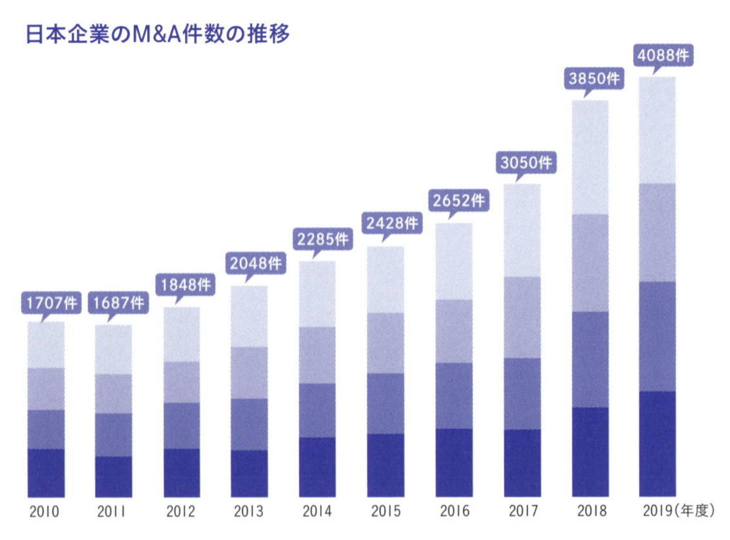

出典：レコフ資料

2 スマート化

従来、コーポレート部門は管理部門とも呼ばれ、どこか雑用を引き受けるイメージが付きまとった。これまではIT化するためにERP（基幹統合パッケージ）を導入するとなると、業界向けのカスタマイズに膨大な時間と予算がかかり、後手後手になることも多かった。ところが近年、ソフトウェアの機能をインターネットを通してクラウドから利用するSaaSがサブスクリプション（月額課金）で手軽な値段で利用できるようになった上、業界や業種に関係なく業務課題を解決する「ホリゾンタルSaaS」のサービスが大量にローンチされた。その恩恵もあり、例えば人事なら労務手続きや給料明細の配布、従業員情報の一元管理まで一つの人事クラウドでできるようになった。これにより、庶務的な仕事が激減。コーポレートのスタッフはその分空いた時間で、従業員のトレーニングの強化や長期的なサクセッション（後継者）プランの作成など、より戦略的な仕事に注力できるようになり、いきおい、仕事の中身もクリエイティブになった。

3 アウトソース化

IT化と同様にコーポレートの仕事内容をスマート化させたのが、アウトソースの普及だ。法務なら、契約書や書類の簡単なリーガルチェックは、専門の事務所に外注する。社員からの問い合わせもヘルプデスク専門会社に発注する場合が多い。

4 インハウス化

一方、重点領域は、かつては外部に依頼していたものも、内部で社員として囲い込む「インハウス化」が進む。その代表が社内弁護士だ。また三井物産は、グループの成長を推進する経営コンサル部隊までインハウス化している。

5 戦略コーポレートの時代

このようにコーポレート部門は、ITサービスやアウトソースの発展という側面でも、グローバル化への対応という意味でも、より戦略的な仕事にフォーカスする傾向が高まっている。なかでも、その先鋭部隊が「CoE（センターオブエクセレンス）」だ。前述した通り、最先端の領域で情報収集・戦略立案・商品開発などをリードする部隊だが、この部隊が最近では事業開発まで行うことがある。

これまで新規事業は、各事業部の現場から、既存事業を発展させる形で行うことが多かったが、それだとどうしても過去の延長線上でしかなく、規模の小さい発想に陥りがちだった。全社を横断した視野で事業を作ったほうが全体最適になりやすいとの声もあり、最近ではコーポレートのなかにいるCoEが新商品や事業を作るケースも出始めている。今後はより「攻めのコーポレート」が求められるだろう。

経営企画

どんな仕事?

企業が中期的に目指すあり方と現在置かれている状況とのギャップを埋める「中期経営戦略」の策定をはじめ、その企業の戦略立案を支える花形部署が経営企画だ。社運をかけた新しいプロジェクトやM&Aなどを検討する際、採算性はあるか、法規制のリスクはあるかなどを調査し検討する。

経営改革のためにコンサルを入れる際に、彼らと相対する窓口となる部署も経営企画だ。

一方で赤字が続く事業を立て直すために拠点の閉鎖や製品種類の縮小、場合によっては事業撤退のシナリオを作り、対象となる事業の人間に対してリストラの理由説明に赴くという辛い役目もある。

ジョブディスクリプション

- 市場やライバル企業の調査
- 買収を検討している企業の企業価値の査定
- 海外事業の法務訴訟リスクの調査
- 中期経営戦略などの戦略プラン案の策定
- 対外発表する戦略のプレゼンテーション資料の作成
- 取締役会の運営、戦略発表会の準備運営
- あらゆる事業部同士で生じる利害調整
- 政府など外部機関との渉外

「経営企画」はどこにいる?

実は、経営企画室という部署は、日本企業にしかない「ガラパゴス」職種だ。外資系企業では、CFO(最高財務責任者)率いる財務・ファイナンス部隊が全社的な経営戦略の立案を担っているケースが多い。日本企業の経営企画に相当する機能は、外資系企業では本社にはなく、ビジネス部門ごとにある企画チームが相当する。

経営企画の仕事といえば、中期経営計画の策定だ。だが、この中期経営計画もまた、欧米企業では用いられていない。

欧米企業は1年後の業績見通しと、5～10年の「企業の目指す方向性」を示す程度だ。

日本企業でも従来のような中期経営計画の発表を取りやめる動きが出てきている。

そして欧米企業のように、経営企画のトップであるCSO(最高戦略責任者)がなくなり、財務トップのCFOに置き換わりつつある動きも見逃せない。

経営企画
「給料」と「出世ピラミッド」

会社の中枢にいる経営企画は、相対的に給料も高め。ただし、スタートアップが外資コンサル出身者などを経営企画として雇うときは前職の高給は払えないため、ストックオプションなどを持たせてバランスを取る場合が多い。

大企業の場合は、新卒でいきなり経営企画に配属されるのは稀で、営業や人事、経理、財務などを経てから、将来の幹部候補として送り込まれる場合が多い。若手でも主要事業の中期経営計画の策定や予算の配分、経営リソースの最適化などに携わるため、早いうちから経営感覚が身に付く。役員など経営幹部と働くことも多いため、先輩経営者の薫陶を受けやすくもある。一方で、実際の事業のバリューアップ（価値向上）には貢献していないと、内部から、半分嫉妬も込みで揶揄されることもある。今後は、既存の「知」の深化と、新しい「知」の探索を同時に行う「両利きの経営企画」が求められるだろう。

若手経営企画の一日

7:00	起床、朝食、ニュースチェック
8:00	出社、前月の実績数字を管理会計システムに取り込み
9:00	予算と実績の差分を分析
11:00	実績数字を基に取締役会の準備
13:00	ランチ
14:00	管轄役員、事業リーダーとの定例MTG
15:00	人事部と、採用の進捗と課題のMTG
17:00	取締役メンバー中心のボードMTGに参加
18:00	議事録作成・展開
19:00	社内勉強会参加後、帰宅
24:30	就寝

取材を基に編集部作成

平均年収　725万円

年齢	年収
40歳	756万円
35歳	683万円
30歳	582万円
25歳	450万円

オープンワーク提供

必要な
スキル・マインド・学歴

スキルセット
論理的思考力、ビジネス知識

経営戦略に携わるだけあり、論理的な思考力は極めて重要となる。加えて、総合的な能力が求められる。ビジネスモデルやマーケティングにまつわる知識は当然として、財務・ファイナンス本で出てくるお金の知識や、人事制度の知見も求められる。

学歴
経済系を中心にさまざま

必須ではないが「MBA」を持つ人が多い。経済学部や経営学部出身者が有利とされているものの、数学が得意な理工学部出身や法規制に詳しい法学部出身者が活躍する機会も。

マインドセット
裏方に徹し、周囲をリスペクトする

「自分が前面に出て活躍したいと思う人よりも、周囲の人間をリスペクトしながら、どうやって会社の価値を高めていけるかに関心を持つ人のほうが向いている」（エクサウィザーズCSO・守屋智紀氏）。

「経営企画」はどうやってなるのか？

① 経営幹部候補パターン

営業や技術など事業部門で活躍した経営幹部候補が、会社全体を見渡して経営戦略を考える力を養成するために異動するケースがある。会社によっては、役員になるための登竜門とも言われる。

② 中途採用パターン

コンサルが、経営企画とともに経営改革を推進し、引き抜かれるケースは多い。コンサル側も事業会社で実際の事業がしたいと望むケースも多々。同様に、M&Aの際、投資銀行のアナリストがクライアントにヘッドハントされる場合も。

③ 新規事業立ち上げパターン

新規事業を立ち上げた事業企画が、その事業を成長させた実績が買われ、より大きな全社的な事業推進や経営ポートフォリオの入れ替えなどに携わる経営企画に配属されることもある。

経営企画の「転職しやすさ」

経営企画から外資系のコンサル会社に転職し、経営コンサルになるケースはある。だが、そもそも経営企画は比較的会社から大事にされているエリートの場合が多いため、本人も居心地がよく転職を考えない場合も多い。

経営企画後のキャリア

パターン1 事業の責任者コース

事業経験を積ませることで経営者候補として育てる狙いがあり、業績の立て直しが求められている事業や、日本の文化が一切通用しない海外子会社などに送り込まれる。こうした動きは実際にパナソニックやソニーなどで起きている。

パターン2 財務の部署に異動コース

財務部門への異動では、近年重要性を増しているファイナンスの思考力を強めることで、その後、経営幹部に昇進した際の経営戦略に厚みを持たせる目的がある。こうしたキャリア形成は、経営幹部となるための王道コースと言える。

パターン3 転職コース

経営幹部候補として積んだ実務経験を糧に、コンサル会社に転職するケースが見られる。また、スタートアップに転職し、「ナンバー2」と呼ばれる経営幹部として起業家を経営実務面で補佐するというキャリアがある。

経営企画にならなくても…

似た仕事MAP

経営企画

財務

人事

事業を支える専門家型

中期経営計画を作るときに財務と組んだり、人事と長期的な人材育成計画やサクセッション(後継者)プランを立てるといった側面から、これらの仕事と似通う点がある。経営の専門家という側面では、経営コンサルと似る。

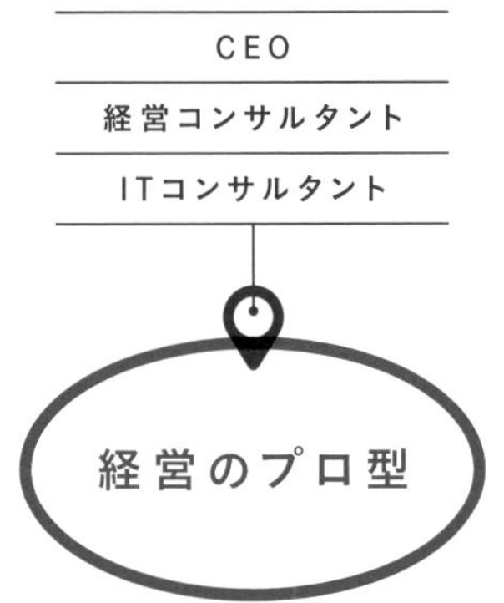

結論　財務と人事の台頭で過渡期 司令塔として存在感を発揮できるか

経営企画は今、過渡期にある。ソニーや日立製作所、旭化成、SOMPOホールディングスなどが経営企画のトップのCSO(最高戦略責任者)を廃止し、CFO(最高財務責任者)に統合する動きがある。

その背景には、従来の経営企画が策定してきた「3年後を最終目標とするような中期経営戦略」が、事業環境の激変によって「絵に描いた餅」となってしまうケースが増えてきたことがある。同時に、近年は経営戦略を語るにしても「投資効率」のようなファイナンスの視点ありきとなった。加えて、日本企業では人事制度の改革が進み、CHRO(最高人事責任者)の重要性も増している。経営企画は、これら財務や人事に埋没しかねない。

エクサウィザーズCSO・守屋氏によれば、従来の経営企画は、それぞれの事業部が出した事業計画書を一つの資料にまとめる「ホチキス係」のような側面があった。今後は、各事業の変化や経営リスクを早期に把握し、企業価値の最大化のために企業経営を最適化する「コントローラー(司令塔)」の役割が求められるという。

どんな仕事？

自社の成長を後押しするため、メンバーを増やし「働きやすさ」と「働きがい」を向上させることが人事の仕事だ。
「やるべき業務内容は100以上ある」（All Personal・堀尾司氏）とされ、そのカバー領域は多岐に渡る。

自社が求める人材を雇用することを目的とした「採用」、人材の成長を促す仕組みを考案する「育成」、勤怠管理などを行う「労務」などは多くの企業の人事部門が備える役割だろう。近年では、人事業務のDXを促進する「HRIS（人事内のシステム担当）」が登場するなど、その職域は拡大を続けている。

ジョブディスクリプション

- 自社にフィットする人材の採用
- 採用広報
- オンボーディング（自社に馴染むように支援）
- 人材育成計画の立案と実行
- 各種研修の設計
- ジョブ型など新給料体系の構築
- 新人事制度の構築・実行
- リストラ施策の構築・実行
- 経営サクセッションプランの構築
- 取締役改革

「人事」はどこにいる？

基本的に自社の人事部門に属することになるが、近年「人事部門」という概念は拡張している。HRBP（HRビジネスパートナー）は日本企業では比較的新しい人事の活躍の場の一つだろう。中途採用の補充や増員要請、事業部員の配属や育成など特定の事業部の人事課題を吸い上げ、解決する。

HRBPが個別最適を目的としているのに対し、全体最適を担うのがCoE（センターオブエクセレンス）と呼ばれる部門だ。組織を横断する施策推進の中心的な役割を担う。
「ここ10年で、規模の大きな会社においてはHRBP、CoE、そして給与計算など全社共通の定型的な業務を担うオペレーションチーム、この3つの組織が役割を分担して業務を遂行するようになりました。もっとも、利害が対立しやすいHRBPとCoEはぶつかり合うことが多く、仲が悪いケースも多いです」（LUSH・安田雅彦氏）。

人事
「給料」と「出世ピラミッド」

人事の給与は外部環境に左右されにくい。ただしCHROともなると人材不足のため年収は高額。また、例えば退職勧奨などはシニアが向くなど、経験がモノをいい、長持ちする仕事の一つ。

平均年収　562万円

年齢	年収
40歳	595万円
35歳	541万円
30歳	479万円
25歳	381万円

オープンワーク提供

若手人事の一日

10:00	出社
11:00	会議
12:00	企画案作成
13:00	ランチ
14:00	会議
15:00	面接
16:00	資料作成
18:00	会議
19:00	カジュアル面談
20:00	面接
21:00	退社

取材を基に編集部作成

CHRO
人事担当役員
人事部長
各領域の課長
リーダー
メンバー

代表的な企業の一例

必要な
スキル・マインド・学歴

学歴
数少ない心理学専攻活躍の場

一般的に出身校や専攻は問われない。一方で「外資系企業で人事部門のトップになる人は、大学で心理学や組織マネジメントを学んでいた人が多い」(LUSH・安田氏)。

スキルセット
営業・マーケティング力

カバーすべき領域が広く、それぞれの領域において求められるスキルが異なる。採用であればマーケティングスキルや営業力、労務であれば法律の知識が必要とされ、CHROを目指すのであれば、さらにマネジメントスキルや戦略立案力が必要になる。

マインドセット
利他主義と高い倫理観

人事に求められるのは、他者の利益に本気でコミットすることだ。また、人事評価などの個人情報にアクセスし、改竄することができる立場に就くこともあるため、いかなる状況においても他者の不利益になることをしない、圧倒的な倫理観の高さが求められる。

ロールモデルが語る

「人事」のリアル

西島 悠蔵

土屋鞄製造所

☑ 現職者　経験 7年

人が変わる瞬間、変わっていく時間に向き合える

人の成長を見届けられることが、この仕事の醍醐味です。瞬く間に成長する人、自分を超えていく人、数年の足踏みののち大きく羽ばたく人……さまざまなドラマに出合えることにやりがいを感じます。

林 英治郎

DMM.com

☑ 現職者　経験  9年

個の人生に関われたとき

まず、課題そのものに向き合うことが楽しい。そして、長期視点で組織にも人にも向き合うことは大変なことですが、その分やりがいも大きいと感じます。

奥野 浩平

エクサウィザーズ

☑ 現職者　経験 9年

答えのない不安と逡巡

後戻りできないことや中期的に大きな影響を及ぼす業務が多い。新しい仕組みを導入する前には「これで本当によかったんだろうか。でもあれだけ考えて議論したのだから、これでよかったはずだ」という考えが頭の中をぐるぐる回ることもしばしば。

宮本 久美子

TOKYO BIG HOUSE

☑ 現職者　経験 9年　苦労

人が辞める、降格を告げる、重たい面談など

組織変更や人事異動によって退職を引き起こしてしまうときもあります。そのときは会社に不利益をもたらす判断を下してしまったのではと不安になることも。人事の仕事は正解がなく、結果が出るのにも時間がかかるため、常に悩みは尽きません。

川口 恵司

Loco Partners

☑ 現職者　経験 7年　先輩の教え

人事の仕事は「酸素」のようなもの

あるときは当たり前に過ごすけど、なくなると息苦しくなってくる。「みんなが何不自由なく仕事をやっていて、ポジティブなフィードバックをもらえなくてもそれがいい状態であると思い続けるべきだ」と、先輩に言われたのが印象に残っています。

人事志望者が「読むべき本」

麻野耕司・著
『THE TEAM 5つの法則』
(幻冬舎)

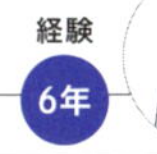

☑ 現職者　経験 6年

徳山 耕平

クラダシ

チームマネジメントのポイントが簡潔に整理されており、入門書としておすすめ。さまざまなフレームワークが紹介されているだけでなく、具体的な事例にも触れているため、実践的な学びとして吸収しやすいことも特徴です。各項目ごとに参考文献も列挙されており、学びを深めるきっかけにもなります。

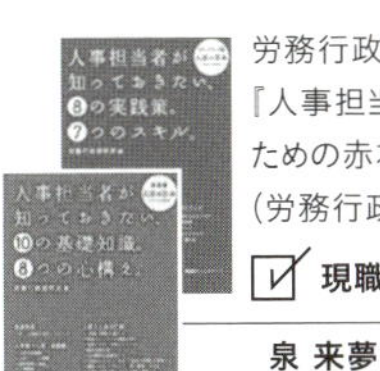

労務行政研究所・編
『人事担当者のための赤本+青本』
(労務行政)

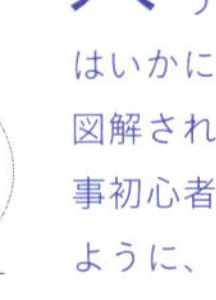

☑ 現職者　経験 4年

泉 来夢

XTech

人事業務全般を体系的に学べる参考書のような本。人事の役割や「経営と人事業務はいかに結びついているのか」といったことが図解されており、とてもわかりやすいです。人事初心者だけではなく、採用から労務といったように、部署内での主業務が変化したばかりの方も手元に置いておくべきだと思います。

小笹芳央・著
『モチベーション・リーダーシップ』
(PHPビジネス新書)

☑ 現職者　経験 3年

日高 達生

楽天

組織マネジメントの原理原則がわかりやすくまとめられている良著です。「べき論」だけではなく、経営哲学、経営上の葛藤、組織の成長フェーズ別の課題傾向、組織変革におけるチャネル、組織論、モチベーション論が実践の場に転用可能な粒度で整理されており、会社の規模やフェーズを問わず有用です。

この職業を一言で表すと？

経験 2年　☑ 経験者

安藤 春香

エイチーム

組織をつくる黒子

経験 12年　☑ 経験者

沼田 暁

NTTデータ

人の彩りを感じられる職業

経験 3年　☑ 現職者

宇尾野 彰大

ニューズピックス

人や組織にとって、安心できるドクターであり、成長の起爆剤となるコーチでもある

キャリアパス

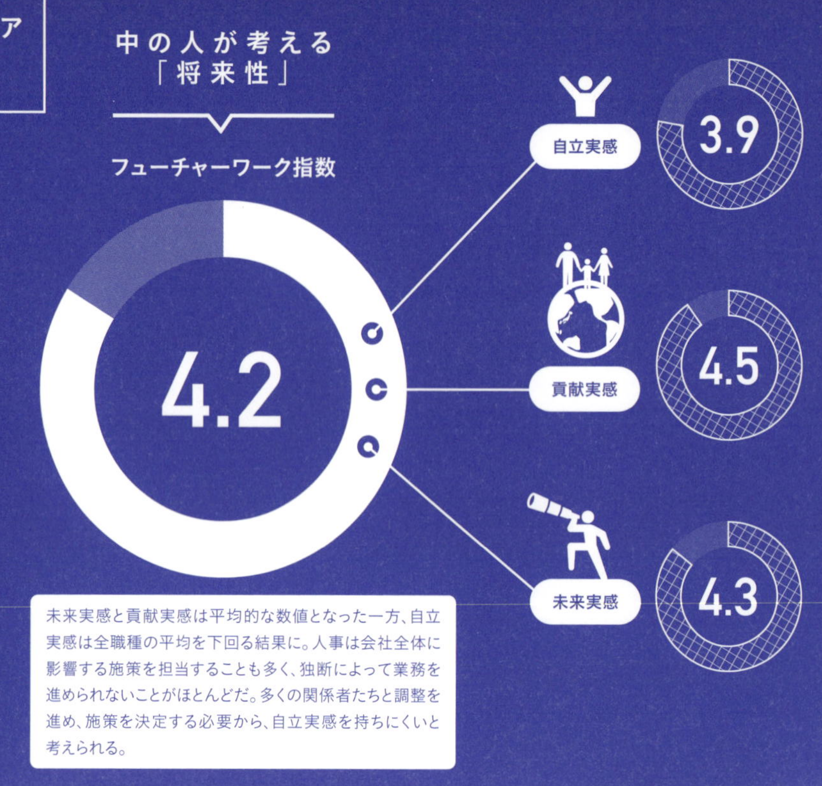

未来実感と貢献実感は平均的な数値となった一方、自立実感は全職種の平均を下回る結果に。人事は会社全体に影響する施策を担当することも多く、独断によって業務を進められないことがほとんどだ。多くの関係者たちと調整を進め、施策を決定する必要から、自立実感を持ちにくいと考えられる。

人事の「転職しやすさ」

「転職しやすい職種。特にHRBP、採用の経験がある人へのニーズは大きい」（LUSH・安田氏）。一定の規模まで専任の人事を置かずに組織を拡大する企業も珍しくなく、そういった企業からのニーズが絶えることはない。

有効求人倍率
1.6倍
パーソル調べ

人事後のキャリア

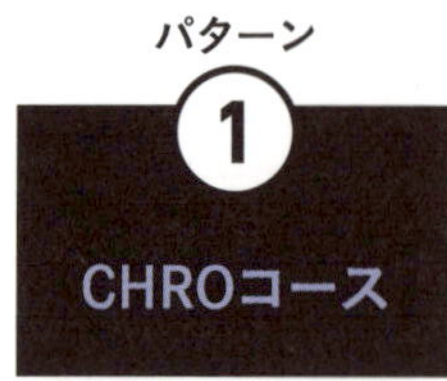

新卒で入社した会社で経験を積み、CHROとして活躍し続ける、または組織づくりのプロとしてさまざまな企業を渡り歩くことも。

独立し、組織コンサルティング企業を立ち上げるパターン。個人事業主として組織コンサルティング業を行う人も少なくない。

経営における「ヒト」のプレゼンスが高まってきたからこそ、経営に人事の視点は欠かせない。人事で得た経験を経営に生かそう。

人事にならなくても…
似た仕事MAP

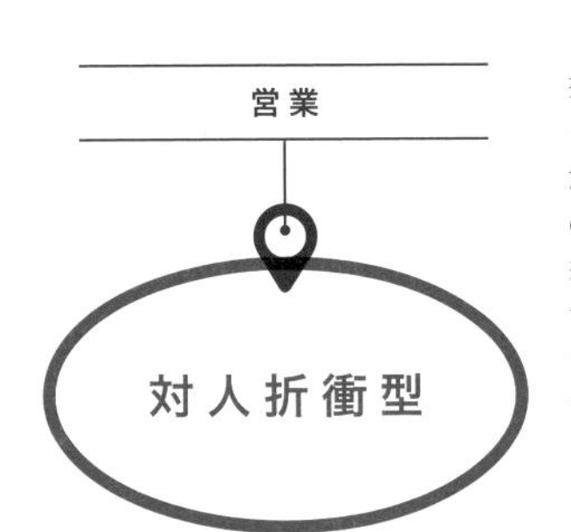

採用においては自社を「売り込む」ことが求められるため、営業やマーケターとの類似点が多い。また、組織課題は経営課題と直結する場合も多く、人事と経営企画は近しい存在だと言えるだろう。

結論 ヒトの力で差別化を図る時代 仕事の本質は変わらない

「ヒト・モノ・カネ」の経営資源のうち、ヒトを司る人事の重要性は今後ますます高まっていくだろう。テクノロジーの発達により、モノ、すなわちサービスやプロダクトの企業間における差は縮まり続けるなか、企業に求められているのは、徹底した顧客伴走などヒトの力による差別化だ。経済のグローバル化が進み、日本企業は国境を超えた人材獲得競争に晒されるようになった。また、働き方改革や人材育成の観点から、メンバーシップ型からジョブ型雇用への転換が求められるなど、人事が担う役割は大きくなり続けている。

欧米に比べ「遅れている」とされる人事領域のDXを専門とする部隊である「HRIS」や、中央集権的だった組織運営を細分化し、部署ごとに最適化するための「HRBP」などの登場は、人事領域における変化の現れだ。しかし、いつまでも変わらないこともある。人事の仕事が、誰かの「働きやすさ」と「働きがい」のためのものであるということだ。人のキャリアに寄り添い、人の成長を後押しすることで、会社、そして社会の発展に寄与し続ける——それが今後も、人事の仕事の本質だ。

広報・PR

どんな仕事？

自社の取り組みやサービスを受け入れてもらうために活動する仕事。

Public Relationsの略で、「社会との関係構築」が主たる業務となる。それゆえ業務範囲が広く、プレスリリースの作成やメディア対応、社内外の関係者との調整など多岐にわたる。企業規模によって、業務内容が変動するのも特徴的。

創業間もない企業であれば、“会社の顔”として自社サービスの魅力を語り、ときに採用候補者に向けた情報発信を任されることも。大企業であれば、予期せぬ炎上を避けるための危機管理が中心になるケースもある。

ジョブディスクリプション

- 企業成長を目的とする広報戦略の立案から実行までを行う
- 会社の顔として、自社の取り組みやサービスを社会に発信する
- 企業文化の伝道師として、企業らしさを体現する
- 世の中のトレンドを掴み、自社の変化を主導する
- 企業のアピールポイントを見つけ、育てる
- メディア露出の獲得を目指し、自社を魅力的に見せる
- 自社のファン獲得を目指し、魅力を最大化する
- 自社のリスクを検知し、その被害を最小限に抑える

「広報・PR」はどこにいる？

会社の規模により、広報部門に1～10人近く人が在籍しているケースが多く、サービスごとに専任の広報担当を置くケースもある。かつては「コストセンター」と見なされてきたきらいがあるが、似通ったサービスが毎日のようにリリースされる昨今、価格や機能性以外の差別化を行うべく、ストーリーテラーとしての役割を担うポジションとして、需要・存在感ともに増加傾向に。副業で複数社の広報を担ったり、フリーランスとして企業を掛け持ちする人も増えてきた。

一方、ベクトルや電通パブリックリレーションズなど、クライアントの広報支援を専門とするPRエージェンシーには、PRコンサルと呼ばれる広報のプロが多数在籍している。PR業界の市場規模は1000億円前後であり、それほど大きな市場ではない。しかしPR先進国であるアメリカで10年で市場が倍増していることを考えれば、日本でも今後はプロ広報人材の引き合いが高まっていくことも予想される。

広報・PR「給料」

勤続年数・役職・年齢などによる一律的な給与規定が設けられているケースが多く、伸び幅も小さい。営業職のようにインセンティブが期待できるわけでもないため、"高給取り" な職種ではない。

だが、仕事内容のバラエティは豊か。自分の組織について誰よりも詳しくなくてはいけないため、各事業部にヒアリングしたり、経営者インタビューに同席する機会も多く、社内人脈ができやすい利点もある。

ただし会社の不祥事や社長の交代など突発的な緊急対応が必要なときは取材や問い合わせが殺到し、眠れないほど忙殺されることも。また、リスクマネジメントは会社の経営を左右する一大イシューのため、これを専門にする広報パーソンも存在する。平時はプレスリリース書き、記者への売り込みなど業務の切り出しやすさから、ベンチャーの広報やライター業などを副業する人もチラホラいる。

若手広報・PRの一日

9:30	出社、自社関連報道記事のクリッピング
10:30	記者対応(先輩同行)、プレスリリース作成
12:00	ランチ
14:00	広報全体MTG、議事録作成
15:00	グループ会社のリリース添削
16:00	競合他社の株価チェック
16:15	クリッピングした記事の読み合わせ(広報全体)
16:45	取材対応(先輩同行)
17:30	メール対応、プレスリリース作成
19:00	退社

取材を基に編集部作成

平均年収 563万円

年齢	年収
40歳	622万円
35歳	557万円
30歳	482万円
25歳	395万円

オープンワーク提供

必要なスキル・マインド・学歴

スキルセット
伝える対象によって異なる

社外と社内のどちらに働きかけるかで異なる。前者であれば、話題性のあるコンテンツを見出す編集スキルと、それを社会に伝える営業・発信スキル。後者であれば、魅力的な文化や人材を育てるコミュニケーションスキルが必要になる。また、会社の不祥事が起きたときなどに被害を最小限に抑えるシミュレーション力も必要。対峙するカウンターパートがメディア関係者なのか、世の中の生活者なのか、社内のメンバーなのかシチュエーションによって発揮すべき力が変化する。

学歴
文理問わず若手を広く求める

理系か文系かは不問であり、学歴も問われない職種である。SNSの普及やオウンドメディアブームの勃興により、発信力や鋭い感性を持った若手人材が活躍するケースも増加。

マインドセット
自社への深い理解

自社の理解と企業文化への共感、湧き出る好奇心が前提にある。「ブリーフィング(報道機関などに対して行う事情説明)一つとっても、ブランドを理解し尽くし、それを体現できているか否かで、結果は大きく異なります」(afumi inc.・齋藤牧里氏)。

キャリアパス

広報・PRの経験で何が身につくのか？

自社と顧客、自社とメディア、自社と社員……と、あらゆるステークホルダーとのリレーションを築くポジションのため、関係構築力が身につく。

書いて、話して、伝えるなど、業務範囲が多岐に渡るため、営業や編集、発信やマーケティングなど、多様なスキルも得られる。

また記者と対峙するには自社にとって都合の悪いことは避け、必要な情報だけを提示する場面も多く、ビジネスの高度な駆け引きもできるようになる。

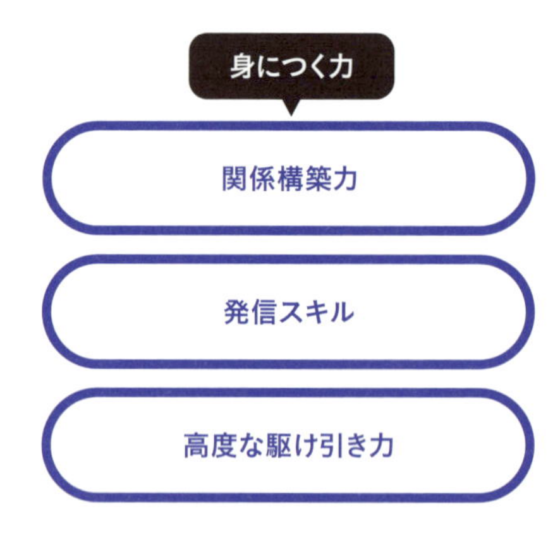

広報・PRの「転職しやすさ」

エージェンシー出身の場合、事業会社の広報として同職種での転職事例が散見される。一方事業会社出身の場合、広報・PRとして培った多様なスキルを生かし、異なる職種へと転身するケースが増えているようだ。

広報・PR後のキャリア

パターン ①

新卒
↓
編集・ライターコース

広報・PRとして培った編集力とネットワーキングをかけ合わせ、編集者やライターに転身する事例も増えてきた。カウンターパートである広報・PRのニーズを押さえているため、お互いに仕事がしやすいことも背景にある。

エージェンシーのPRコンサルタントとして広報・PRの基礎知識を身につけてから、事業会社に転職するパターン。

他社のPRを担当する受託型から、自社のPRを行うインハウス型への転身はよくある例だ。

広報ニーズの高まりから、複数の企業を股にかける独立ピンの広報・PRの数が増えている。「正社員採用する緊急性はないものの、フェーズによっては知見を借りたい」という企業ニーズが多いため、プロ広報は引っ張りだこ。

広報・PRにならなくても…
似た仕事MAP

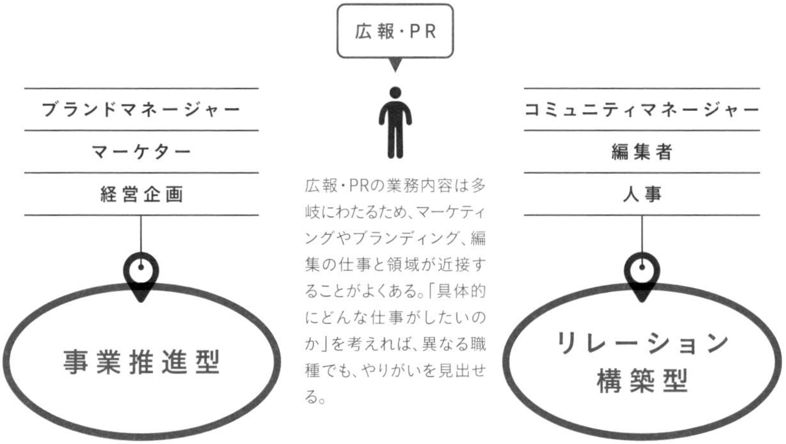
広報・PR
ブランドマネージャー
マーケター
経営企画
事業推進型
コミュニティマネージャー
編集者
人事
リレーション構築型
広報・PRの業務内容は多岐にわたるため、マーケティングやブランディング、編集の仕事と領域が近接することがよくある。「具体的にどんな仕事がしたいのか」を考えれば、異なる職種でも、やりがいを見出せる。

結論

SNS全盛時代、生活者と企業をつなぐ最前線

直接的に売上をつくるポジションではないために、コストセンターとして捉えられてきた広報・PR。しかし、それは大きな間違いだ。ビジネス環境の変化が急速に進む現代においては、外部情報をいち早くキャッチし、経営に反映する必要がある。その最前線に陣取るのが、広報・PRという仕事である。

ラグジュアリーブランドのPRパーソンとして、数々の印象的な仕事を手がけたエキスパートであるafumi inc.の齋藤氏は、「企業やブランドには、時代の変化に合わせた革新が求められます。“Public Relations”というくらいですから、広報・PRは、社会の要請に応じて変化を主導する仕事です」と語る。

個人による発信が力を持つようになったSNS時代において、世間の注目をさらう話題を生み出し、世の中の生活者とよい関係を築いていくのも、広報・PRの役割だ。価格や機能性だけでは差別化できない時代に、いかに企業独自の魅力を伝えられるかが、企業のこれからを左右する。広報・PRは、クレバーな頭脳と泥臭さが求められる役割であり、企業経営を支える仕事だと言えるだろう。

財務

どんな仕事?

「ファイナンス」とも呼ばれるお金の流れを管理する職種が財務だ。事業の成長のためにお金が必要とあれば、銀行や株式市場などから調達することも検討する。また利益が減っているなら、その原因がどこにあるのかを分析し、経営トップに課題提起する役割を担うこともある。お金をいかに調達し、どういった使い方をすれば一番稼げるかという、企業経営に直に関わる部門だ。近年、財務のトップであるCFO（最高財務責任者）出身の経営トップが増えていることが、財務の重要性を示している。経営者への登竜門としても有望な職種と言えよう。

ジョブディスクリプション

- 売上や支出などお金の出入りの管理
- 製品の材料費や固定費などの計算、損益分岐点の算出
- 損益計算書などの財務諸表の作成
- 売上高や利益の達成度合いの管理（予算管理）
- 資金調達方法の立案
- 財務･ファイナンスの視点からの経営戦略の提案
- 業績をめぐるメディアや投資家との対話

「財務」はどこにいる?

財務は複数の部署に存在する。全社を管轄する本社の財務だけでなく、多くの場合、一つの部署内に財務や経理の担当者がいる。

財務では、経理がまとめた財務指標をベースにし、売上目標や利益目標を作成し、目標の達成度合いを管理する。資金調達の担い手として銀行やファンドなどに顔がきくことも有利で、そこの出身者も多い。

新任の担当者は、まずは規模の小さい部署内で、製品原価の計算やお金の回収といった一通りの基礎を、実務を通じて学びながらキャリア形成する。

本社の財務部門、なかでもそのトップであるCFO（最高財務責任者）ともなると、お金という資源をどの事業に重点的に配分すれば会社全体としてもっとも成長できるのかを考える。

将来の事業の選別、企業買収（M&A）を含めた投資戦略の立案にも関わり、資金調達計画などを練るのも仕事だ。

財務の「仕事」と「給料」

財務は損益計算書(PL)だけでなく、事業ごとに実際のお金の流出入であるキャッシュフローや、利益水準に対して債務がどれだけ圧迫しているかなどを示すバランスシート(BS)を見ないと、その事業が本当の利益を生んでいるのかや、本当の経営リスクを見定められない仕事だ。

だからこそ今、財務戦略が経営の良し悪しに直結するようになっている。

例えば、業績絶好調のソニーの場合、現在はCEOになった吉田憲一郎氏がCFO時代に策定した中期経営計画において、3年後の売上高ではなく、「3年間トータルで稼ぐ利益」「サブスクという安定した収益源の拡大」を目標に設定した。

こうした目標設定が、ソニーの業績が安定する一因となった。

それほど重要な役回りだからこそ給料も高め。CFOから社長へと、キャリアの展望も描きやすい。

若手財務の一日

7:30	通勤中に slack、ニュースを一通り確認
8:30	出社、メールチェック
9:00	事業サイドの定例MTG
11:00	月次のKPI進捗を確認、上長にレポート
12:00	ランチ
13:00	外部の証券会社や社内の事業部門とのMTG
17:00	チーム内での定例MTG
18:00	KPIダッシュボードのメンテナンスや会議資料の作成
21:00	帰宅。夕食後、残タスクの処理
24:00	就寝

取材を基に編集部作成

平均年収　563万円

40歳　598万円

35歳　556万円

30歳　491万円

25歳　391万円

オープンワーク提供

必要なスキル・マインド・学歴

スキルセット
コストに関するあらゆる知識

財務諸表のほか原価計算、減損損失の計算はもちろんだが、メーカーなら生産工程で発生するコスト、サービス業なら店舗運営のコスト等への深い理解が必要。CFOをはじめ幹部を目指すなら、MBAで登場するような経営・ビジネスにまつわる知見も不可欠だ。

学歴
数字に強い学部、資格取得者も多数

数値を扱うため、経済学部や経営学部だけでなく、理工系学部出身者も多い。必須ではないものの、資格としては「簿記」や「公認会計士」等が挙げられる。

マインドセット
俯瞰して「風を読む」

財務の心得は「風を読む」ことだと、WACUL・CFOの竹本祐也氏は語る。それは、世の中の情勢やライバル企業の動向など、自社を俯瞰して取り巻く環境を読み切ることだ。

ロールモデルが語る「財務（CFO）」のリアル

細川 慧介

モノグサ

現職者　経験 2年

ファイナンスが事業の足かせになりそうなとき

具体的には資金が少なくなってきて追加の調達も難しく、レイオフの可能性が高まるときです。社員の努力に報いることができない、迷惑をかけてしまうかもしれないという状況は精神的に耐え難いものです。

高森 厚太郎

プレセアコンサルティング

現職者　経験 5年

献策が取り上げられ、ハマり、結果を出したとき

CEOから経営マターについて求められた献策が実際にハマり、いい結果をもたらすと「会社に貢献できたな」と密かにガッツポーズ。経営参謀の醍醐味です。

Aki Mori

ENECHANGE

経験者　経験 4年

自身のインテリジェンスで企業価値向上に貢献したとき

CFOは事業を深く理解し、持てるネットワークから資本市場と業界のインテリジェンスを結集し、主に財務的な見地からの考え、分析をCEO・取締役会に示し、最良の経営意思決定に貢献します。その結果、業績や企業価値が向上すると、プロフェッショナル冥利につきます。

Chiba Daisuke

ユーザベース

現職者　経験 6年

短距離走と長距離走の両方の視点から考えよ

常にさまざまな金融機関、投資家との接点を持ち続けなければならない。仕事の性質上、ステークホルダーとの継続的な信頼関係が必要なため、短期的な成果を求められる一方で、長期的、継続的なパフォーマンスも要求される。短距離でも長距離でもある経営を支える役割。

Hoshi Naoto

ユニファ

現職者　経験 1年

常に冷静に、Plan Bを

メルカリ会長・小泉さんから頂戴した「スタートアップの経営においては希望的観測はほぼ実現せず、悪い予感はほぼ実現すると想定したほうがよい」というアドバイスです。チャレンジを否定しているわけではなく、財務の最高責任者として、常に冷静にPlan BやCまでを検討する重要性を示唆いただいたと理解しております。

財務志望者が「読むべき本」

田中慎一、保田隆明・著
『コーポレートファイナンス
戦略と実践』
(ダイヤモンド社)

☑ 経験者　経験 6年

村上 未来

somebuddy

ファイナンスの全体像から入り、PL、BSの意味合いを学び、現在価値の概念、WACCの概念、資本コストやDCFなど、コーポレートファイナンスを理解する上で必要な事項が、網羅的に解説されています。著者は企業向けの研修なども行っておられるため非常にわかりやすく、基礎から学びたい方にはおすすめです。

森 暁彦・著
『絶対に忘れない
[財務指標]の覚え方』
(ニューズピックス)

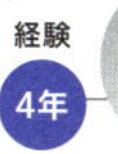

☑ 経験者　経験 4年

Aki Mori

ENECHANGE

拙著です。この本は、前職（東証一部上場ベンチャーのCFO）を退任した直後の記憶がフレッシュなうちに執筆しました。実務家にとって必要なコーポレートファイナンスの基礎や会計情報の投資家サイドの物の見方、そしてCFOの心構えや規律について、理論とさまざまなケーススタディーを交えて紹介しています。

磯崎哲也・著
『起業のエクイティ・ファイナンス』
(ダイヤモンド社)

☑ 現職者　経験 2年

Inoue Ken

レアゾン・ホールディングス

会計士としてファーストキャリアを踏んでいた私は「ファイナンス」の意味もわかりませんでした。この本を読んですぐに著者の磯崎さんのオフィスに電話し、その日にお会いできたのですが、話してくださった内容の10%も理解できませんでした。これが私がベンチャーでファイナンスを仕事にしようと決めたきっかけです。

この職業を一言で表すと？

経営チームにおけるボランチ

経験 6年　☑ 現職者

Chiba Daisuke

ユーザベース

経験 2年　☑ 現職者

竹本 祐也

WACUL

最高トラブル責任者

経験 1年　☑ 経験者

横塚 晋

Zehitomo

企業活動全体をお金に翻訳して社内外に発信する人力メディア

キャリアパス

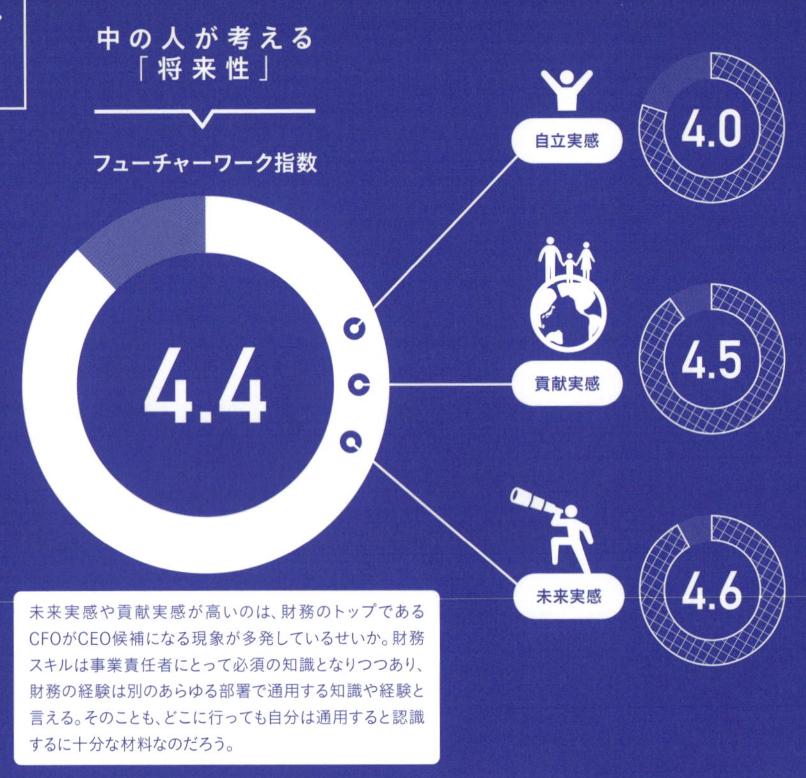

未来実感や貢献実感が高いのは、財務のトップであるCFOがCEO候補になる現象が多発しているせいか。財務スキルは事業責任者にとって必須の知識となりつつあり、財務の経験は別のあらゆる部署で通用する知識や経験と言える。そのことも、どこに行っても自分は通用すると認識するに十分な材料なのだろう。

財務の「転職しやすさ」

財務は潰しのきく知識とスキル、経験が身につくため、転職がしやすい職種と言える。一歩引いた視点で投資とリターンについて考える必要があるため、複数の会社を渡り歩くことは珍しくない。

財務後のキャリア

経営企画に異動したり、子会社で事業経営を経験し、キャリアを積む。代表例が2018年にソニーCEOに就いた吉田憲一郎氏だ。

人手不足が深刻化するなか、中小企業やスタートアップの幹部として経営トップをファイナンスの側面から支える存在になるケース。

実務経験とファイナンスの知見の双方を持つCFO経験者のような人は、社外取締役としての活躍が期待されている。

財務にならなくても…

似た仕事MAP

財務

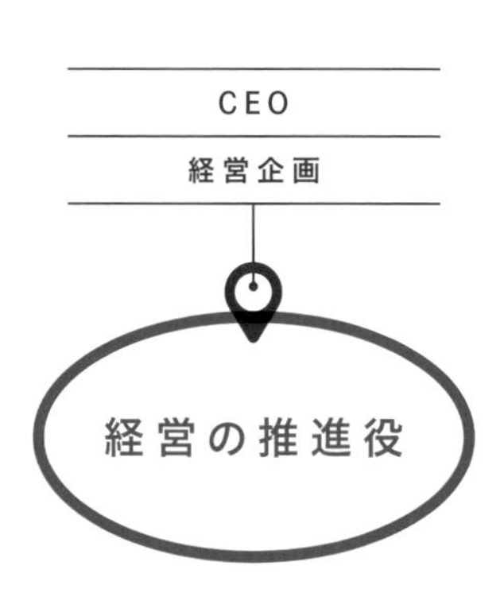

中規模な会社の場合、財務が「経営企画機能」と「IR」を兼務している場合があるほど、両者は相似点が多い。また、「経営企画」と財務は、予算や「中期経営計画」の策定を協議して行う場合が多く、仕事内容も重なる。

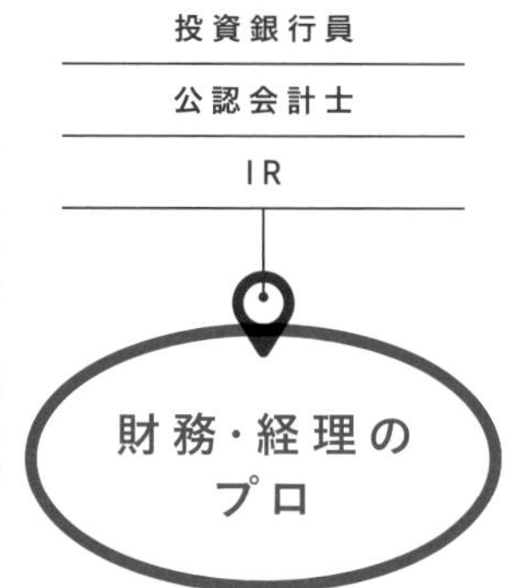

結論　企業の圧倒的成長に不可欠な存在 小さなビジネスからセンスを磨け

「ヒト・モノ・カネ」は、企業経営の3大資源と呼ばれる。だが、実際にはお金がまったくないのであれば、ヒトは雇えないし、モノも調達できない。お金がすべてではないとはいえ、WACULの竹本祐也CFOは、「夢の実現には、まず金が必要」と説く。

パナソニックやホンダのような企業がここまで大きくなれたのは、偉大な創業者と並び、偉大なナンバー2として財務のプロがいたからだとされている。

そんな財務に向いている人材とは、例えば、繁盛しているお店があったとしたら、売っている商品そのものというよりも「儲かる理由」に興味がある人だ。つまり、製品・サービスよりもビジネスという仕組みに目を向けることができるかどうかが重要だ。

こうしたセンスを磨くためには「メルカリで物を売買する程度の小さな規模でいいので、自分でビジネスをやること」（竹本氏）が有効だそうだ。実際、竹本氏は学生時代に仲間とともに就活学生向けに過去問集を企画して販売するというビジネスをした際の、お金を回収する苦楽の経験が役立ったという。

法務

どんな仕事?

会社や事業の法的な課題を抽出し、問題解決に導いたり問題を未然に防ぐ仕事。一番多いタスクは、契約や取引に対するリーガルチェックだ。受発注時の売買契約や、業務委託契約などの文書に法的なリスクがないかを確認、対応する。自社が別の企業とM&Aをするときなどは、その交渉時から秘密保持契約を結び、買収のスキームも構築する。

2つ目は、コンプライアンス(法令遵守)対応とそれに伴う社内規定を整備することだ。近年、コーポレートガバナンスと呼ばれる企業経営を監視する仕組みの強化が課題となっており、企業は社外取締役の設置、社内規定の明確化などが求められている。法務はその推進役としての役割を果たす。

3つ目は、株主総会や取締役会を運営する上で機関法務を担うことだ。株主総会運営では、例えば招集を通知し、決議するための手配、当日の質問やシナリオ、Q&Aの準備等を行う。

4つ目は、紛争への対応だ。納期の遅れや不良品などクライアントからのクレームや訴訟への対応を、顧問弁護士などと協議しながら進め、ダメージを最小限に抑える。

また、法務が大活躍するのが、自社がM&Aをするときだ。弁護士事務所や投資銀行とタッグを組みながら相手企業のデューデリジェンス(価値精査)をしたり、秘密保持契約を結んだり、さらには買収スキームを考えたりなどする。

ジョブディスクリプション

- 受発注時の契約書や取引文書のリーガルチェック
- ユーザー向け利用規約作り
- 取締役会や株主総会の運営、想定質問の準備
- セクハラ、パワハラ、コンプラの社員研修
- 納期の遅れや労働争議など紛争、裁判への対応
- M&Aや企業提携のスキーム作り
- M&A時、相手側企業との秘密保持契約や仲介金融機関とのファイナンスアドバイザリー契約の締結
- 政府に向けて規制緩和や法的整備の交渉など

「法務」はどこにいる?

日本の企業における法務の人数は、全体平均で9人程度。資産規模1000億円を超える会社でも平均30名強だ。一方、米国企業の場合、売上が1000億円程度であれば、19名から60名程度の人数になる。

法務に占める弁護士の割合も米国の場合70%弱程度であるのに対し、日本では9%程度であり、社内弁護士の増加が求められる(経産省、企業法務先進国における法務部門実態調査より)。

法務
「給料」と「出世ピラミッド」

法務は専門性の高さから職に人を適用する「ジョブ型」の働き方が導入されており、入社からずっと法務の道を歩むケースが多い。経験が物を言う側面も大きいため給料の上昇率も高い。

平均年収　611万円

年齢	年収
40歳	651万円
35歳	580万円
30歳	499万円
25歳	408万円

オープンワーク提供

若手法務の一日

8:00	起床、朝食
10:00	出社、事業部側とのMTG
11:00	手持ち案件の法的論点の整理メモ作成
12:00	昼食をとりながらリーガルチーム内の定例MTG
15:00	突発的な事業部側とのMTG
16:15	突発事項の法的論点のリサーチ、回答、議事録作成
17:00	事業側とのMTG後、退社
21:00	手持ち案件の法的論点の整理メモの作成、事業部側の成果物のレビュー
24:00	就寝

取材を基に編集部作成

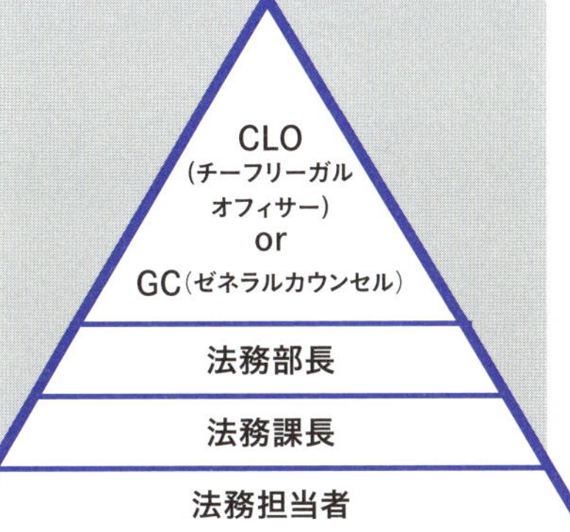

代表的な企業の一例

必要な
スキル・マインド・学歴

学歴
法学部、法科大学院出身者が多い

大半が法学部卒。日本に法科大学院ができたとき、それを修了し弁護士資格を取得した人を企業が社内弁護士として雇うよう働きかけた経緯もあり、法科大学院出身者も多い。

スキルセット
法曹のオールラウンダー

どこがリスクか、どこが落としどころか「鼻が利く」法曹のオールラウンダーが向く。活動目的は企業価値を高めることにあるため事業知識も欠かせない。顧問弁護士らと連携し、要所要所で誰を巻き込み相談すればいいかを知っている「プロジェクトマネジメント力」も必要だ。

マインドセット
真面目さ、粘り強さ

法律の解釈は難しく、なおかつ事業を取り巻く環境も瞬く間に変わるため、ずっと勉強し続ける真面目さが必要。相手を納得させる局面も多いため、粘り強さも欠かせない。A案かB案かの決断を迫られるとき、リスクとリターンを考えられる価値判断力も重要。

法務の経験で何が身につくのか？

法曹のオールラウンダーとしての能力だけではなく、前述の通りプロジェクトを推進する「プロジェクトマネジメント力」が身につく。顧問弁護士はもとより、定型案件はシェアードサービス化（業務をアウトソースするなど効率化すること）も増えており、定常的に労務、経理、ファイナンス、総務、IRなど他のコーポレート部門と連携したりM&A時には会計士と組むことも多い。法律知識はもとより、こうした周囲を動かす力、企業価値を上げるノウハウが身につく。

身につく力

- プロジェクトマネジメント力
- 周囲を動かす力
- 企業価値を上げる力

法務の「転職しやすさ」

企業内弁護士の場合、弁護士事務所の弁護士出身者が多く、人材の流動性は比較的高い。コーポレートガバナンスの必要性や技術の発展による法解釈の複雑化などから、法務経験者のニーズは高く、転職しやすい。

有効求人倍率

1.6倍

パーソル調べ

法務後のキャリア

パターン1　「CLO」「GC」を目指すコース

CLOとはチーフリーガルオフィサーの略。GC（ゼネラルカウンセル）とは、法務の最高責任者。

CLOの場合、役員を兼ねていることが多い。また、弁護士資格を持つ場合が多く、CEO直轄で経営の中核を担う。

パターン2　大企業→スタートアップに転身コース

大企業の法務は、やるべきことが定型化されている場合が多いが、スタートアップは、例えばユーザー間のトラブルなど思わぬ揉め事が多い。IPOを目指すなどの非定型業務も多いため、苦労も多いがやりがいはあるとの声。

パターン3　社外取締役コース

コーポレートガバナンス・コード（上場企業が行う企業統治におけるガイドライン）でも、社外取締役として弁護士を雇い入れることを推奨しているため、今後ますます社内弁護士、法務出身社外取締役は増えると思われる。

法務にならなくても…
似た仕事MAP

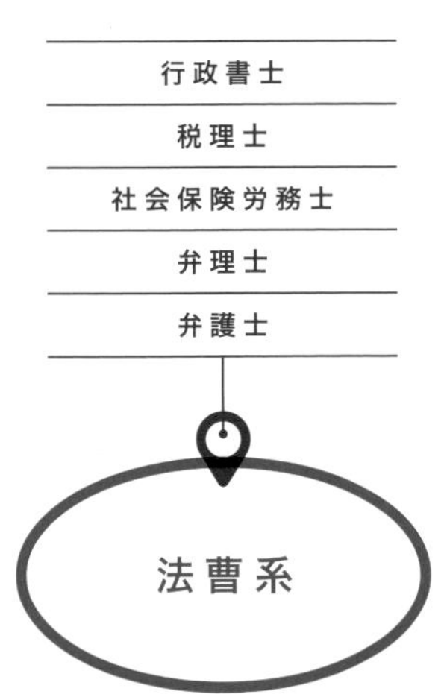

弁護士との違いは、法律知識の深掘り以上に、事業の健全な継続や成長のためにリスクをコントロールしたり、未来の戦略を描く役割が求められること。その点は、労務やIR、内部監査とも相通じる。

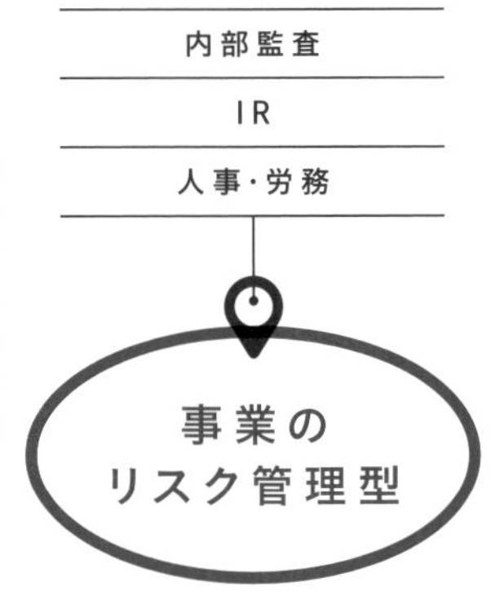

結論 法令遵守だけではない 必要なのは「法律解釈のデザイン」

企業経営の透明化、デジタル化、グローバル化といった変化の波は、法務という仕事の中身も変えた。透明化に関しては、法務の主導のもと、取締役の執行と監督の分離や取締役会の改革などが進む。デジタル化については、法務の仕事に2つの面で影響が大きい。1つは、自社がデジタルに関するサービスを展開している場合。Cookieを活用した広告が将来的に使えなくなるなど、消費者保護の観点はますます高まっている。そのため、プライバシー保護への対応が増えている。また法務の仕事そのものがデジタル化した。今の時代、検索すれば、これまで半日がかりで調べていたような過去の判例や、新法の解釈などは多数出てくる。そのため、法務はより企業の発展に貢献する戦略的な仕事が求められる。その1つがグローバル化への対応だ。例えば海外企業とM&Aをする際、精査や交渉などは外部の力を借りるが、英語による文書を読み込み、リーガルチェックを行う必要が生じる。また、今後の法務は、時代遅れになっている法や規制について、ロビーイングなどを通じて政府に働きかけるなどして、法律解釈をデザインする役割が期待される。

コーポレートの裏リアル column 6

キラキラ採用担当

株式会社エヌ
採用説明会

社内格差まるわかり

8章

職業研究

公務員の仕事

国家公務員は59万人

国家公務員及び地方公務員の種類と数

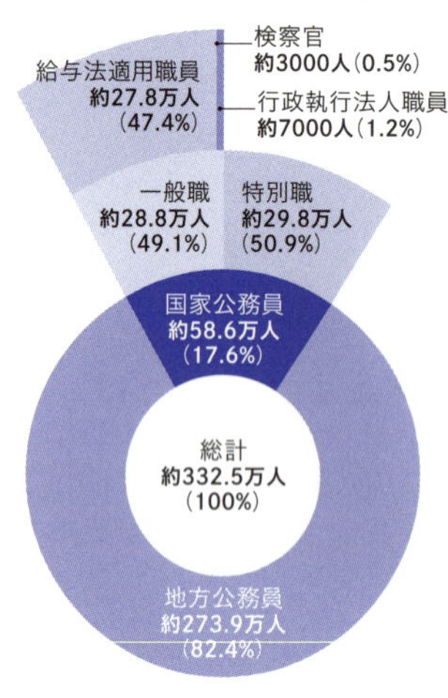

出典：「公務員の種類と数　令和元年度　年次報告書」、「国家公務員の紹介」(国家公務員試験採用情報NAVI)

公務員は、国の公務に従事する「国家公務員」と地方の公務に従事する「地方公務員」に大別され、さらに国家公務員は「一般職」と「特別職」に分かれる。特別職は、内閣総理大臣や国務大臣、裁判官や裁判所職員、国会職員など。いわゆる「国家公務員」という言葉からイメージされる、各府省で働く一般の行政官や、外交官、税務職員などは一般職だ。一般職は、政策の企画立案または調査及び研究に関する事務をその職務とする「総合職」、定型的な事務をその職務とする「一般職」に分けて採用される。

現在、地方公務員が約273.9万人いるのに対し、国家公務員は約58.6万人と公務員全体の2割に満たない。また、国家公務員のうち、一般職と特別職は約半数ずつを占める。

マクロで減少、ミクロで横ばいの国家公務員人口

一般職国家公務員の数は、マクロに見ると減少傾向、ミクロに見るとほぼ横ばいである。昭和40年代以降、80万人を超える水準で推移していたが、郵政民営化、国立大学法人化、非特定独立行政法人化などにより非公務員化が進み、現在は約28.8万人にまで減少。ただし、中期目標管理法人及び国立研究開発法人が非公務員化された平成27年以降は、ほぼ同数で推移している。また、毎年の採用試験申込者数は、マクロに見ると減少傾向、ミクロに見てもやや減少傾向にある。

国家公務員採用試験申込者数(Ⅰ種・Ⅱ種・Ⅲ種(平成23年度まで)及び総合職・一般職[大卒・高卒])の推移

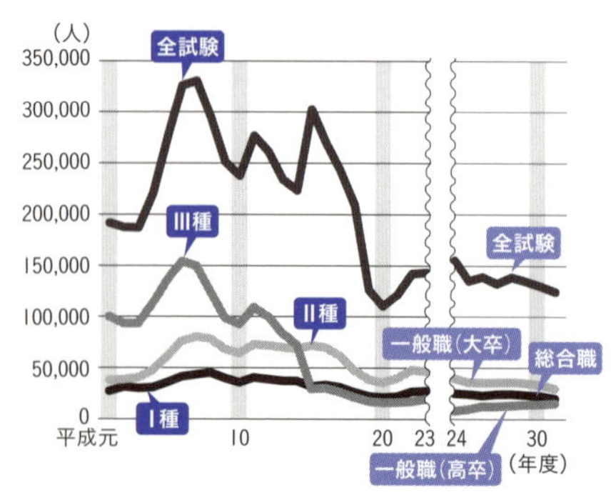

出典：「公務員の種類と数　令和元年度　年次報告書」、「2019年度における採用試験の実施　令和元年度　年次報告書」

行政機関の種類

行政機関の構造図を見ると、「省」「庁」「委員会」といった区分があり、少し複雑に感じるかもしれない。それぞれの違いについて、人事院人材局企画課課長補佐の橋本賢二氏に教えてもらった。

国の行政機関としては「省」が基本で、内閣府は別格だ。府や省の外局として「委員会」や「庁」が設置される場合もある。本省の事務の中に、事務処理に一定の独立性を持たせたほうが合理的なものがある場合には、「委員会」や「庁」として本省の大臣とは別の責任者を置くことも。

「庁」の長は長官であり、長官の任命権は大臣にあるが、外局内の任命権は長官が持っている。担当府省の大臣の指揮監督を受けており、大臣の意向とは関係なく権限を行使することは認められていない。府省のように自ら府令や省令を出すことはできない。「庁」はその事務が膨大であり、内部部局で行おうとすると他の部局と組織上の釣り合いがとれないなどの理由、つまり事務処理上の便宜性から設置されることが多い。金融庁や国税庁などがこれにあてはまる。

「委員会」の長は委員長だが、委員会の場合は最終的な決定は「合議制」による。なぜなら、委員会の事務の処理には、政治的中立性あるいは高度の専門技術性が必要とされるためだ。構成員の出自は、委員会によって異なる。

例えば、国家公安委員会は国務大臣である委員長、および任期5年の5人の委員により組織される。委員は任命前5年間に警察・検察の職歴のない者で、法曹界、言論界、産学官界等の代表者から選任、国家公安委員専属ではない。他方、公正取引委員会は、常勤の委員長及び委員4人で組織され、年齢が35歳以上で、法律または経済に関する学識経験のある者のうちから、内閣総理大臣が、両議院の同意を得て任命する。

ちなみに、警察「庁」が国家公安「委員会」の配下にある点を不思議に思ったかもしれない。こうした構造になっている理由も、「庁」と「委員会」の違いを考えれば納得できる。最終的な決定は合議制が望ましいので「委員会」としているが、事務処理は膨大なので委員会の指揮監督の下、「庁」が担っているのだ。また、2020年に話題を呼んだデジタル庁については、設置法案によれば内閣官房に置くとされている（2021年3月現在）。

一般職国家公務員数の推移

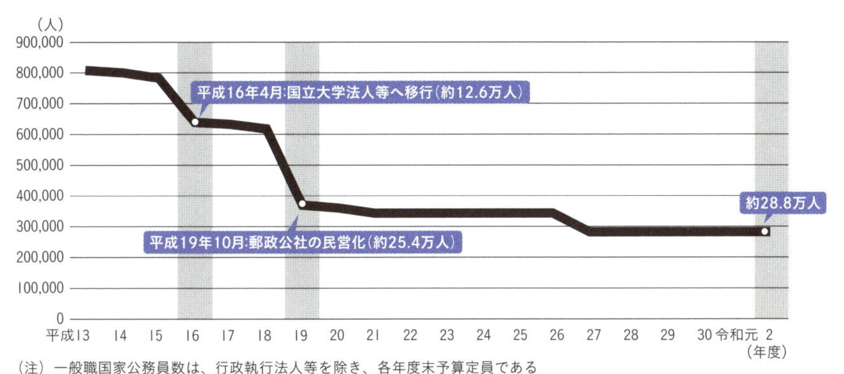

（注）一般職国家公務員数は、行政執行法人等を除き、各年度末予算定員である
出典：「公務員の種類と数　令和元年度　年次報告書」、「2019年度における採用試験の実施　令和元年度　年次報告書」

行政機関構造図

出典：「国家公務員の紹介」（国家公務員試験採用情報NAVI）

「国家公務員」7つの変化

1 デジタル化の加速

デジタル庁創設もあり、官公庁でもデジタルを駆使した業務の簡略化やテレワークが一層進むだろう。

2 人口減少への対応が迫られる

「人口減少により税収が減るので、社会保障や医療の再設計が必要となる」（人事院・橋本氏）。

3 技術革新にあわせた社会構造の再設計

第四次産業革命、Society 5.0により「社会システム自体の再設計が必要」（人事院・橋本氏）。

4 求められる「グレート・リセット」

SDGs、ESG投資への対応が必須に。気候変動をはじめ、現行の資本主義システムに限界が来ているのは明らか。「政策も人々の幸福を中心に据えた、サステナブルな経済への『グレート・リセット』が求められる」（人事院・橋本氏）。

5 ますます進む働き方改革

働き方改革関連法に、コロナ禍に伴うオンライン化が重なり、働き方の変容が加速。長時間労働の是正、多様で柔軟な働き方の実現、雇用形態にかかわらない公正な待遇の確保などのための措置が講じられるようになっていくだろう。

6 官民「対話」の拡大

ベンチャーへの出向、さらには美大生と国家公務員による「協創デザインラボ」、公募による民間からの中途採用「週一官僚」なども。「霞が関内外のフラットな対話を基にした、アジャイルな政策立案が求められる」（経産省・海老原史明氏）。

7 「権力」の変化

権力を効果的に行使する能力としての、ウェーバー型官僚主義が弱体化。「大規模な官僚主義型権力は衰退し、インフルエンサーをはじめとした小規模な無名のプレイヤーである『マイクロパワー』が台頭していくだろう」（人事院・橋本氏）。

国家公務員

どんな仕事？

政策の立案と執行が、国家公務員の仕事。市場原理に駆動される民間企業だけでは、解決できない課題に向き合う。市場と異なり、ユーザーに選択の自由がないからこそ、合意形成が大切になる。国民の安心安全の確保や生活の発展を実現するため、予算・法律の策定や税制の改正、ガイドライン策定や広報・表彰といった各種“政策実施ツール”を適切に組み合わせる。

「先取りしすぎると合意が取れず、現状維持だと時代遅れに。ちょっと先取りした未来で解決することが肝要」（人事院・橋本氏）

ジョブディスクリプション

- 国民の安心安全の確保や生活の発展を目的とした、政策の立案と執行
- 法律の策定
- 税制の改正
- ガイドライン策定
- 政策やキャンペーンの広報
- ガイドラインを満たした企業などを表彰
- その他、各種“政策実施ツール”の活用

国家公務員の種類

P220でも触れたように、国家公務員は一般職と特別職に分かれ、さらに一般職は、いわゆる「キャリア」と呼ばれる総合職（全職員の約7%）と一般職に分け て採用される。両者は採用される官職が違うだけで、採用後の人事は能力実績に基づいて行われる。結果的に、政策の企画立案に関わる職種や管理職は総合職採用者の割合が多いが、能力実績や本人の希望によっては一般職採用者にも道は拓かれている。

政策の企画立案を担う総合職は、自分が向き合いたい社会課題や社会で実現したい価値が明確で、公務に対する強い動機がある人に親和性が高い。定型的な業務を行う職務からスタートする一般職は向き合いたい課題が決まっていない人向き。「安定志向の人に総合職はおすすめしない。信念なき受け身志向だと、管理職として判断を求められた際、前例踏襲的な小役人に陥りかねない」（人事院・橋本氏）。

各省庁の役割

内閣官房・内閣府
経済財政等の国の重要施策に関わる企画立案・総合調整、栄典や政府広報等の国家基盤となる業務

宮内庁
内閣総理大臣の管理の下にあって、皇室関係の国家事務を担い、御璽・国璽を保管する

公正取引委員会
独占禁止法を運用し、創意溢れる事業者と消費者の利益のために公正かつ自由な競争を促進する

警察庁
警察に関する制度の企画立案、都道府県警察の指揮監督を行い、公共の安全と秩序を維持する

個人情報保護委員会
個人情報保護法を所管し、マイナンバーや個人情報の適正な取扱いの確保に関する業務を行う

金融庁
金融に関する制度の企画立案、モニタリングおよび国際交渉を通じた我が国金融経済の活性化等

消費者庁
消費者等の利益の擁護および増進に関する基本的な政策の企画立案等

総務省
国の行政制度、地方行財政、情報通信等、国家の基本的な仕組みに関わる諸制度の策定

法務省
基本法制の維持および整備、法秩序の維持、国民の権利擁護等

外務省
安全保障、経済連携、国際ルール策定など、我が国の外交に関する業務

財務省
国の予算・決算等に関する制度の企画立案、適正かつ公正な課税

文部科学省
教育、科学技術・学術、スポーツ、文化の振興等を通じ、人を育て、知恵を生み出し、未来を創る

厚生労働省
国民生活の保障・向上、経済発展を目指し、社会保障、社会福祉、公衆衛生の向上、労働・雇用政策等を行う

農林水産省
食料の安定供給の確保、農林水産業・農山漁村の振興、森林の整備・保全、水産資源の保存・管理等

経済産業省
日本の経済活力の向上、通商・貿易の発展、資源・エネルギーの安定的な供給の確保等による国富の拡大

国土交通省
国土の総合的・体系的な利用、社会資本整備、交通政策の推進、観光立国の実現に向けた施策の推進等

環境省
温暖化などの地球環境、大気などの生活環境、自然環境、廃棄物、放射性物質を含めた化学物質等への対応

防衛省
総合的な防衛力を構築し、各種事態の抑止・対処とともに、日米同盟強化、各国との安全保障協力を行う

会計検査院
内閣から独立した憲法上の機関として、国や法律で定められた機関の会計を検査し、会計経理の監督を行う

人事院
中立・第三者機関として、人事行政に関する公正の確保および国家公務員の利益の保護等に関する事務を行う

※その他、内閣法制局や、外局として、国税庁、特許庁、海上保安庁、気象庁、復興庁、消防庁などがある

出典：人事院人材局企画課課長補佐（採用企画班）(併) 女性任用企画官 橋本賢二「国家公務員について」

「国家公務員」はどうやってなるのか?

① 新卒採用

新卒で国家公務員になるためのルートは主に3つ。総合職と一般職向けの「総合職試験」「一般職試験」、さらに特定の行政分野に係る専門的な知識または技能に基づく業務に従事する係員を採用するための試験である「専門職試験」だ。事務処理能力や公務遂行に必要な基礎能力を判定する一般教養・一般論文、行政上の判断を行う基礎知識を判定する専門科目・専門論文、全人格的な要素を判定する個別面接・集団討論などを実施。「近年では、面接などによる人物試験を重視するようになっている」(人事院・橋本氏)。

② 中途採用

新卒採用のイメージが強い国家公務員だが、中途採用も珍しくない。総合職・一般職・専門職に関しては、30歳まで受験資格があるため、第二新卒での受験も可能。係長級以上で採用される「経験者採用試験」についても、2019年度は313名が合格している。弁護士や会計士など、高度に専門的な知識や能力を持った人の「任期付採用」もある。「募集分野がさまざまなので、前職も多種多様」(人事院・橋本氏)。

国家公務員
「給料」と「出世ピラミッド」

総合職の場合は多くが4～5年目には係長に。7～8年目には課長補佐として政策作りを主導し、留学もこの前後に行くのが大半。約15年目には課長、その後は一握りが局長、次官と進む。

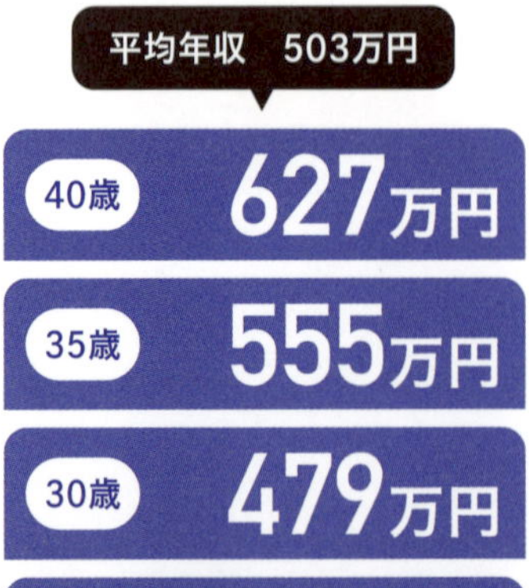

平均年収 503万円

年齢	年収
40歳	627万円
35歳	555万円
30歳	479万円
25歳	394万円

オープンワーク提供

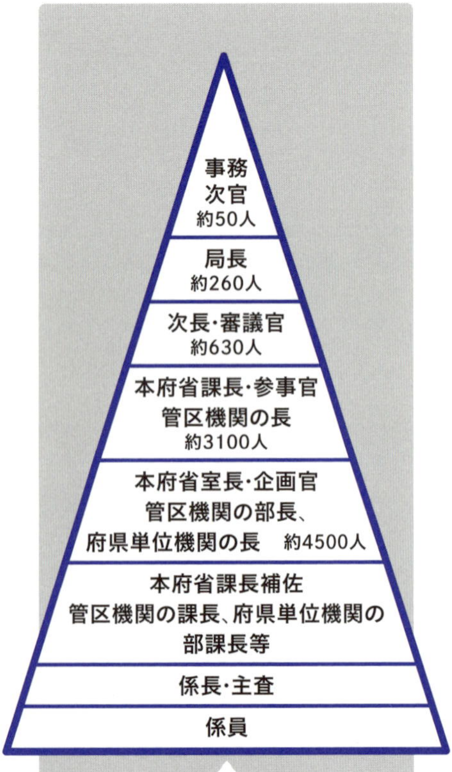

事務次官 約50人
局長 約260人
次長・審議官 約630人
本府省課長・参事官 管区機関の長 約3100人
本府省室長・企画官 管区機関の部長、府県単位機関の長 約4500人
本府省課長補佐 管区機関の課長、府県単位機関の部課長等
係長・主査
係員

若手国家公務員の一日	
9:00	登庁。新聞、メールチェック
10:00	自治体からの要望を踏まえた法改正のため他省庁と打ち合わせ
12:00	同期とランチ
13:00	次期制度改正に向けた検討のため現場へ視察
15:30	課内で検討した法改正の内容を局長に説明
17:00	制度の課題について上司や担当係と課内で打ち合わせ
19:00	退庁

厚生労働省採用特設サイト「1年目職員の過ごし方」を基に編集部作成

国家公務員「最初にやる仕事」

国家公務員になると、まず実際に政策作りを体験していくなかで、そのイロハを学んでいく。そもそも、新しい政策を作るとき、国民全員が喜ぶ、ということはない。例えば「働き方改革」による残業代の抑制などは、労働者や残業代を抑制したい大企業にとっては「いいこと」かもしれないが、ただでさえ人手不足で、その不足分を長時間労働で埋めていた中小企業にとっては事業が継続に関わるほどの大問題だ。このような、国民の間での利害関係の調整や交渉、スケジュールや段取りを決めていく参謀本部的な「ロジ」と呼ばれる業務、そして実際に政策の中身を考える「サブ」と呼ばれる業務の両方を、まんべんなく経験していく。「OJTを通じて、政策形成の全体像を俯瞰して勉強するのが1年目の仕事」（財務省・田宮寿人氏）

何か特定のプロジェクトに専念するのではなく、省庁全体の情報が入ってくるような部署に配属され、職員全員に対する取りまとめ役を担うことが多い。そうして全体を俯瞰することで、政策が作られ、法律や予算が使われていくプロセスやスケジュール感を体得していく。「一年目から大臣が読み上げる原稿作りに携わることも。局長や長官と同じ視座で物事を進めていかなければいけないので、視野の広さが身につく」（経産省・海老原氏）

必要なスキル・マインド・学歴

学歴
OB・OGが多い有名大が多数

採用は人物本位で大学や学部名は関係ないが、「出身者が多く対策情報が集まりやすいことで、結果的に有名大学の採用者が多くなっている」（人事院・橋本氏）。

スキルセット
情報収集力、交渉力、学習能力

専門領域を中心に主体的に勉強し、問題点を把握する情報収集能力は必須。合意形成にあたっては、交渉能力やプレゼンテーション能力も欠かせない。さらに、「実践を通してフィードバックを得ながら学んでいく、経験学習能力も重要」（人事院・橋本氏）。

マインドセット
向学心と強い使命感

まず必要なのは、知的好奇心。とくに若手時代は平均1～2年でポストが変わっていくため、新しいことを勉強し続ける必要がある。
そして何より、「人々が心豊かに過ごせるようにするための使命感や矜持、信念が必須」（人事院・橋本氏）。

ロールモデルが語る「国家公務員」のリアル

田宮 寿人

財務省

☑ 現職者　経験 10年

答えがわからない瞬間

扱っている政策課題のスケールが非常に大きく、どのようにすべきか見当がつかない瞬間はプレッシャーを感じます。多くの人にヒアリングをしたり、現場に赴いたり、本を読んで勉強をし、その結果、上司や周囲の期待を超えて、自分なりの答えを見出すことができた瞬間は「世の中に貢献できた」と実感することができますし、自分にとって大きな自信になります。

川端 隆史

クロール・シンガポール

深夜残業の多さ

突発的な事件対応や、膨大な事務量で深夜残業に及ぶことが少なくない。

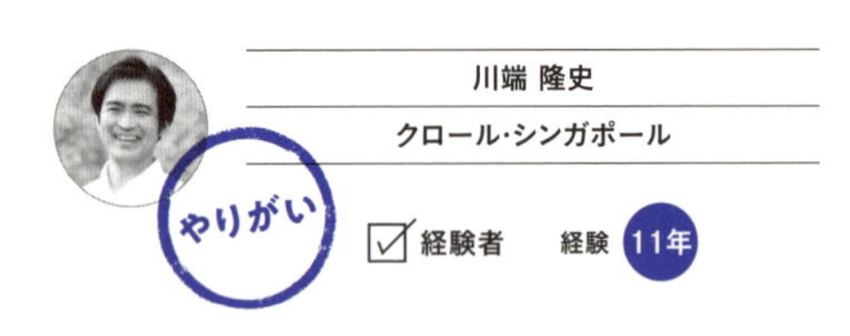

川端 隆史

クロール・シンガポール

☑ 経験者　経験 11年

外交官でしか立ち会えない場面がある

個人的には九州・沖縄サミット、マラッカ海峡の海賊事件への対応が一番記憶に残る仕事。サミットでは各国の首脳にわずかながら接する機会があり、そのわずかな時間でも一国の指導者の人格を感じることができた。印象的だったのは、プーチン大統領とシラク大統領。海賊事件は、まさに公務でなければ経験ができなかった。

田宮 寿人

財務省

やりがい

☑ 現職者　経験 10年

政策を世に打ち出す瞬間

総理や大臣が記者会見をする瞬間、法案を閣議決定する瞬間、その瞬間にニュースが瞬く間に広まります。世のため人のためを思って練り上げた政策が、どのように評価されるのかと緊張する瞬間でもあります。

政策が対外的に公表されるまでは、さまざまな苦労があります。それらの苦労を乗り越え、無事に対外公表されたときは、とてもやりがいを感じます。

公表後に、苦労をともにしたチームメンバーやカウンターパートと飲むビールは、何物にも代えがたく美味しいです。

先輩の教え

橋本 賢二

人事院

現職者　経験 14年

担当業務は、日本で一番詳しい担当であれ

国家公務員の人事ローテーションは1〜3年で、着任したその日から担当者としての判断が必要になります。もちろん、前任者からの引き継ぎや周りのサポートも得られますが、進行中の政策なども担当者として推進していく必要があるので、人一倍の勉強が必要になります。

芳賀 達也

農林水産省

課長になったら……と言っている人は一生何も実現できない

入省1年目で先輩から言われた言葉です。そうした考えの人は結局どの役職に就いても「まだ権限がない」と先送りしてしまう。若手の係員や係長でもできることはたくさんある。その時々の立場で可能な限り自分の実現したいことに取り組んでいくべきだと。本当にその通りだなと感じます。

やりがい

田口 周平

経済産業省

現職者　経験 5年

世の中に大きなインパクトを与える政策を生み出す過程

私はいま、コロナ禍における中小企業の資金繰り施策を担当しています。緊急事態宣言などにより、多くの企業の売上が急速に落ちたなかで、例えば政府系金融機関と民間金融機関両方による実質無利子・無担保融資を、史上初めて実施し、約160万社、約27兆円の融資を実行してきたところです。多くの企業の資金繰りを支えることができ、コロナ禍を乗り切るための一助になれたことは嬉しいです。何より、実際にこうした施策をご利用いただいた事業者の方々とお話しさせていただき、本当に助かった、と言っていただいたときには感激で涙が出ました。

田口 周平

経済産業省

現職者　経験 5年

霞が関で政策を考える時代は終わった

地域ごとに抱える課題は違うはずだし、政策の最適解は異なるはず。だからこそ、物理的に霞が関だけにいて考え、トップダウンで降ろした政策は実情とマッチしない可能性がある。自分のアンテナをどれだけ高くできているか、どれだけ各地に足を運んで実際の課題を把握できているか、各地のキーパーソンと繋がり関係性を築くことができているかが大切。

芳賀 達也

農林水産省

やりがい

現職者　経験 8年

農林水産業の現場の声を拾い上げて、国の政策に反映できたとき

自分の目で見てきた、耳で聞いてきた課題を拾い上げて、同じような課題を抱えている全国の農林漁業者の役に立てるよう、頭を悩ませながら政策を変えていく。これこそ農水省での業務の醍醐味だと感じます。

国家公務員志望者が「読むべき本」

マックス・ヴェーバー・著
『職業としての政治』
(岩波文庫)

現職者　経験 14年

橋本 賢二

人事院

古典中の古典ですが、「行政」の意味を考えるための必読書だと考えています。立法・行政・司法と言われますが、なぜ「行法」ではないのでしょうか？　行政だけ「政」の字が用いられる意味を考える必要があります。国家でも地方でも、公務員(≒行政官)の仕事を考えるとき、政治との関係は切り離すことができません。行政の基本は、政治的に決定された政策の実行や執行を担うことだからです。ヴェーバーが示した正当性の根拠や政治の役割は、多岐にわたる行政の仕事の意味を政治との関係で考えるための基盤になります。政策の企画立案に関わりたい人には、ぜひ読んで考えていただきたい本です。

真山仁・著
『オペレーションZ』
(新潮文庫)

現職者　経験 10年

田宮 寿人

財務省

財務省というのは、外からはなかなか見えにくい存在です。本書は小説ですが、実際の出来事を想像するのには、とても有益です。小説としても楽しめる一作です。

白石仁章・著
『杉原千畝
―情報に賭けた外交官―』
(新潮文庫)

経験者　経験 11年

川端 隆史

クロール・シンガポール

ナチスの迫害を受けたユダヤ人に「命のビザ」を発行した外交官の話。戦後、日本政府は正当に評価せず、数年前にやっと外務省が正式に評価。杉原の判断は、彼が地域の専門家であり現地に張った情報ネットワークに基づくもの。情報戦の重要性は現代のビジネスにも繋がる。いくらデジタル化が進んでも、真の情報は人間の頭の中にあったり、人間の判断によったりするところが大きい。また、杉原はいわゆるキャリア外交官でもない点に注目したい。現在の日本外務省も数多くの地域専門家に支えられ、専門言語は世界で一番多い。

村木厚子・著
『公務員という仕事』
(筑摩書房)

現職者　経験 8年

芳賀 達也

農林水産省

厚生労働省で事務次官を務められた村木厚子さんの著作。厚生労働行政を中心に描かれていますが、公務員はどういう仕事をしているのか、そのやりがいはどこにあるのかなど、他省の若手職員でも共感できる部分が非常に多いです。公務員として働くってどういうことなのか、公務員はどういうことを考えて仕事に取り組んでいるのか、といった点をまず知りたい方にはイチ押しの一冊です。

この職業を一言で表すと？

経験 5年 現職者

田口 周平

経済産業省

世の中に熱量を与える仕事

経験 14年 現職者

橋本 賢二

人事院

熱い情熱と冷徹な眼で、現実を一歩でも理想に近づける仕事

経験 10年 現職者

田宮 寿人

財務省

国家百年の計を立案する国家の投資家

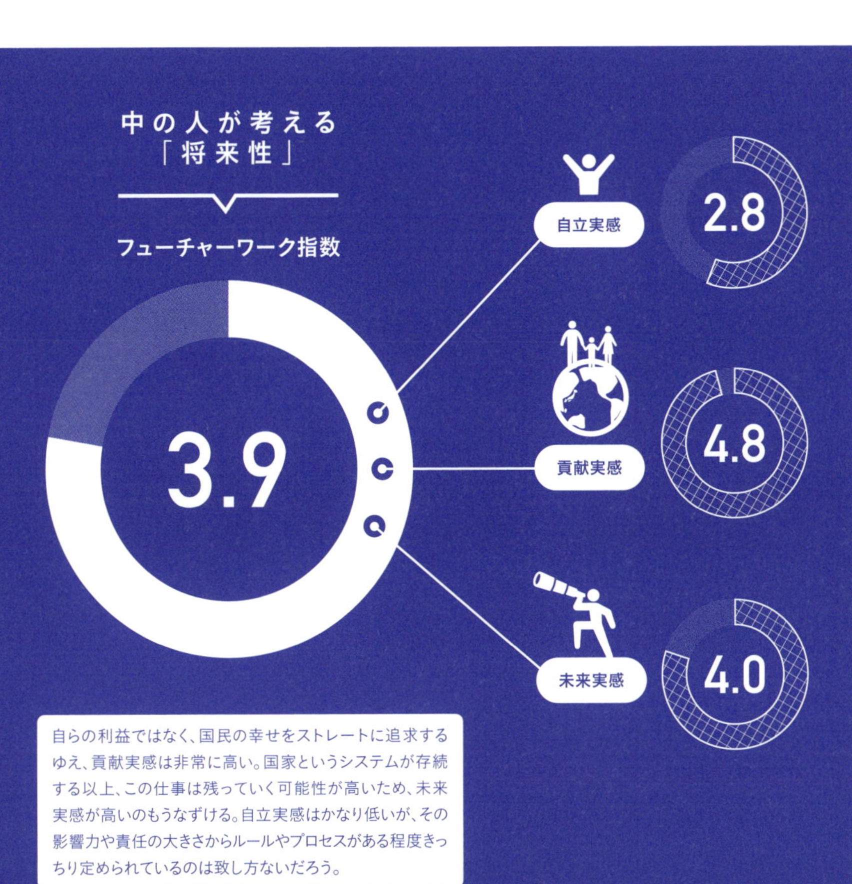

自らの利益ではなく、国民の幸せをストレートに追求するゆえ、貢献実感は非常に高い。国家というシステムが存続する以上、この仕事は残っていく可能性が高いため、未来実感が高いのもうなずける。自立実感はかなり低いが、その影響力や責任の大きさからルールやプロセスがある程度きっちり定められているのは致し方ないだろう。

国家公務員の経験で何が身につくのか？

あらゆる業界のトップランナーに直接話が聞けるので、触れる情報の量と質が違う。「他省庁の領域であっても、『どこに』『どんな情報があるのか』といった土地勘が身につく」（人事院・橋本氏）。また、担当領域については「日本で一番当事者として考えている人」として政策作りに携わることになるので、並の仕事では身につかないレベルの交渉力や課題解決力、そして日本全体のステークホルダーを見渡す広い視野が自然と得られる。

身につく力

- 質の高い情報力
- 交渉力、課題解決力
- 広い視野

国家公務員の「転職しやすさ」

「近年はスペシャリスト志向も増え、誰もがジェネラリスト志向で事務次官を目指す雰囲気はない」（人事院・橋本氏）。社会課題の知識や分析・解決能力を活かし、コンサルや政治家、大学や研究所に転職するケースもある。

また、元々出向が多い仕事で、例えば経済産業省から厚生労働省に出向するといった霞が関内での出向や、あるいは経済産業省からスタートアップに出向する、財務省から国際機関に出向するといった、官民またぎ型、国際型の出向なども盛ん。

国家公務員後のキャリア

本府省課長補佐級では、現場の最前線で政策の企画立案と実装を主導。本府省室長・企画官級以上になると責任者として政策の企画立案の方向性の提示、課長補佐以下が立案した政策の判断、国会や外部団体に向けた意見表明を担うように。

近年多い転職先の一つがコンサルへの移籍だ。ただ、その内実は戦略コンサルから専門コンサルまで多様で、本人の経歴や専門性に応じて、多種多様なかたちでの転職がなされる。なおコンサルから官僚に転じるパターンも少数ながら散見される。

もう一つ、伝統的に多い転職先が政治家。市町村長や知事、国会議員になるケースが多く、地方議員は少なめ。いずれの場合にせよ、政策に詳しいため、即戦力として実力を発揮しやすい。

国家公務員にならなくても…

似た仕事MAP

国家公務員

起業家
記者・ジャーナリスト
NPO職員

信念追求型

労働環境や給料が決して高水準ではないなかで、「人々を豊かにする」という信念を追求すべく、不断の課題解決を続けていくのが国家公務員。信念追求や課題解決の側面が強い仕事と性質が似ているだろう。

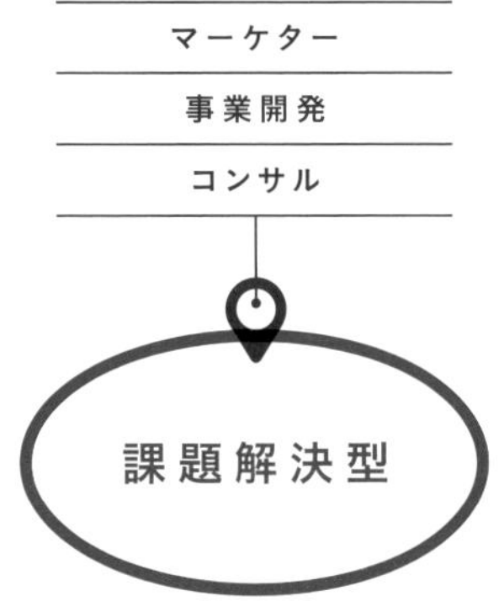

結論　「ブラック霞が関」に終止符を官民の「協働」でサステナブルな国家運営に

国家公務員の仕事は、「日本国」という壮大なプロジェクトの事業推進と言えるだろう。しかし、単純な利益創出のゲームではない。あらゆるステークホルダーに配慮し、市場原理からこぼれ落ちてしまう領域の課題もあまねく解決しなければならない。しかも、この事業にはEXITはなく、日本で人々が暮らし続ける限り、半永久的に取り組む必要がある。労働環境は過酷、待遇も決してよいわけではない。千正康裕『ブラック霞が関』では「朝七時、仕事開始。二七時二〇分、退庁」という印象的なフレーズが語られていたが、「信念」に頼ったやりがい搾取のような状態では、いずれどこかにガタが来る。DXや働き方改革を進め、サステナブルな行政を実現することは急務だろう。そのためにも、すべての課題を霞が関の中だけで解決しようとせず、民間企業や外部人材の知恵やリソースも借りながら「協働」することが必要だと考えられる。本章でも紹介したように、ベンチャーとの人材交流など、その萌芽はすでに現れている。官民の境界を超え、誰もが「当事者」として行政に参加することで、サステナブルな国家運営が実現していくはずだ。

おわりに

かつて「就職人気企業ランキング」が、メディアのキラーコンテンツだった時代がありました。

終身雇用が保証され、人々の価値観も単一的だった時代は、安定した“人気の”会社に入ることこそが、キャリアの成功を意味したのでしょう。

学生や若い転職希望者にとって、自分で良い会社や良い仕事を判断する「軸」はそう簡単に持てませんし、会社も自社の情報を開示することはあまりなく、その結果、会社の「外の人」はその中身を垣間見ることは、ほぼできませんでした。

だからこそ、就活生や若い転職者は「人気の高さ」を、ファーストキャリアを選ぶ1つの軸にせざるをえなかったのだと思います。

就活生の6割以上が、就職先を選ぶ上で母親の意見をもっとも参考にするという調査もあります。

それも、会社や仕事の情報が流通していなかった時代、もっとも身近な人の意見を、頼りにせざるをえなかったからでしょう。

ところが今は違います。

各会社の社員が自社は働きやすいかどうかを評価する「従業員評価」や、その会社を受けている人の「候補者評価」などは各種評価メディア、個人のTwitterなどで見ることができます。

そして、本書『JobPicks』や、その原典であるWebメディア「JobPicks」では、「仕事」の中身をオープンにしています。

つまり、仕事選びやキャリア形成のヒントとなる情報は、不十分とはいえ、だいぶ出揃ってきました。

あとは、その情報を取捨選択し、自分はどんな仕事や働き方がしたいのか？　何で専門性を磨きたいのか？　何をして社会に貢献したいのか？ という自身の「価値観」と照らし合わせて決定することが、納得感のあるキャリアを形成する鍵なのだと思います。

21世紀学び研究所所長・熊平美香氏によると、我々の価値判断（＝価値観）の前提には、過去の経験から味わった「感情」が結びついていると言います。

例えば、もっとも「嬉しい」という感情を経験したのが学生時代にイベントを仕切って感謝されたときだという人は、「周囲を喜ばせたい、相手に貢献したい」という価値観を大事にしているのかもしれません。

あるいは、かつて職場の上司に型通りの仕事を強いられ、「悔しい」という思いをした人の場合は「自由であること」に最大の価値を置くかもしれません。

就職みらい研究所所長の増本全氏も、就活生や若い転職者は、こうした違和感や感情に注目することが自分の価値観を知る上で重要だと言います。

「説明会やOBOG訪問などで出てきた人の話し方や内容、雰囲気などが『気持ち悪いな』と思ったら、その気持ちが真実。その感情を大事にしたほうがよい」（増本氏）

重要なのは、自分の感情の集積が価値観になるということ。そして「その価値観に優劣はない」（熊平氏）ということです。

本書では、各仕事の現役のロールモデルが登場し、その仕事のやりがいについて語っています。

そこから滲み出る価値観とご自身の価値観が合うかどうか、という視点で読んでいただけば、適職を見つける一助になると思います。一章にも書きましたが、結局、自分で決めた――という自己決定こそが、人が幸福を感じる要なのです。

人気やステイタス、あるいは人の意見で仕事を選んだり、あるいは人気企業に自分が「選ばれる」方法を攻略するのではなく、情報をうまく活用しながら、最後は自分の価値観を大切に、自分の軸で自分の役割を選んでもらいたいと思います。
　仕事で身につけた技能は、会社がなくなろうが、環境がかわろうが、誰にも奪えないあなただけの資産です。
　先が見えない時代を生き抜くために、あなた自身を守る、キャリアという確かな資産を身につけていただけたらと思います。

　最後に、Web版「JobPicks」にご自身の仕事の経験談を寄稿してくださったロールモデルの皆様、本書制作にあたり、取材にご協力いただきました皆さまに深い感謝と敬意を払いつつ、御礼を申し上げます。
　本書『JobPicks』執筆・編集、進行管理など製作陣の仲間、「JobPicks」の編集、テック、マーケティングなどのチームの仲間にも、御礼を言わせてください。

　ソーシャル経済メディア「NewsPicks」発のキャリアWebメディア「JobPicks」は、「誰もが誰かのロールモデル」を合言葉に、ご自分のお仕事を楽しむビジネスパーソンの方々の「経験談」の寄稿を、常時、募集しています。

　あなたの仕事のやりがいは？　苦労は？　未経験者に勧める一冊は？　その仕事に向く人向かない人とは？　といった質問へのリアルな回答が、キャリア形成に迷う若きユーザーの指針になるかもしれません。
　是非、皆様のご投稿をお待ちしております。

　また、本書を最後までお読みいただきました読者の皆様に、深く御礼申し上げます。どうもありがとうございました。

JobPicks編集長　佐藤留美

参考文献一覧

1章

クラウス・シュワブ、ティエリ・マルレ(2020)『グレート・リセット ダボス会議で語られるアフターコロナの世界』,日経ナショナルジオグラフィック社

濱口桂一郎(2013)『若者と労働「入社」の仕組みから解きほぐす』,中央公論新社

山口周(2020)『ビジネスの未来 エコノミーにヒューマニティを取り戻す』,プレジデント社

NewsPicks「ジョブ型時代の働き方」https://newspicks.com/user/9791

NewsPicks「東大生キャリア白書」https://newspicks.com/user/9800

2章

NewsPicks「笑うコンサル」https://newspicks.com/book/2635

3章

中西宏明、冨山和彦(2019)『社長の条件』,文藝春秋

NewsPicks「商社に未来はあるか」https://newspicks.com/user/9743

NewsPicks「商社グレートリセット」https://newspicks.com/book/2767

NewsPicks「経営の未来」https://newspicks.com/book/2402

NewsPicks「【伊藤忠】現状維持は停滞だ。欲しいのは究極の負けず嫌い」https://newspicks.com/news/2132663/

NewsPicks「【三井物産】『拘束』に異議あり。8月に『合宿型・選考』を開始」https://newspicks.com/news/2132664

NewsPicks「【三菱商事】企業ウケを狙うな。『学生らしい学生』を評価」https://newspicks.com/news/2132665/

NewsPicks「【本音】伊藤忠人事部長が語る、大企業が本当に欲しい学生」https://newspicks.com/news/2824459

NewsPicks「【新浪剛史】ローソン、サントリー、米ビームで培った『リーダーの胆力』https://newspicks.com/news/4338162/

NewsPicks「【三井物産・安永】日本はもう劣位。このままでは取り残される」https://newspicks.com/news/4510276/

THE21ONLINE「松本晃(RIZAPグループ)『大きな実績を上げれば、社内で評価されなくても、世の中が評価してくれる』https://shuchi.php.co.jp/the21/detail/6116

unistyle「総合商社出身の起業家まとめ」https://unistyleinc.com/columns/165

unistyle「理解している?総合商社と専門商社の違い」https://unistyleinc.com/techniques/1013

4章

垣内勇威(2020)『デジタルマーケティングの定石 なぜマーケターは「成果の出ない施策」を繰り返すのか?』,日本実業出版社

山口義宏(2018)『マーケティングの仕事と年収のリアル』,ダイヤモンド社

HRreview「人事・採用戦略にマーケティングの視点を取り入れる/株式会社ニトリホールディングス」https://bizreach.biz/media/nitori/

Itstaffingエンジニアスタイル「機械学習の仕事内容って?実はコードを書くだけじゃない!」https://www.r-staffing.co.jp/engineer/entry/20210122_1

NewsPicks「【完全図解】コンサルに押し寄せる、3つの大変化」https://newspicks.com/news/5391686/

NewsPicks「【仕事の未来】資金調達するマーケターの時代がくる」https://newspicks.com/news/5489807/

note「電通デジタルが考えるデータ系職種のあれこれ(広告領域を中心に)」https://note.com/dd_techblog/n/n624e1b348dab?fbclid=IwAR0hQicSP8jfhbilsmvgffpHOGv74Tdn754nbtzqeZZoXtY3y4Es7ci11nI

Towards Data Science "Do you want to be a Data Scientist?" https://towardsdatascience.com/do-you-want-to-be-a-data-scientist-411f71a220db

一般社団法人データサイエンティスト協会「データサイエンティストのためのスキルチェックリスト」https://www.ipa.go.jp/files/000083733.pdf

第5章

ティエン・ツォ、ゲイブ・ワイザート(2018)『サブスクリプション――「顧客の成功」が収益を生む新時代のビジネスモデル』,ダイヤモンド社

福田康隆(2019)『THE MODEL』,翔泳社

堀尾司、山崎賢司(2020)『CHROの原理原則—人事は水を運ぶ—』good.book

第7章

JobPicks「【秘伝】ルイ・ヴィトンの『伝統と革新』を支えたプロが語る、PRの本質」https://job.newspicks.com/articles/39

第8章

千正康裕(2020)『ブラック霞が関』,新潮社

村木厚子(2020)『公務員という仕事』,筑摩書房

若林恵(2019)『NEXT GENERATION GOVERNMENT 次世代ガバメント 小さくて大きい政府のつくり方』,日本経済新聞出版

執筆・編集スタッフプロフィール

佐藤留美（さとう・るみ）
JobPicks創刊編集長。NewsPicks副編集長。青山学院大学文学部卒業後、人材関連会社勤務などを経て、2005年編集企画会社ブックシェルフ設立。人事、人材、労働、キャリア関連の記事を多数執筆。最新刊に『仕事2.0』。2014年7月、NewsPicks編集部立ち上げに参画。15年1月副編集長。20年10月JobPicksを立ち上げ、編集長に就任。『仕事2.0』『凄母』など著書多数。

金谷 亜美（かなや・あみ）
東京大学教養学部卒業後、出版社にて約10年間雑誌・書籍の編集に従事。20年独立後、NewsPicksをはじめとするメディアでの企画・編集・執筆、書籍の企画・編集を行う。

衛藤 健（えとう・たける）
21年東京大学教養学部を卒業後、JX通信社でデータアナリストとして勤務。そのかたわら、中高大での新聞製作の経験を生かしてフリーライターとして活動している。

高橋 祐貴（たかはし・ゆうき）
99年千葉県出身。東京大学文学部人文学科社会学専修課程及び情報学環教育部在籍。東京大学新聞社でデジタル事業部長を務め、記事執筆や書籍編集、メディア運営に携わった。

鷲尾 諒太郎（わしお・りょうたろう）
90年富山県出身。リクルートジョブズ、Loco Partnersを経てライター／編集者として独立。ビジネス・社会科学領域を中心に活動。

小池 真幸（こいけ・まさき）
93年神奈川県出身。企画・執筆・編集やメディア運営、発信支援などを生業とする。主な領域はビジネス・テクノロジーや人文・社会科学など。

本多 史（ほんだ・ふひと）
21年東京大学経済学部卒業。東京大学情報学環にも在籍し、東京大学新聞社で活動した。データ分析コンペで共著論文が特別賞を受賞。経済学と言語学の研究のRAも務めた。

平岡 乾（ひらおか・けん）
経営ジャーナリスト。東工大院修了後、日刊工業新聞社入社。化学産業や経産省担当として産業政策、パナソニックなど電機機械産業を取材。2019年NewsPicks記者。

小原 光史（おばら・みつふみ）
94年秋田県出身。大学在学中にフリーライターとして独立。ミッションは「人と世界を動かすテキストで、明日の景色を変える」。キャリア領域専門に幅広いジャンルで執筆。

JOB PICKS

未来が描ける仕事図鑑

2021年4月30日　第1版第1刷発行
2021年5月16日　第2版第2刷発行

編著……………………JobPicks編集部
発行者…………………金泉俊輔
発行所…………………株式会社ニューズピックス
東京都港区六本木7-7-7
TRI-SEVEN ROPPONGI 13F
電話　03-4356-8988
FAX　03-6362-0600
※電話でのご注文はお受けしておりません。
　FAXあるいは下記のサイトよりお願いいたします。
https://job.newspicks.com/articles/145
印刷・製本……………大日本印刷株式会社

ISBN　978-4-910487-00-7
本書に関するお問い合わせは下記までお願いいたします。
np.publishing@newspicks.com

装丁……………………關根和彦(QuomodoDESIGN)
本文デザイン、DTP…三橋理恵子(QuomodoDESIGN)
校正……………………鴎来堂
イラスト・マンガ……國弘朋佳(NewsPicks)
営業……………………岡元小夜、鈴木ちほ、多田友希(NewsPicks)
進行管理………………半田拓、中野薫、小森谷聖子(NewsPicks)
編集……………………佐藤留美(NewsPicks)、金谷亜美

「JobPicks」サイト制作・運営チーム
運営責任者……………杉野幹人
編集……………………佐藤留美、伊藤健吾、小原光史、倉益璃子、
井上茉優、平瀬今仁、小原由子
テック…………………大森亮、森田和樹、飯田有佳子、呉文潔
イラスト………………國弘朋佳
デザイン………………早河優
マーケティング………小林将也、平野佑樹